낙서 장만 연구

문무 겸전의 팔도도원수

낙서장만총서 2

낙서 장만 연구

문무 겸전의 팔도도원수

허경진·심경호·구지현·계승범
신두환·박제광·권혁래·김 준

『낙서 장만 연구』를 편집하면서

열상고전연구회에서 이 책을 편집하게 된 계기는 두 가지이다. 하나는 "풍파에 놀란 사공 배 팔아 말을 사니"라는 시조의 작가이자 이괄의 난을 평정한 도원수 장만을 학계에 소개하기 위한 것이고, 또 하나는 2019년 11월 27일로 계획하였다가 코로나19 사태로 무산된 학술대회의 결과물을 정리하기 위한 것이다.

장만은 임진왜란 직전에 문과에 급제하여 정유재란, 심하전역, 이괄의 난, 정묘호란 등의 전쟁시대에 벼슬하며 문무를 겸전한 경륜으로 중립외교를 주도하여 국방을 담당하였다. 전쟁

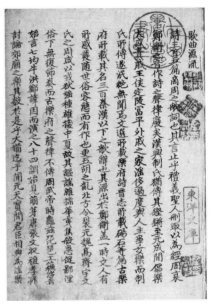

장만의 시조가 실린 『가곡원류』.
일본 동양문고 소장본 첫 장

을 치르지 않고 나라를 지키는 것이 그의 전략이었는데, 정유재란 직후 관찰사로 임명될 때부터 가는 곳마다 병력과 군량을 확충하고 잊혀진 사군(四郡)의 영토를 회복하여 유비무환(有備無患)을 실천하였다. '장만하다'는 말에 명실상부한 행동이다.

학술대회는 문무를 겸전한 장만의 다양한 면모를 소개하기 위하여 기조강연 외에 '한시와 상소문, 시조를 아우르는 문학', '삼국이 각축하는 시기의 국제인식', '정묘호란의 원인과 그의 국방전략' 등의 주제로

왼쪽 페이지 마지막 부분에 장만의 시조와 작가 소개가 실려 있다.

구성되었다. 초청장까지 제작해 놓았지만, 학술대회를 좀더 크게 준비하자는 기념사업회의 의견을 받아들여 올해 봄으로 연기하였다가, 코로나19가 확산되면서 무산되었다.

발표자들이 이미 준비하였던 논문 가운데 2편(계승범, 심경호)이 『열상고전연구』 제71집에 게재되었고, 3편(신두환, 권혁래, 김준)은 『연민학지』 제34집에 게재되었으며, 기조강연을 비롯한 3편(허경진, 구지현, 박제광)은 학술지에 게재하지 않고 이 논문집에만 편집하였다.

이 논문집을 『광해의 중립외교와 장만장군』에 이어 「낙서장만총서」 제2권으로 간행한다.

아쉬움을 달래기 위해 1년 전에 제작하였던 초청장의 인사말을 첨부한다.

2020년 10월
저자를 대표하여 허경진

제97회 열상고전연구회 학술대회에 초청합니다

　낙서(洛西) 장만(張晚, 1566~1629) 선생은 25세에 문과에 급제하여 예문관 검열, 대교를 시작으로 춘추관 기사관, 사간원 정언, 헌납, 사헌부 지평, 승정원 승지, 성균관 전적 등의 청요직을 두루 거친 대표적인 문신입니다. 선조는 세자의 스승으로 장만을 임명하여 후일에 광해군의 중립외교를 싹 트게 하는 발판을 일찍이 만들었습니다.

　임진왜란과 정유재란을 겪은 조선 사회를 복구하는 과정에서 장만 선생의 경륜이 필요하였기에, 선조는 34세의 장만선생을 충청도관찰사로 파견하였으며, 이어서 전라도, 함경도의 관찰사로 파견하여 농지와 국방을 아울러 점검하게 하였습니다.

　장만선생의 국방 인식을 높이 평가한 광해군은 즉위하면서 곧바로 평안도절도사를 맡겨 잊혀졌던 사군의 땅을 회복하게 하였습니다. 인조반정에 참여하지 않았지만 인조도 여전히 체찰사 겸 병조판서를 맡겨서 후금의 침략에 대비케 하였습니다.

　문무를 겸전하였던 장만선생의 다양한 면모를 확인하기 위해 학술대회를 준비하였습니다. 많이 오셔서 좋은 의견을 말씀해 주시길 부탁드립니다.

2019년 11월
열상고전연구회 회장 허경진

차례

『낙서 장만 연구』를 편집하면서 … 5

문무(文武)를 겸전하여 국난을 극복한
낙서(洛西) 장만(張晚) | 허경진 | … 11

1. 오랫동안 속담으로 사용되었던 "볼만 장만"   … 14
2. 문학의 효용성을 확장한 장만의 상소문과 장계   … 20
3. 삼국 각축시대를 예견하고 대비하다   … 31
4. 삼국 각축시대 장만의 행적에 관한 정조의 평가.
   『해동신감(海東臣鑑)』   … 39
5. 부하를 적재적소에 배치하여 승리한 팔도도원수   … 48
6. 문무를 겸전한 장만에 대한 임금과 문인들의 평가   … 54
7. 다시 이어져야 할 문무 겸전 장만의 전설   … 60

낙서와 지천 최명길의 창수(唱酬) 및
지천의 서찰에 관하여 | 심경호 | … 65

1. 머리말   … 65
2. 낙서의 정식시(程式詩)   … 68
3. 낙서와 지천의 임진강 창수시   … 76
4. 최명길의 증시와 서찰   … 96
5. 맺는 말 : 지천의 낙서 옹호, 낙서 손자 장현주의 지천 변론 … 108

낙서 장만의 중국 체험과 국제정세 인식 |구지현|　　　…115

1. 수습단계의 첫 관직에서
   국제정세와 그에 대한 대응책을 기록하다　　　…116
2. 군수로서의 국제분쟁 체험과 대응책 제안　　　…120
3. 전쟁을 대비하는 관찰사로서의 국제인식　　　…123
4. 명나라 사신으로 파견된 기록과 심하전역(深河戰役)의 예견　　　…143

장만장군의 북방인식과 국방전략 |박제광|　　　…151

1. 머리말　　　…151
2. 장만장군의 북방인식　　　…153
3. 장만장군의 국방전략　　　…166
4. 맺음말　　　…186

정묘호란의 동인 재고 |계승범|　　　…189

1. 머리말　　　…189
2. 반정 후 조선과 후금의 관계, 1623~1626　　　…192
3. 정묘화약의 내용으로 본 침공 목적　　　…198
4. 누르하치와 홍타이지의 조선 정책　　　…208
5. 맺음말　　　…216

낙서(洛西) 장만(張晩)의 상소문 연구 |신두환|　　　…219

1. 문제의 제기　　　…219
2. 장만의 생애와 상소문의 시대적 배경　　　…222

3. 장만의 상소에 나타난 국체의식 ··· 230

4. 결론 ··· 266

낙서 장만의 심하전투 관련 차자(箚子) 연구 |권혁래| ··· 271

1. 머리말 ··· 271

2. 임란 이후의 함경도개혁 및 후금대비책 진달 :
「論北關民瘼兼陳機務箚」 ··· 275

3. 심하전투 직전의 정세인식과 후금방어책 진달 :
「陳機務因請停繕修役箚」 외 ··· 279

4. 심하전투 직후의 후금 대응과 자강책 진달 :
「論胡書答送事宜仍陳所懷箚」 ··· 287

5. 맺음말 ··· 298

**낙서 장만 시조의 해석과
수용 양상에 대한 소고(小考)** |김준| ··· 301

1. 머리말 ··· 301

2. 은일지사로서의 삶에 대한 지향 ··· 303

3. 여성 영웅 출현의 기대감과 장만 시조 ··· 308

4. 맺음말 ··· 312

참고문헌 ··· 313

문무(文武)를 겸전하여 국난을 극복한 낙서(洛西) 장만(張晚)

· · ·

허경진

조선 500년 역사에 팔도도원수(八道都元帥)는 권율(權慄)·김명원(金命元)·장만(張晚) 세 사람 뿐이었다. 조선왕조실록이나 승정원일기에는 팔도도원수라는 용어가 공식적으로 실려 있지 않고, 『국조보감(國朝寶鑑)』이나 문집(文集), 신도비(神道碑) 등에서 이 용어가 발견된다.[1]

한문학사에서 상촌(象村) 신흠(申欽), 월사(月沙) 이정구(李廷龜), 계곡(谿谷) 장유(張維), 택당(澤堂) 이식(李植)의 네 문장가를 '한문(漢文) 사대가(四大家)'라 부르며, 이들의 호에서 첫 글자만 따다가 '월상계택(月象谿澤)'이라고도 부른다. 우연이겠지만 신흠이 권율 신도비를, 이정구가 김명원 신도비를, 장유가 장만 신도비를 지었다.[2] 임진왜란에서 병자호

---

[1] 도원수(都元帥)라는 칭호는 자주 보인다. 1491년 야인(野人)이 함경도를 노략질하자 허종(許琮)을 도원수로 삼아 북쪽을 정벌하는 한편, 북정으로 인한 건주위 야인의 평안도 침입을 예방하기 위하여 이극균(李克均)을 서북면도원수(西北面都元帥)로 임명하였다. 심하전역(深河戰役)에는 강홍립(姜弘立)을 오도도원수(五道都元帥)로 임명하였다. 몇 지방의 병력 지휘를 맡기기 위해 도원수를 임명한 경우는 자주 보이지만, 팔도도원수는 찾아보기 힘들다.

[2] '월상계택(月象谿澤)'의 4대가 가운데 택당 이식만 팔도도원수의 신도비를 짓지 않았는데, 그는 인조(仁祖)의 어명(御命)을 받들어 장만의 묘지명(墓誌銘)을 지었다. 장만은 결국 4대가 가운데 장유의 신도비명(神道碑銘)과 이식의 묘지명(墓誌銘)을 함께 받았다.

란까지 이르는 시기가 우리 역사상 가장 위태로웠던 전쟁시대였으므로, 필도도원수가 이 시기에 집중적으로 임명되었던 것이다.

팔도도원수는 무관(武官)이 아니라 문무를 겸한 덕장(德將)을 임명하였다. 국내외적인 상황을 파악하여 전략(戰略)을 세우고, 부하들을 통솔하며, 불안한 민심도 수습할 수 있는 인물이어야 하기 때문이다.

김명원은 1561년 문과에 급제하여 홍문관(弘文館) 정자(正字)로, 권율은 1582년 문과에 급제하여 승문원(承文院) 정자(正字)로, 장만도 1591년 문과에 급제하여 성균관을 거쳐 승문원 정자(正字)로 첫 벼슬을 시작하였으니, 전형적인 문관으로 관직에 나선 셈이다.

그러나 김명원이나 권율을 문무(文武)를 겸한 지장(智將)이나 덕장(德將)이라고 평가하지는 않는다.

김명원은 임난(壬亂) 초기에 팔도도원수에 임명되었지만 한양(漢陽) 도성(都城)을 방어하지 못하였을 뿐만 아니라, 그 이후에도 전세를 역전시킬만한 공적이 없었다. 이정구는 그의 신도비명(神道碑銘) 마지막 단락에서 "공은 일찍부터 병서(兵書)를 읽었고 궁마(弓馬)에도 자못 능숙하였으나 장재(將才)로 자임하지 않았고, 그 정대(庭對)한 글과 우흥(寓興)한 시가 인구에 전송되고 회자되었으나 문장을 남에게 자랑하지 않았으니, 그 재능을 드러내지 않는 것이 또 이와 같았다.[3]"고 칭찬하였지만, 그의 문집이 남아 있지 않아서 '인구(人口)에 회자(膾炙)되었다'는 그의 글을 확인할 수 없는 점이 아쉽다. 그렇다고 그를 김명원장군이라고도 부르지 않으니, 당대에 이미 문무 겸전이라는 평가를 받지는 못했던 듯하다.

---

3) 早習兵書。頗事弓馬。而不以將才自任。庭對之文。寓興之詩。傳誦膾炙。而不以詞翰加人。其韜晦又然也。 -李廷龜, 『月沙集』 卷44 「左議政慶林府院君贈諡忠翼金公神道碑銘 幷序」.

권율장군은 행주대첩(幸州大捷)의 주역으로 충무공(忠武公) 이순신(李舜臣) 장군과 함께 선무공신(宣武功臣) 1등에 녹훈되었으니, 최고의 도원수였다는 점에서는 재론의 여지가 없다. 그러나 권율장군 역시 문집이 없어서 문무 겸전이라는 표현의 근거를 확인할 수가 없다.

1623년 4월 24일에 장만이 팔도도원수가 되어 평양으로 출정할 때에 여러 문인들이 시문(詩文)을 지어 격려했는데, 신풍군(新豊君) 장유(張維)가 지어준 「서행증언(西行贈言)」에서 이렇게 표현하였다.

> 문무 겸전한 길보(吉甫)처럼 사람들에게 추대되어
> 세상 구할 곤수(閫帥)로 공 말고 또 뉘 있으랴
> 吉甫文武衆所推。分閫救世非公誰。

길보(吉甫)는 주나라 선왕(宣王)의 현신(賢臣)으로 험윤(玁狁)을 북벌(北伐)했던 윤길보(尹吉甫)를 말하는데 『시경(詩經)』 소아(小雅) 유월(六月)편에 "문무 겸전한 길보여, 만방이 법도로 삼는도다.[文武吉甫 萬邦爲憲]"라고 칭송하였다. 장유의 문집인 『계곡집(谿谷集)』 권26에 이 시가 「장원수가 출정(出征)하던 날 주상이 서쪽 교외에 나가 친히 전송하시다[張元帥出師日 主上親餞于西郊行]」라는 제목으로 실려 있다.

장만은 과연 오랑캐를 북벌(北伐)했던 주나라 현신(賢臣) 윤길보(尹吉甫)같이 문무(文武) 겸전(兼全)한 신하였는가? 장만에 관해 이미 발표된 논문이나 저서4)에서 중점적으로 소개하지 않았던 자료 중심으로 문무 겸전의 장만을 되살려 보고자 한다.

---

4) 장석규, 『팔도도원수 장만장군』, 기창, 2009.
 _____, 『조선 전쟁시대와 장만장군』, 2015, 장만장군기념사업회.
 _____, 『광해의 중립외교와 장만장군』, 보고사, 2020.
 _____, 백상태, 『장만평전』, 주류성, 2018.

1. 오랫동안 속담으로 사용되었던 "볼만 장만"

지금은 인터넷에서 역사상 인물들의 이름을 입력할 때에 웬만한 인물들 경우에는 대부분 한자(漢字) 이름이 등록되어 있어서 입력하기가 편하지만, '장만(張晩)'이라는 이름은 아직도 등록되지 않아서 한 글자씩 따로 입력해야 한다. 컴퓨터 회사에서는 사용자들이 '장만(張晩)'이라는 이름을 한자로 입력할 일이 별로 없을 거라고 판단했던 것이다. 그러나 20세기 초반이나 중반까지도 '장만(張晩)'이라는 이름은 널리 알려져 있었다.

1730년에 『낙서집』을 편집한 뒤에, 손자 장현주(張顯周, 1651~1720)가 기록한 「유사(遺事)」를 보유(補遺) 권2로 편집하였다. 제8조 뒤에 덧붙은 [補] 이야기가 바로 유명한 「장만 볼만[張晩見萬]」 이야기이다.

> 영종(英宗 영조) 무오년(1738) 4월 5일에 검토관(檢討官) 정익하(鄭益河)가 주강(晝講)에 입시(入侍)하여 청하였다.
>
> "이조판서가 마침 입시(入侍)하였으니, 신이 할 말이 있습니다. 원훈(元勳) 장만(張晩)은 사직(社稷)을 지킨 공이 있는데 그 자손을 끝내 거론하지 않으니, 이 어찌 잘못이 아니겠습니까? 서울에 살고 있는 증손자(장세광)가 백집사(百執事)를 감당할 만하오니, 만일 마땅한 빈 자리가 있으면 곧 조용(調用)하실 뜻을 나머지 조(曹)에도 분부하심이 어떻겠습니까?"
>
> 상께서 이르셨다.
>
> "유신(儒臣, 정익하)이 아뢴 사람을 후일 마땅한 자리에 수용함이 가(可)하다."
>
> 상께서 또 이르셨다.
>
> "세상 사람들이 장만(張晩)의 일에 대하여 어찌 '이러니 저러니[云云]' 하는 말이 있는가?"
>
> 정익하가 아뢰었다.
>
> "성교(聖敎) 중에 '이러니 저러니[云云]'하는 두 글자를 신(臣)도 또한 알

고 있습니다만, 이는 모두 각박한 풍속에서 떠들어대는 말이니, 어찌 믿을
수 있겠습니까?"

풍원군(豊源君) 조현명(趙顯命)이 아뢰었다.

"이는 이른바 '장만 볼만[張晩見萬, 장만은 보기만 한다]'이라는 설(說)
이니, 멋대로 떠들어대는 말이야 어찌 고금(古今)이 다르겠습니까?"

정익하가 아뢰었다.

"이는 세대가 오래 되고 먼 일이기에 전하께서 그 실적(實跡)을 자세히
알지 못하시는 것입니다. 하교(下敎)가 있으시니, 근원을 거슬러 아뢰겠습니
다. 당초에 역적 이괄(李适)이 사잇길로 서울을 범(犯)하여 올 적에, 장
만이 정충신(鄭忠信)과 남이흥(南以興) 등을 거느리고 황주(黃州)까지 뒤
쫓아와서 더불어 서로 싸웠습니다. 관서(關西)의 여러 수령들은 역적 괄
(适)에게 협박당하여 따랐던 자들로, 다시 바른 길로 돌아오고자 각자 그
군사를 거느리고 왕사(王師)에 뛰어들었습니다. 그러나 적군이 뒤에서 기
습하였으므로 왕사(王師)가 불리함을 면치 못했던 것입니다. 원수(元帥)가
다시 그 군사를 정돈하여 남이흥과 정충신 등 두 장수와 더불어 안현(鞍峴
인왕산)에서 싸워 드디어 승첩(勝捷)을 얻었으니, 만약에 원수가 지휘하지
않았더라면 그 휘하(麾下)에 있는 자들이 어찌 제 마음대로 스스로 진퇴(進
退)를 할 수 있었겠습니까?"

상께서 이르시기를 "유신(儒臣, 정익하)이 한 말이 옳다."라고 하자, 정
익하가 또 아뢰었다.

"'이러니 저러니[云云]'하는 두 글자 이야기는 계해정사(癸亥靖社) 뒤에
처음 나왔습니다. 정사(靖社)의 공신들이 모두 장만의 친척과 막하(幕下)
의 이름난 무장(武將)들이라 장만이 이미 그 일을 알고 지휘함이 많았겠지
만, 친히 공(功)을 범하려고 하지 않아 의거(義擧)에 앞장서지 않았습니다.
이 때문에 시기하는 자들이 비방하기를 '장만은 만 가지를 본다[張某見萬]'
고 하였습니다. 이 말이 재담(才談)에 가깝다 보니 아래로 하인들까지도
재미로 따라 외우다가, 갑자년(1624) 이괄의 난 이후에 장만을 시기하는
자들이 사방으로 퍼뜨려 동요(童謠)가 된 것입니다. 그들은 장만이 이괄의
난 때에도 구경만 했다며 억지로 끌어내어 비방하였습니다."

정익하가 설명한 '장만 볼만[張晩見萬: 장만은 보기만 한다]'이라는 말의 어원은 두 가지이다. 이괄의 난에서 나왔다면 '장만은 보기만 하다가 일등공신이 되었다'는 뜻이고, 인조반정에서 나왔다면 '장만은 (누가 이길는지 몰라서) 여러 가지를 재는 기회주의자이다'라는 뜻이다. 앞의 경우는 우리말 '볼만(보기만)'이고, 뒤의 경우는 한자어 '만 가지를 보다'이니, 조어법(造語法)이 전혀 다르다.

두 가지 해석이 가능해진 이유는 이 속담이 한글로 기록되지 않고 한자로 기록되어서, 세월이 지나다보니 말하는 사람마다 자기 생각대로 해석했기 때문이다. 이런 경우에는 가장 오래 전에 한글로 기록한 문헌을 찾아보아야 한다.

국됴고ᄉᆞ(國朝故事, 국조고사)

괄(适)적이 평산(平山) 군을 파ᄒᆞᆫ 후의 셩듕ᄀᆞ지 드러오ᄃᆡ 막ᄂᆞᆫ 재 업고 도원슈 쟝만(張晩)도 ᄃᆡ뎍ᄒᆞᆯ 셰 업서 뒤히 ᄯᆞᆯ와오니

그 ᄯᆡ에 닐오ᄃᆡ 쟝만(張晩)이 볼만이라 ᄒᆞ더라 괄(适)이 스ᄉᆞ로 셩듕의 드러 님군이로라 ᄒᆞ고 위ᄅᆞᆯ ᄎᆞᆷᄒᆞ기ᄅᆞᆯ 삼 일을 ᄒᆞ니 됴관과 ᄇᆡᆨ셩 듕의도 부탁ᄒᆞᄂᆞᆫ 놈도 이시니 인심이 ᄀᆞ이 업더라 도원슈 쟝만(張晩)이 길마재 와 진치니 (줄임) 쟝만(張晩)의 군은 피폐ᄒᆞᆫ 젹은 군이오 적병은 만코 졍병이라 형셰 샹뎍지 못ᄒᆞ니 ᄀᆞ이 업더니 ᄆᆞᄎᆞᆷ 하ᄂᆞᆯ이 도으셔 빠홈을 시쟉ᄒᆞᄆᆡ 홀연 셔풍이 ᄆᆞ이 브니 쟝만(張晩)의 군ᄉᆡ 뫼히 이시ᄆᆡ 적병이 듕동의 와셔 우러러 칠ᄉᆡ 저의 됴춍 ᄂᆡ와 쟝만(張晩)의 됴춍

ᄂᆡ가 ᄆᆞᆯ 속 적병의게 덥치니 적병이 눈을 ᄯᅳ지 못ᄒᆞᄂᆞᆫ지라 쟝만(張晩)이 놉흔 ᄃᆡ서 ᄂᆞ리누ᄅᆞ니 저ᄂᆞᆫ 역풍이오 우리 군은 슌풍이라 긧발과 틧글이 ᄂᆡ조ᄎᆞ ᄂᆞ리브러시니 우리 군이 긔운을 졈졈 ᄂᆡ니 일시의 대파ᄒᆞᆫ지라 적병이 무수히 죽고 약간 남은 거시 ᄒᆞᆷ긔 허여지니 셩듕 ᄇᆡᆨ셩들이 굿보노라 셩우히 올낫다가 적병의 패ᄒᆞᄂᆞᆫ 양을 보고 마조 와셔 돌노 치고 매로 치니 적병이 남은 거시 업ᄂᆞᆫ지라 (줄임) 대가ᄂᆞᆫ 이월 초칠일의 도셩셔 니발ᄒᆞ야

텬안(天安)ᄀ지 가시다가 싸홈 니긔여

도성 회복ᄒᆞᆫ 긔별을 드르시고 인ᄒᆞ야 공쥬(公州)ᄀ지 가 겨시다가 긔익헌(奇益獻)니슈빅(李守白)이 괄(适)과 명년(明璉)의 머리를 버혀 힝궁의 밧치니 친히 종묘의 고ᄒᆞ시고 삼월의 환도ᄒᆞ오셔 진무공신 쟝만(張晚) 등 삼십여 인을 봉ᄒᆞ시다5)

국립중앙도서관본 『국됴고소』 제8행에 "당만볼만(장만볼만)" 구절이 실려 있다.

---

5) 『국됴고소』, 권5, 18b.

국문『국됴고ᄉᆞ』가 궁체로 기록된 책이 있는 것을 보면 궁중 여성들이 읽어보도록 편집된 책임을 알 수 있다. 인조반정 이후 장만이 도원수로, 이괄이 부원수로 임명되어 북변(北邊)을 지키기 위해 평안도에 출정하였지만 실제 병력 1만2천명은 이괄이 영변에서 통솔하였으며, 평양에 주둔한 장만은 병이 깊어져 한쪽 눈이 보이지 않는 상태였다. 이괄의 반란군이 장만이 주둔한 평양성을 우회하여 한양으로 진격하는 모습을 『국됴고ᄉᆞ』에서 "평산(平山) 군을 파한 후에 (한양) 성중까지 들어오되 막는 자 없고 도원수 장만(張晩)도 대적할 세(勢) 없어 뒤에 따라오니 그 때에 (사람들이) 이르되 '장만(張晩)이 볼만이라' 하더라" 했다고 하였다. 휘하에 통솔할 군사가 없는 장만을 피해서 이괄이 한양까지 진격했으므로 (그때까지는) 장만도 보기만 할뿐 어쩔 수 없었다는 뜻이다.

그러나 이 문장 바로 뒤에서 장만이 "피폐한 적은 군사"들을 추슬러 길마재(鞍峴: 인왕산)에 올라 전략상 요충을 차지하고, 바람이 부는 것을 이용하여 조총(鳥銃)을 쏘았다고 소개하였다. 위아래에서 쏘는 두 진영의 조총 연기가 모두 아래에 있는 이괄의 군사에게 덮쳐서 눈을 뜨지 못하게 되자, 장만의 군사가 높은 데에서 내리눌러 승리하였다.

『국됴고ᄉᆞ』에 실린 "쟝만(張晩)이 볼만이라"는 속담은 군사 편제상 손 놓고 보기만 해야 했던 장만이 지형을 이용한 전략(戰略)을 펼치자 "마침 하늘이 도우셔서 싸움을 시작하자 흘연 서풍이 많이 불어" 반란군을 진압하게 되는 과정을 극적으로 보여주기 위한 설정이다.[6]

장만 쪽으로 승세가 기울자, 싸움을 구경하려고 인왕산에 올라왔던 한양 주민들까지 "적병의 패하는 양을 보고 마조 와셔 돌노 치고 매로

---

6) 장석규는 인조가 출정식을 성대하게 베풀어 백성들에게 볼만한 구경거리가 되었으므로 "볼만 장만"이라는 말이 생겨났다고도 해석하였다. 『광해의 중립외교와 장만장군』, 180-183쪽.

치니 적병이 남은 것이" 없어졌다. 보기만 하던 민심(民心)이 천심(天心)을 알고나자 결국 장만 편으로 돌아선 것이다.

계해반정에 장만이 참여치 않은 것이 두 쪽을 다 보려 했던 기회주의가 아님은 그의 측근들의 증언에서도 분명해진다.

> 계해년(癸亥年)에 반정(反正)을 도모할 때 여러 의론이 모두, "옥성(玉城) 장만(張晩)이 아니면 안 될 것이다." 하였는데, 그 사위인 정승 최명길(崔鳴吉)은 "장인은 늙고 병들어 일을 감당하지 못할 것이다." 하였다. 장만이 이 말을 듣고, "내 사위가 나를 잘 안다. 내가 어찌 차마 섬기던 임금을 갈아내는 하수자(下手者)가 되겠는가." 하였으며, 정금남(鄭錦南)은, "장옥성(張玉城)의 갑자년 공로는 어찌 칭할 바가 있으리요마는, 반정에 참여하지 않았던 것은 그의 훌륭한 일이다." 하였다.[7]

이 글은 정충신을 소개하는 글이니 장만이 주인공이 아니었지만, 장만이 두 쪽을 보지 않았다는 사실만은 최명길과 정충신의 발언에서 분명하게 드러난다.

'장만하다'도 민간어원설로 널리 알려졌지만, 그 역사적인 유래를 입증하기는 어렵다.[8] "볼만 장만"처럼,[9] 19세기 이전의 문헌에서 찾아내어야 그 유래가 확실해진다.[10] 문중에서는 "장만하다"라는 말을 즐겨

---

7) 이익, 『성호사설(星湖僿說)』, 권17 「인사문(人事門) 정충신(鄭忠信)」.
8) 국어원사전에는 '장마' 다음에 '장아찌'가 실려 있어, '장만하다'라는 동사의 어원을 알 수가 없다.
9) 요즘 구글에서 "볼만장만"을 검색하면 국립국어원에서 제공하는 [소리가 예쁜 우리말 1437] #볼만장만에서 "보기만 하고 간섭하지 아니하는 모양"이라는 설명이 나온다. 이 말은 어원이 있다.
10) 이재홍이라는 분이 2015년에 '장만하다'의 어원을 국립국어원에 문의하였는데, 담당자가 이렇게 답변하였다.
　　"질의하신 '장만'의 어원 정보를 살펴보았으나, 별도의 어원이 나타나 있지 않아 답변을 드리기 어렵습니다. 다만 "표준국어대사전"에 따르면 "석보상절'에 '장망ㅎ다'의 형

사용하고 "장만처럼 미리 유사시를 대비하여 준비한다"는 어원 설명을
믿어왔겠지만, 그러한 어원설명을 위키사전을 비롯한 여러 사전에 등
록해야 학계에서도 인정받을 것이다.

2. 문학의 효용성을 확장한 장만의 상소문과 장계

　팔도도원수 세 사람 가운데 권율과 김명원은 문집이 남아 있지 않아
서, 그들이 어느 정도로 문무를 겸전한 재상이었는지 확인할 수가 없다.
그러나 장만은 『낙서집(洛西集)』이라는 문집이 남아 있어서 그의 문인다
운 면모를 확인할 수가 있다. 여기서 문(文)이란 단순한 의미의 문학이
아니다. 문과(文科)의 시험과목 자체가 문학과 철학(유학)을 아우른 뒤에
책(策)이라는 과목에서 경세치용(經世致用)의 현실적인 대응책(對應策)까
지 시험하기 때문이다. 넓은 의미의 문학은 관원이 왕에게 의견을 제시
하여 그 결과를 현실에 반영하는 글까지 포함한다.
　국가에서 시험으로 관리를 선발하는 과거제도(科擧制度)는 십여세기
동안 중국을 비롯하여 한국, 베트남 등 동아시아 여러 나라에서 운영되
어 왔다. 서구에서는 19세기가 시작될 때까지도 세습 귀족이나 왕의 임
의적인 관직 임용, 정치권력의 세습이 당연시되었지만, 동아시아의 과
거시험은 개인의 능력과 노력 여하에 따라 신분 또는 계층 상승을 가능
케 하는 진보적인 제도였다.
　국가는 과거시험을 통해 급제자들이 '사대부(士大夫)'임을 공인(公認)

　태가 있는 것으로 나타나고 있습니다. 명쾌한 답변을 드리지 못해 죄송합니다."
　이 두 단어가 같은 뜻이라면 장만(張晚)이 태어나기 전에 이미 『석보상절』에 같은
말이 쓰였다는 셈이다.

하고, 유무형의 권력을 주었다. 이 사회적 보상을 매개로, 국가는 특정한 내용과 형식을 갖춘 문장을 써 낼 것을 요구하였고, 이에 대응해 응시자들이 쓴 문장이 바로 '과문(科文)'이다.

조선 과거시험에서 주로 사용된 문체는 시(詩), 부(賦), 표(表), 책(策), (오경)의(疑), (사서)의(疑)이다. 이를 일반적으로 과문육체(科文六體)라 한다. 과문(科文)을 출제하고 평가하는 목적은 치국(治國)의 경륜(經綸)이 있는지, 그리고 그러한 의사를 상하(上下)와 제대로 소통할 수 있는지를 알아보기 위한 것이다.

세종(世宗)이 『훈민정음(訓民正音)』을 창제한 목적은 서문에서 밝힌 것처럼, "어리석은 백성이 하고 싶은 말이 있어도 제대로 표현하지 못하는 사람이 많기 때문에, 이를 불쌍하게 여겨 날마다 쓰기에 편하도록" 한 것이다. 여기서는 하의상달(下意上達)만 말했지만, 국가와 백성 사이의 소통은 상의하달(上意下達)도 중요하다. 왕의 생각을 백성들에게 전달하고 백성들의 호소를 왕에게 전달하는 것이 목민관의 임무이기 때문에, 과거시험 과목은 대부분이 글쓰기이다.

1694년 별시(別試)에 '편의(便宜)'에 관한 책문(策問)이 출제되었다. 질문의 내용은 소민(小民)의 보호, 군정(軍政), 양전(量田), 형옥(刑獄), 선거(選擧)에 있어서의 폐단을 적시하고, 이를 구할 방책을 내라는 것이었다. 실질적 방책을 서술하게 되는 구폐(救弊) 단락에서 해결책으로 제시된 것은 남아있는 답안지 7수가 모두 '정심(正心)'이었다. 이 답안을 쓴 7명 모두 좋은 성적을 받고 급제에 성공한다. 상기 질문에 대한 '임금이 마음을 바로하라'는 공통된 답, 또 그에 대한 추론 과정은 21세기 현대인의 입장에서 다소 낯설게 느껴지기도 하지만,[11] 위의 7명의 머릿속에

---

11) 이상욱, 『조선 과문 연구』, 연세대학교 대학원 박사논문, 2쪽.

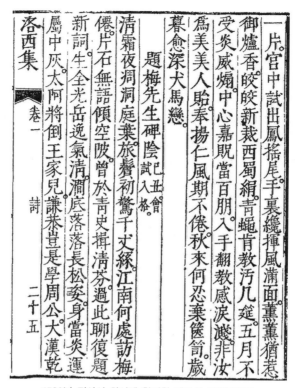

1589년 진사시 회시에 합격한 장만의 시험답안지

는 공통된 글쓰기의 틀이 내장되어 있었다.

합격자들의 정답이 '임금이 마음을 바로하라'는 공통점을 가지고 있었지만, 이는 추상적인 시험문제에 대한 답안지였을 뿐이고, 현실 정치에 들어가면 왕의 잘못에 대해 구체적인 이유와 증거를 들어가며 목숨을 건 상소문을 써야 했고, 수많은 언관(言官)들이 유배(流配)와 복귀를 되풀이하였다. 문무(文武)를 겸전(兼全)한 정치가라면 외적의 침략 앞에서 '임금이 마음을 바로하라'는 원론적인 상소만 올려서는 안 되기 때문이다.

『낙서집』은 7권 3책으로 간행되었는데, 권1만 시(詩)이다. 권2에는 광해군시대에 지은 소(疏)·차(箚) 15편, 권3에는 광해군시대에 지은 소(疏)·차(箚) 7편과 인조시대에 지은 소(疏)·차(箚) 24편, 권4에는 광해군시대에 지은 계(啓) 5편, 인조시대에 지은 계(啓) 2편, 광해군시대에 지은 의계(議啓) 8편, 인조시대에 지은 장계(狀啓) 1편, 기행(紀行) 1편, 서(書) 4편이 실려 있다. 권5와 권6에는 남들이 장만을 위해 지어준 글들이 부록 성격으로 실려 있으니, 장만이 지은 산문은 대부분 임금에게 올린 글임을 알 수 있다.

그의 문집에는 성리학(性理學)에 관한 글은 보이지 않고, 시를 제외한 산문은 대부분 상소문이어서 실무적인 관료의 모습이 두드러지게 보인다. 상소(上疏)가 신하가 격식을 갖춰 임금에게 자신의 의견을 올리는 소장(疏章)이라면, 차자(箚子)는 격식에 크게 얽매이지 않고 어떤 사실을 간단히 기록하거나 자신의 의견을 개진하는 소장(疏章)이니, 합하여 상소문라고 해도 무방하다.

장만이 올린 상소문 가운데 가장 전형적인 형태는 목민관으로서 백성들이 겪는 병폐를 아뢰고 그 대책을 제시하는 글이다. 그는 42세 되던 1607년에 함경도 관찰사로 부임하여 도정을 파악하고, 1608년 광해군이 즉위한 뒤에도 연임하면서 「함경도 백성들이 받는 병폐를 논하고, 겸하여 중요한 업무를 보고하는 차자[論北關民瘼兼陳機務箚]」를 올렸다. "함경도 백성들이 겪는 병폐에 대해 따지고[論北關民瘼]", 아울러 "군사적 위험에 대해 대비책을 제시[陳機務]"하는 내용을 5,130여 자나 쓴 장편의 차자(箚子)이다.

"삼가 아룁니다. 본디 용렬한 신은 평소 적재적소에 쓰일 재주도 없으면서"[12]라는 문장으로 시작하여 왕 앞에서 한껏 자신을 낮추어 경계심을 풀게 하였지만, 자신이 맡은 함경도의 영토가 "(우리 조정에서) 곧바로 차지했다가 곧바로 잃기를 반복하면서 (줄임) 함흥(咸興) 이북의 땅이 오랑캐의 수중에 들어간 지는 역시 오래되어 (줄임) 임진왜란 때는 토착민들이 다투어 장리(長吏: 고을수령)들을 결박해두고 왜놈들을 맞이할" 정도로 외적(外敵) 앞에서 민심이 흔들리는 곳임을 밝혔다.

> 그러나 번호(藩胡)에게 오래도록 인심을 잃은 것은 비단 육진(六鎭)에 사는 백성들만의 허물만은 아닙니다. (줄임) 갑오년(1894)에 기근과 역질로 사망한 사람들이 또 많았으니, 왜놈과 오랑캐에 의해 죽은 사람들, 반당(叛黨)에 해당되어 죽은 사람들, 기근과 역질로 죽은 사람들이 몇 십만 명인지 모릅니다. 그런데 살아남은 사람들 또한 세금과 부역을 피해 떠도느라 길가에 줄을 이었고 관아에서는 이를 모두 다 금지할 수도 없습니다. (줄임) 백성들이 어찌 곤고(困苦)한 나머지 도망쳐서 흩어지지 않을 수 있겠습니까. (줄임)
> 무식한 백성들은 매양 오랑캐 지역에는 신역(身役)이 없다고 말하는데, 그 말은 비록 패역(悖逆)스럽고 불경(不敬)스럽지만 그들의 사정은 참으로 슬픕니다.

조선에 대한 소속감이 적은 주민들이 생업마저 흔들리게 되자 차라리 오랑캐 지역으로 건너가기를 꿈꾼다고 아뢰었는데, 이 구절은 임금을 완곡하게 압박하는 부분이다. 지금 이대로 있다가는 함경도 땅도 **빼**앗기고 백성도 **빼**앗기게 된다는 협박인 셈이다.

> 근래에 어사(御史) 강홍립(姜弘立)의 장계에 따라 공물(貢物)의 수량을 감경해주고 포백과 말을 상으로 내렸으므로, 군심(軍心)이 서로 즐거워하고 사기가 백배로 올라 모두 나라를 위해 한번 죽고자 합니다. 이로써 본다

---

12) 인용되는 상소문은 모두 『洛西集 국역본』에서 인용하고, 번거롭게 각주를 달지 않는다. 필요한 경우에만 몇 글자 고쳤다.

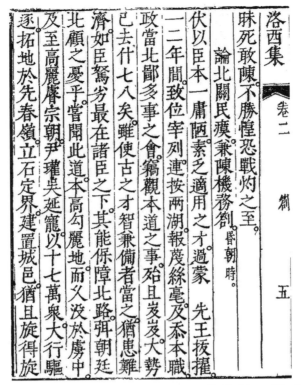

함경도 백성들이 받는 병폐를 논하고, 겸하여 중요한 업무를 보고하는 차자

면 혜택을 널리 베풀고 인심을 위무하는 일이 어찌 오늘날의 급선무가 아니겠습니까. (줄임)

이 부분에서는 어사(御使)가 관심을 가지고 작게나마 적폐를 해소하자 군심(軍心)과 민심(民心)이 하나가 되고 나라 위해 죽을 마음이 생겼으니, 이제는 임금께서 혜택을 널리 베풀어 인심을 달래는 것이 급선무라고 아뢰었다. 지금은 평시가 아니라 노추(老酋: 누르하치)의 침략이 눈앞에 다가왔기 때문에 나라와 백성이 하나가 되어야 했던 것이다.

제목에 따라 "함경도 백성들이 겪는 병폐에 대해 따지고[論北關民瘼]"
난 뒤에는 아울러 "군사적 위험에 대해 대비책을 제시[陳機務]"하는 내용
으로 이어진다.

> 노추(奴酋: 누르하치)의 흉포한 기세는 앞에서 말한 번호(藩胡)보다 더
> 욱 지나치거니와, 원교근공(遠交近攻)의 계책을 쓰고 있어서 비록 지금 당
> 장 쳐들어오는 목전의 근심은 없다고 할지라도, 그들이 포진한 형세와 후
> 일의 처지로써 본다면 곧 우리의 국토를 하루라도 잊고 지낸 적이 없었습
> 니다. (줄임)
> 시대로써 살펴보거나 형세로써 살펴보더라도 전쟁이 일어나리라는 점
> 은 현명한 사람의 출현을 기다리지 않고도 알 수 있습니다. 이 호적(胡賊)
> 의 장기(長技)는 튼튼한 갑옷과 철마(鐵馬)를 갖춘 병력으로 야전에서 용
> 맹스럽다는 점입니다. 지난해 홀온과 싸울 때의 일을 북도의 백성으로서
> 견문한 사람이라면 모두 다 두려워하면서 숨을 죽였으니, 이야기가 노추에
> 미치면 노추를 마치 호랑이처럼 두려워합니다. (줄임)
> 그러나 성곽의 공격은 그들의 장기가 아니니, 성벽과 해자(연못)를 수리하
> 고 군량을 저축하며 방포(放砲)의 기술을 연마하고 활쏘기와 칼 쓰기를 익힌
> 다음에, 적이 쳐들어올 경우에는 성문을 닫고 지키면서 그들과 싸우지 않으
> 면 됩니다. 그러다가 적이 물러가면 둔전(屯田)을 가꾸고 병사와 전마를
> 훈련시키기를 마치 옛날 이목(李牧)[13]이 변경에 있었을 때처럼 한다면, 비록
> 기세등등한 오랑캐라 할지라도 우리를 어찌하지 못할 것입니다. (줄임)

이 부분에서는 조선이 감당치 못할 노추(老酋: 누르하치)의 군사력과
침략 의도를 소개한 뒤에, 그래도 지금부터 준비한다면 막아낼 수 있다
고 구체적인 대비책을 제시하였다. 그러나 현재 민심이 이반(離反)된 사
례를 구체적으로 들면서, 왕에게 이 적폐를 해소해야만 국가와 백성이

---

13) 이목(李牧) : 전국시대 조(趙)나라의 명장으로, 북변(北邊)을 잘 지키면서 흉노를 크게
    격파하였다.

하나가 되어 노추(老酋: 누르하치)를 막아낼 수 있다고 설득하였다.

　　지난번에 신이 내수사(內需司)의 종 가운데 장정(壯丁)들을 뽑아 군대에 편입시킨 다음에, 도내의 군병들과 일체가 되게 하여 교대로 국경을 수비하게 함으로써 군사들과 백성들의 고통을 들어주고, 군정(軍政)을 균등히 하도록 하자는 뜻을 죽음을 무릅쓰고 치계(馳啓)하였으며, 성상의 윤허를 받았습니다. 그리하여 지금 그들을 각번(各番)에 첨입(添入)하여 북변의 수비를 돕게 하는 한편, 별도로 하나의 번을 만들어서 소홀한 지역을 수비하게 함으로써, 남도(南道)의 군병들이 병기를 둘러메고 멀리 와서 겪는 고초를 조금 덜어주도록 하였습니다. 그런데 그 뒤에 해조(該曹: 병조)의 공사(公事)에서 '본궁(本宮)에 소속된 대군방(大君房)의 종은 속오군(束伍軍)에 편입시킴을 허용하지 않는다.'고 하였습니다. (줄임)
　　어찌 본궁(本宮) 소속의 종인들만 유독 면제받을 이유가 있겠습니까. 자전(慈殿)께서는 구중궁궐 속 겹겹의 문 안에서 깊숙이 거처하시니, 본도의 위급한 사세를 어찌 다 아시겠으며 군사와 백성들의 원통하고 괴로운 실정을 어찌 다 들으시겠습니까. 다만 중간에서 일 처리하는 사람이 규례에 따라 입계(入啓)한 나머지 이러한 하교(下敎)가 나오게 된 것입니다. (줄임)
　　도내의 백성들은 공노(公奴)와 사노(私奴), 귀인(貴人)과 천인(賤人)을 막론하고 장정이라면 모두 무기를 잡는 병사가 되는데, 유독 본궁(本宮) 소속 대군방(大君房) 종들만 편안히 집에 드러누워서 '오랑캐를 방비한다니 무슨 일인가' 하고 있습니다. 그러니 병기를 잡고 선봉에 선 병졸들이 어찌 (줄임) '나 혼자 고생하니 원망스럽다'고 한탄하지 않겠습니까. (줄임)

　　장만은 지난번에 '내수사(內需司)의 종 가운데 장정들을 군대에 편입시켜 함경도 군사들과 한마음으로 국경을 지키게 해 달라'고 청하여 허락받았음을 상기시킨 뒤에, 그 결과 남도(南道)의 군사들이 멀리서 오는 수고를 덜어주었다는 성과를 아뢰었다. 그러나 뒤를 이어서, "병조(兵曹)로부터 본궁(本宮)의 대군방(大君房) 소속 종들은 군대에 편입할 수 없

다"는 공문을 받았으니, 선봉에 선 병졸들이 "왜 나만 고생하나?"원망하
여 국론이 분열되었다고 지적하였다.

'관청 소속 관노들이 군사로 징집되었으니, 왕실 소속 관노들도 군사
로 징집하게 해달라'고 왕에게 요청한 것인데, 이는 왕실의 재산을 사용
하게 해달라는 요청이자 왕실의 권위에 대한 도전이기도 하다. 장만도
그러한 위험을 의식하였기에, '아마도 중궁(中宮)께서 모르는 사이에 실
무자들이 판단을 잘못했을 것'이라고 완곡하게 표현하였지만, 실제로는
국방을 위해 목숨을 건 요구인 셈이다.

그 뒷 단락에 장만은 왕에게 구체적으로 요구하였다.

> 삼가 바라옵건대 명철한 성상께서는 '모든 백성을 동일시하고 친밀히
> 대하실 것'을 자전께 말씀하시고, 아울러 속오군의 편입을 명령하심으로
> 써, 천지간의 만물에 대해 사사로이 편애함이 없다는 지공지대(至公至大)
> 한 자세를 보여주소서. (줄임)
> 삼가 바라옵건대 밝은 성상께서는 미리 싸우고 지키는 계책을 강구하실
> 것이며, 임시방편의 대책으로써 근심 없애기를 보장한다고 하지 마시고,
> 또한 눈앞에 경계할 일이 없으므로 세월을 보낼 수 있다고 여기지 마시며,
> 이 노추(누르하치)를 잊지 마시고, 추호만큼의 소홀함도 없으시기를 비옵
> 니다.

장만은 '중궁이 잘못 생각하고 있으니, "모든 백성을 동일시하라"고
말씀해 달라'고 왕에게 요청하였는데, 구체적으로는 왕비가 함경도 백
성들과 자신 소유의 대군방 관노들을 같은 백성으로 여기고, 같이 군대
에 보내라는 뜻이다. 나아가서는 혹시라도 노추(누르하치)가 침략하지
않을 수도 있다고 헛되게 기대하지 말고, 미리 싸우고 지키는 계책을
강구하라고 청하였다.

이 상소문은 워낙 중요하기 때문에『광해군일기』즉위년 8월 16일 기사에 전문이 실렸으며, 광해군이 곧바로 비변사에 전교(傳敎)하였다.

> 윤허한다. 피물(皮物)의 연한 연장은 10년으로 하고, 모든 민폐는 개혁을 하되, 착실히 거행하여 온 백성이 일분의 혜택이나마 받도록 할 것을 본도 감사에게 거듭 하유(下諭)하라.

이 정도의 답변이라면 장만의 상소문은 성공한 글쓰기였다. 그러나 상소가 언제나 이렇게 성공하는 것은 아니다. 명나라의 요청에 마지 못하여 조선이 심하(深河) 전역(戰役)에 파병할 때에도 장만이 몇 차례 상소하였는데, 「중요한 업무를 보고하고 궁전 공사의 정지를 요청하는 차자[陳機務因請停繕修役箚]」의 내용과 광해군의 답변만 살펴봐도 왕이 얼마나 정세 판단을 잘못하고 있는지 알 수 있다.

장만은 이 상소문 서두에서도 후금과의 전쟁소식에 백성들이 피난길에 나서는 장면을 서술하여 변방의 긴급한 상황과 흔들리는 민심을 광해군에게 전달하면서, 자신이 얼마나 절실한 심정으로 이 글을 쓰는지 광해군이 알게 하였다. 그러나 명(明)·후금(後金)·조선(朝鮮)의 삼국이 각축하면 전선이 길어지기 때문에, 후금이 조선 내지까지 공격해 들어오면 명과 조선으로부터 협공을 당할 것이 두려워 감히 도성까지 진격하지는 못할 것이라고 조정을 안심시켰다. 이 말은 불안을 잠재우기 위한 임시방편이 아니라, 정확한 정세 판단에서 나온 말이다. 만약에라도 그런 일이 벌어진다면 방어를 그르친 죄인이 되기 때문이다. 그러기에 조정에서는 군사의 움직임에 관한 보고와 비변사의 조치를 한양의 백성들에게 공개하여 유언비어가 퍼지지 않도록 조처해야 한다고 요청하였다. 외적이 침입할 때에는 무엇보다도 인심을 진정시키는 일이 중요하기 때문이다.

이 상소문은 "중요한 업무를 보고[陳機務]"하는 것도 중요한 목적이지만, 「궁전 공사의 정지를 요청하는 차자[請停繕修役箚]」도 현실적인 목적이었다. 광해군은 몇 해 전부터 경덕궁과 인경궁을 짓고 있었는데, 전쟁 위기의식을 느낀 백성들의 인심이 좋지 않았다. 『낙서집』 권2에 실린 이 상소문은 실록에 다 실리지 않았지만, 『광해군일기』 10년(1618) 6월 6일 기사에 광해군의 비답(批答)이 실려 있다.

> 궁궐 공사를 더욱 잘 감독해서 속히 마무리 짓도록 하라. 기타 사항은 의논해 처리하겠다. 사직하지 말고 마음을 다해 직무를 살피도록 하라.

이보다 4일 전인 6월 6일 기사에는 '지사(知事) 장만이 영건도감과 비변사 유사의 직 중 하나를 체차시켜 달라고 청한' 기록이 실려 있는데, 병이 심해 두 가지 임무를 겸할 수 없으니 하나를 줄여달라는 내용이었다. 광해군은 이에 대해 "우선은 사직하지 말고 조리하면서 직무를 살피도록 하라."고 답변하였다. 왕궁 공사를 맡은 영건도감의 실무책임자 장만이 올린 차자(箚子)에 대한 비답은 세 가지인데, 궁궐 공사는 빨리 마무리 짓고, 기타 사항은 의논해보겠으니, 사직은 하지 말라는 것이다.

광해군은 실무 책임자 장만의 구체적인 전시 대비책을 듣고도 하나도 들어주지 않아 전시상황에서 국력을 낭비하고 여론을 분열시키다가 결국 다른 실책까지 겹쳐 실패하였다. 인조도 정묘호란에 도원수로 출정하는 장만의 군사 지원 요청에 "어영군은 내어줄 수 없다"고 거절하였다가 판단의 실수로 패배하였다.

장만은 뚜렷한 당색(黨色)이 없다보니 그 흔한 당파 분쟁에 얽힌 상소가 아니라 대부분 나라와 백성을 위한 실무적인 상소거나, 질병 때문에 직책을 사임하려는 상소였다. 한쪽 눈을 안대(眼帶)로 가린 진무공신 초상이 그가 상소를 올릴 때의 상황을 가장 잘 보여준다. 그러한 상소가 조정에서 제대로 받아들여지지 않거나 미봉책으로 넘어가다가 결국 정묘호란과 병자호란을 자초하게 되었다.[14]

3. 삼국 각축시대를 예견하고 대비하다

장만은 1602년 4월 22일에 중궁 고명 주청사(中宮誥命奏請使)의 부사(副使)로 낙점되었다가, 실제로는 10월 13일에 세자 책봉 주청사(世子冊封奏請使)의 부사로 명나라에 갔다. 『선조실록』에는 이에 관한 기사가 실려 있지 않은데, 서장관(書狀官)으로 동행한 이민성(李民宬)의 『조천록(朝天錄)』에 정확한 날짜가 밝혀져 있다.

> (임인년 10월) 13일. 사은(謝恩)하였다.
> 14일. 정사(正使) 지사(知事) 김신원(金信元), 부사(副使) 동지사(同知事) 장만(張晚)과 함께 남별궁(南別宮)에 가서 봉과(封裹)를 참관하였다.

장만 일행은 1602년 10월 15일에 서울을 떠나고, 27일에 압록강을 건넜다. 조천록(朝天錄)이나 연행록(燕行錄)에 실린 시들 가운데 상당수는 선배(先輩) 사행(使行)들이 시를 지었던 곳에서 차운하여 짓거나 회고(懷古) 영사시(詠史詩)들을 많이 지었는데, 장만은 역대의 사신들이나 함께 갔던 동료들과는 다른 눈으로 요동 땅을 바라보았다.

의주(義州) 북쪽 8리쯤에 있는 구룡연(九龍淵)에서 지은 시를 보자.

---

14) 이 책에 장만의 상소문에 관한 논문이 2편이나 함께 실렸으므로, 상소문의 예를 더 들지 않는다.

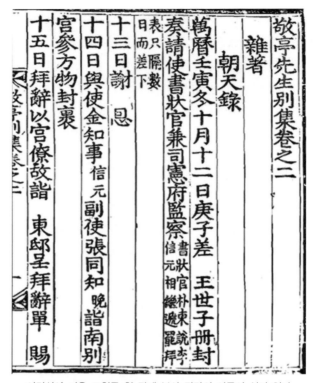

이민성이 지은 조천록 첫 장에 부사 장만의 이름이 실려 있다

구룡연(九龍淵) 3

성 아래에는 황무지가 시야 끝까지 평평하고,

강물은 복판까지 얼어붙어 거울처럼 깨끗하구나.

삼국이 나누어 가진 땅을 높이 올라 굽어보니,

저녁에 밥 짓는 연기가 여기저기서 오르네.

城下荒蕪極目平。江中氷合鏡新明。

登臨三國橫分地、日暮炊煙處處生。

구룡연은 지리지에 많이 소개된 명승지는 아닌데, 조천사나 연행사

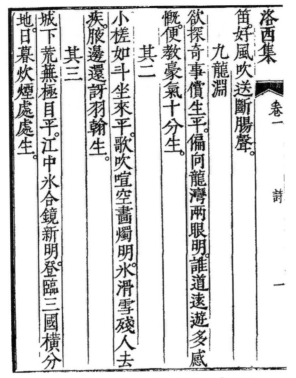

명나라 사행에서 삼국 각축을 예견한 시 「구룡연」

가 의주에 도착하면 송별 잔치를 이곳에서 많이 베풀었다. 박사호(朴思浩)가 지은 『연계기정(燕薊紀程)』 1828년 11월 20일 일기에 구룡연의 위치와 경치가 묘사되어 있다.

취승당(聚勝堂) 왼쪽에 연춘당(延春堂)이 있으며, 진변(鎭邊) 북쪽에는 이의정(二宜亭)이 있으나 볼 만한 것이 없다. 오직 구룡연(九龍淵)이 통군정 성 밖 동북 8리쯤에 있는데, 석벽이 강물에 임하여 있고 소나무가 절벽에 걸려 있어 자못 그윽한 정취가 관상할 만하다.

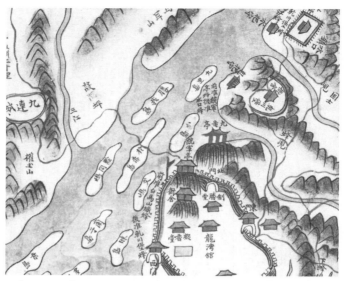

『해동지도』「의주부」지도 한가운데 압록강 가 벼랑에 구룡정이 보인다.
강 건너 구련성부터 명나라 영토이다.

취승당은 선조(宣祖)가 임진왜란에 피난 왔다가 머물던 곳이어서 유명하다. 구룡연이 압록강 절벽에 있어서 그윽한 정취가 있다고 했는데, 장만은 구룡연 절벽에서 그윽한 정취를 즐긴 것이 아니라 압록강 북쪽을 바라보면서 이 지역을 세 나라가 나누어 가진 땅이라고 표현하였다. 조선(朝鮮)·명(明)·후금(後金)의 세 나라가 나누어 가진 땅이라고 한 것이다.

여진족 추장 누르하치를 조선에서는 노추(老酋)라고 얕잡아 표현하였는데, 그가 1583년에 군사를 일으켜서 주변의 부족들을 제압하며 세력을 키우고 있었다. 그가 어느 정도 영토와 세력을 확보하여 1616년 2월 17일에 후금(後金)을 건국하였지만, 그뒤에도 조선 조정에서는 애써 후금의 존재를 무시하고, 나라로 인정하지 않으려 했다. 그러다가 후금을

정벌하려던 명나라의 파병 요청을 받아들여 1619년에 심하(深河) 전역
(戰役)에 휩쓸리고, 그로부터 20년 동안 정묘호란과 병자호란까지 겪게
되었다.

장만은 이 시에서 병자호란 30년 전에 이미 부족 추장에 불과하던
노추(老酋: 누르하치)를 명나라와 동등한 하나의 나라로 인식하였다. 그
는 요양(遼陽)을 향해 가는 중에 다시 자신의 시에 차운하여 지었다.

> 「구룡연」의 시에 차운하다 [次九龍淵韻]
> 아득히 넓은 들판을 바라보니 평활하고,
> 가 없는 바다와 하늘에는 석양빛이 선명하네.
> 지척에 있는 음산(陰山)이 콩알처럼 작게 보이니,
> 누란(樓蘭)을 무찌르지 않고는 살기를 바라지 않네.
> 脩野茫茫一望平。海天無際夕陽明。
> 陰山咫尺看如斗、不斬樓蘭不願生。

음산(陰山)은 하투(河套) 이북과 대막(大漠) 이남에 걸쳐 음산산맥(陰山
山脈)을 이루는 여러 산들을 가리키는데, 흔히 중국 북방의 오랑캐 지역
에 있는 산들을 가리키는 말로 쓰인다. 누란(樓欄)은 고대 서역(西域)에
있던 나라 이름이다. 한나라 무제(武帝) 때 서역의 대원국(大宛國)과 교
통하려 하자, 경유하는 길에 위치한 누란이 흉노와 결탁하여 한나라 사
신을 막거나 죽이는 일이 빈번하였다. 결국 소제(昭帝)가 부개자(傅介子)
를 파견하여 누란의 국왕 안귀(安歸)를 죽이고 울도기(尉屠耆)를 새로운
왕으로 세웠으며 나라 이름을 선선(鄯善)이라 고쳤다.

이 시에서는 비유적으로 음산(陰山)과 누란(樓欄)을 경계하였지만, 실
제로는 변방을 위협할 정도로 막강한 세력이 된 노추(老酋: 누르하치)를
무찔러야만 국제 정세가 안정될 것임을 예견하였다. 그는 이전에 평안

도나 함경도 변방에 와본 적이 없어서 특별한 정보가 없었지만, 누르하
치의 세력이 국가로 발전하여 우리나라가 삼국(三國)이 각축(角逐)하는
구도에 휩쓸릴 것을 예견한 것이다.

사위 최명길이 지은 행장(行狀)을 보면, 그가 삼국이 각축하는 시대가
도래할 것이라고 예견하는 것을 또 한 차례 확인하게 된다.

> 공이 사명(使命)을 받들고 연경(燕京)으로 갈 때 도중에서 조공(朝貢)을
> 바치러 가는 건주(建州)의 야인(野人)들을 만났다. 공이 다른 사람을 보고
> 말하기를 "이 오랑캐의 기색을 보니, 끝내 천하의 근심거리가 되겠다. 뒷날
> 중국 조정에서 우리나라에 병력을 요청할 터인데, 우리들은 장차 그 일을
> 보게 될 것이다." 하였는데, 그 뒤 십수년 만에 과연 심하(深河)의 전쟁이
> 일어났다.

그는 부패하여 망해가는 명나라를 다녀오면서 대륙의 국제 정세를
파악하여, 조공(朝貢)을 바치러 가는 건주(建州) 야인(野人)들의 기색만
보고도 명나라가 이들을 감당치 못해 우리에게 병력을 요청하게 될 것
이라고 예견하였다. 장만의 대비책을 받아들이지 못했던 조선 조정은
그로부터 16년 뒤에 명나라의 파병 요청을 거절할 수 없어서 심하전역
(深河戰役)에 조선 군사를 파병했다가 삼국이 각축하는 병란에 휩쓸리고
말았다.

4년 뒤인 1607년에 함경도 관찰사로 부임한 장만은 노추(老酋 누르하
치)가 미래의 적이 아니라 눈앞의 적임을 인식하고, 그 지역을 다녀온
백성이나 군사들로부터 얻어낸 정보, 함경도에 들어오는 여진족으로부
터 얻어낸 정보들을 종합하여 「북관(北關)의 백성들이 받는 병통을 논하
고 겸하여 기무(機務)를 진달하는 차자[論北關民瘼, 兼陳機務箚]」[15]를 광
해군에게 올렸다.

　만약 노추(누르하치)가 남쪽으로 내려와서 땅을 점거하는 환난이 생긴
다면, 우리의 오합지졸과 지치고 노둔한 말을 가지고는 참으로 그들의 칼
날을 당해내기가 어렵습니다. 그러나 성곽의 공격은 그들의 장기가 아니
니, 성벽과 해자(연못)를 수리하고 군량을 저축하며 방포(放砲)의 기술을
연마하고 활쏘기와 칼 쓰기를 익힌 다음에, 적이 쳐들어올 경우에는 성문
을 닫고 지키면서 그들과 싸우지 않을 일입니다. 그러다가 적이 물러가면
둔전(屯田)을 가꾸고 병사와 전마를 훈련시키기를 마치 옛날 이목(李牧)이
변경에 있었을 때처럼 한다면, 비록 기세등등한 오랑캐라 할지라도 우리를
어찌하지 못할 것입니다.

　선조 때에 명나라에 사신으로 다녀오면서 삼국이 각축하는 시대가
도래할 것임을 예견했다면, 이제는 함경도를 책임진 관찰사로서 구체
적인 방어책을 제시한 것이다.
　장만은 북방 오랑캐와 전투가 벌어질 것에 대비하여 국경을 드나드
는 오랑캐와 백성들의 정보를 종합하여 오랑캐 지역의 지도를 그렸다.
『광해군일기』 2년(1610) 11월 기사에 광해군이 장만의 지도를 칭찬한 이
야기가 두 차례나 실려 있다.

　동지(同知) 장만(張晩)이 호지(胡地)의 산천을 그린 지도를 바치면서 아
뢰었다.
　“신이 북쪽 국경지대에서 4년 동안 근무하면서 호지의 산천을 직접 다니
며 두루 살펴보지는 못했습니다만, 늘 우리나라의 언어를 알면서 노홀(老
忽)에게 사로잡혀 간 번호(藩胡)에 의지하여, 일을 아는 변장(邊將)으로 하
여금 거리의 원근과 산천의 형세 및 부락의 이름 등을 상세히 묻게 하였습
니다. 숙장(宿將)과 노졸(老卒)이 귀로 듣고 눈으로 본 것을 참고로 하여,
더러 높은 곳에 올라가 그 지점을 확인하기도 하면서 호지에 관한 작은 지

15) 『洛西集 번역본』, 장만장군기념사업회, 2018, 120-149쪽.

도를 만들었습니다. (줄임) 우리 조종(祖宗)께서 열진(列鎭)을 배치하여 사전에 대비하신 계책 역시 명료하게 알아 볼 수가 있겠기에 감히 이렇게 바쳐 올려 조용할 때 보시도록 하는 바입니다."

왕이 답하기를,

"(그대가) 아뢴 사연을 보고 지도를 살펴보면서, 그대가 나라 사랑하는 정성을 가상하게 생각하였다. 이 지도를 옆에 놓아두고 유념해 보도록 하겠다." -11월 8일

(왕이 말하였다.) "조정에 돌아왔다고 해서 변방(邊方)의 일을 망각하지 말고 일이 생기는 대로 돕도록 하라. 그런데 이 적을 쉽게 막을 수 있겠는가? (줄임) 경이 바친 지도(地圖)를 앉으나 서나 유념하여 늘 보고 있는데, 오랑캐의 형세가 눈 안에 들어오는 것만 같다." -11월 18일

장만이 함경도를 떠난 뒤에도 광해군에게 그려서 바친 오랑캐 땅의 지도는 두고두고 북방 대책의 자료가 되었을 것이다. 머지 않아 삼국 각축은 현실이 되었다.

광해군은 후금이 침략한다면 함경도가 아니라 평안도 쪽으로 들어올 것이라고 예견하였다. 그래서 1611년 2월 9일에 장만을 평안병사로 임명하면서 특별히 당부하였다.

평안병사(平安兵使) 장만(張晩)에게 전교하였다.

"서쪽 변방의 위급한 일을 경에게 모두 위임하니, 경은 가서 성심껏 수행하여 국력을 튼튼히 하도록 하라. 병기를 수선하고 적을 막는 책무에 있어서는 경이 때를 보아가며 잘 대응하는 데에 달려 있으니, 내가 낱낱이 말하지 않겠다. 이제 융기(戎器)·갑주(甲冑)·구극(鉤戟)·지창(枝槍)·당파(鐺鈀)를 내리니, 경은 이것으로 전쟁의 용도로 갖추어야 할 것이다. 조총(鳥銃)·궁자(弓子)·장전(長箭)·편전(片箭)도 가지고 가서 재능을 시험한 다음 상으로 주어 권면하도록 하라. 내가 마침 병이 들어 오래도록 대면

해 지시하지는 못하니, 이 뜻을 잘 알도록 하라."

광해군은 "내가 낱낱이 말하지 않겠다."고 했는데, 장만은 변방의 전략적 요충지를 확보하기 위하여 그 동안 내버려졌던 사군(四郡)을 복구하였다. 심하(深河) 전역(戰役) 때에 조선군에게 항복을 받은 누르하치가 군사를 몰고 압록강까지 왔지만, 여진족이 드나들며 살던 사군이 복구되어 조선군이 주둔한 것을 보고는 단기전이 어렵게 된 것을 알고 몇 달 동안 틈만 엿보다가 그만 돌아갔다. 정묘호란까지 10년 가까운 세월을 벌어놓은 것이다.

4. 삼국 각축시대 장만의 행적에 관한 정조의 평가. 『해동신감(海東臣鑑)』

정조(正祖)가 왕세손(王世孫) 시절에 왕이 될 준비를 하면서 모범이 되는 신하 191명을 선정하여 그들의 행적을 간결하게 기록하는 책을 만들고, 『해동신감(海東臣鑑)』 서문에서 편찬 동기를 이렇게 설명하였다.

아조(我朝)의 명신(名臣) 석보(碩輔)들이 우뚝이 서로 연달아 배출되었으니, 명군(明君)과 현신(賢臣)이 서로 잘 만난 성대한 일이 역대에 미처 없었던 바이거니와, 충의(忠義)로써 간쟁(諫諍)을 잘한 신하나 뛰어난 재주와 통달한 식견을 가지고 고상하게 심신을 수양한 선비들까지 다 꼽는다면 이루 다 셀 수가 없다. 여기에 수록한 숫자는 너무 간략한 듯하다. 그러나 옛날 주부자(朱夫子)께서는 팔조(八朝)의 『명신언행록(名臣言行錄)』을 편찬하여 전집(前集)과 후집(後集)으로 나누어 만들었는데, 여기에 수록된 숫자가 겨우 97인이었으니, 헤아려 분별하는 데 있어 근엄하고 정중함이 대체로 이러하였다.

정조가 왕세손 시절에 모범적인 신하들의
행적을 편찬한 『해동신감』 표지

주자(朱子)가 중국 역대 명신(名臣) 97인을 뽑아서 언행록을 만든 것에 비하면 숫자가 많지만, 근엄하고 정중하게 가려 뽑았다고 하였다. 정조가 이 책을 편찬한 가장 큰 목적은 "명군(明君)과 현신(賢臣)이 서로 잘 만난 성대한 일"을 자신이 계승(繼承)하기 위해, 바람직한 명신의 행적을 뽑아 엮은 것이다. 그랬기에 책 제목을 '해동신감(海東臣鑑)'이라고 하였으니, '우리나라에서 모범이 될 만한 신하들의 행적'이라는 뜻이다. 왕세손이었던 정조가 서문 마지막 줄에 "이것을 베껴 쓰고 교정(校正)하는 일은 시직(侍直) 이상일(李商逸)이 참예하였다."고 하였으니, 이상일의 도움을 받아 완성했음을 알 수 있다.

정조는 즉위하여 수많은 책을 짓거나 편찬하거나 명하였는데, 그 책들을 모두 설명한 「군서표기(群書標記) 해동신감」에 이 책의 편찬 동기와 과정을 다시 소개하였다.

이 책은 내가 춘저(春邸 동궁)에 있을 때에 편찬한 것이다. 위로 홍유후(弘儒侯) 설총(薛聰)에서 시작하여 본조(本朝) 윤계(尹棨)에 이르기까지 모두 191명을 실었다. 수록된 사람마다 이름 다음에 자(字)와 본관과 이력과 시호를 쓰고, 후세 사람에게 모범이 될 만한 언행(言行)과 사적(事蹟)을 요약해서 기록하였다. 이 책의 체례(體例)는 대체로 명(明)나라 선덕(宣德)

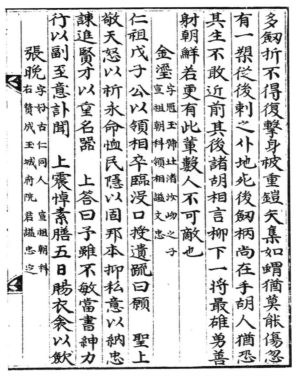

장만의 자와 본관과 이력과 시호를 소개한 『해동신감』 첫 장

연간에 편찬한 『역대신감(歷代臣鑑)』을 본뜬 것이다. 계방(桂坊) 이상일(李商逸)과 함께 밤낮으로 며칠 동안 대교(對校)를 거쳐서 책을 완성하였다.

정조는 "계방(桂坊) 이상일(李商逸)과 함께 밤낮으로 며칠 동안 대교(對校)를 거쳐서 이 책을 완성하였"는데, 계방(桂坊)은 세자를 시위(侍衛)하는 기관으로, 며칠 동안 정조와 함께 책을 만든 이상일은 정8품 시직(侍直)이었다. 장만(張晩) 경우에도 "이름 다음에 자(字)와 본관과 이력과 시호를 쓰고, 후세 사람에게 모범이 될 만한 언행(言行)과 사적(事蹟)을 요

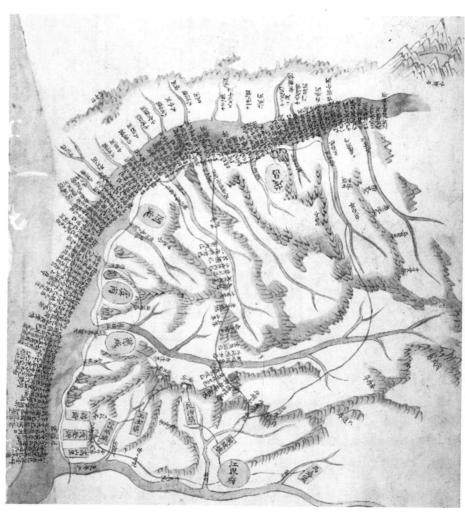

규장각 소장본 『해동지도』의 「폐사군(廢四郡)」 지도에 압록강을 따라
네 고을 이름이 표기되어 있고, 오른쪽 멀리 백두산이 보인다.

약해서 기록하였다.”

　　자(字)는 호고(好古), 인동인(仁同人), 선조조(宣祖朝)에 문과 급제, 우
찬성(右贊成), 옥성부원군(玉城府院君), 시호(諡號) 충정(忠定)
　　○ 평안절도사(平安節度使)에 제수되었는데, 여연(閭延) 등 사군(四郡)
이 폐지된 지 백년이나 되었다. 공(公)이 “조종(祖宗)의 강토(疆土)를 (오랑
캐에게) 내버리고 따지지 않으면 안된다.”고 하면서, 사람을 시켜 (오랑캐
가 사는) 그 땅에 가서 살펴보게 하였다. 공첩(公牒) 하나를 주면서 말하기
를 “오랑캐를 만나면 이것을 보여주라.” 과연 오랑캐를 만나 공첩을 보여주
니, 그 추장이 말하기를, “이는 관인(官人)이니 죽이면 안된다. 여연(閭延)
은 본래 조선 땅인데 우리가 거주하고 있으니, 이는 잘못이 우리에게 있는
것이다.” 그리고는 곧바로 철수하여 떠났다.
　　字好古, 仁同人, 宣祖朝科, 右贊成, 玉城府院君, 諡忠定.
　　拜平安節度使, 閭延四郡廢且百年, 公謂, 祖宗疆土不可棄而不問, 使人
往視之, 授以一公牒, 曰, “卽遇虜, 以此示之.”果遇示牒, 其首曰, “此, 官
人, 不可殺, 閭延本朝鮮地, 我人居之, 是曲在我.”卽撤去.

　정조는 장만의 대표적인 공훈을 네 가지 골라서 기록했는데, 첫 번째
가 바로 사군(四郡) 회복(回復)이었다. 사군은 세종이 1432년부터 1443
년까지 서북 방면의 여진족을 막기 위해 압록강 상류에 설치한 국방상
의 요충지로, 여연(閭延)·자성(慈城)·무창(茂昌)·우예(虞芮)의 네 군을
말한다. 이때부터 우리나라의 서북쪽 국경이 압록강으로 확정되었지
만, 세대가 내려오면서 개척과 유지가 힘들어지자 세조(世祖) 때에 주민
을 강계로 옮기고 사군을 폐지하였다.
　사군의 철폐는 영토의 포기라기보다는 국경방어선의 임시적인 후퇴
였는데, 조선·명(明)·후금(後金)의 삼국이 각축하는 시대가 올 것을 예
견한 장만이 전략적인 차원에서 사군의 영토와 방어를 회복한 것이다.

拜平安節度使間延四郡廢且百年公謂 祖宗疆
土不可棄而不問使人往視之授以一公牒曰即遇
虜以此示之果遇示牒其首曰此官人不可殺間延
本朝鮮地我人居之是曲在我即撤去○己未深河
之敗以公爲體察副使馳傳赴西收集散卒謂昌城
當賊衝移節廢行營于昌邊情稍安○仁祖癸亥起
公爲元帥 上親送之郊手尙方劍以 賜公開府
平壤而副元帥连鎮寧邊叨驕恣遂蓄異志陰結
在朝羣不逞爲內應會有覺其事者适遂與龜城府
使韓明璉舉兵反衆萬有二千降倭及腹心敢死士

사군 회복을 소개한 『해동신감』 둘째 장

명나라와 국경을 마주하고 있을 때에는 별문제가 없었지만, 심하(深河) 패전(敗戰) 이후 후금의 영토가 압록강까지 확대되어 새로운 전선(戰線) 이 형성되고 보니, 사군 지역이 과연 중요성을 띠게 되었다. 앞을 내다 보는 장만의 통찰력을 정조가 높이 사서, 사군 복구를 첫 번째 공적으로 삼은 것이다.

기미년(1619) 심하(深河) 전역(戰役)에 패배한 뒤, 공을 체찰부사(體察 副使)에 임명하자 역마를 달려서 평양에 부임하였다. 공은 흩어진 병졸을 수집하고, "창성(昌城)이 적을 막을 요충지"라고 하여 절도사의 행영(行營)

을 창성으로 옮겼다. 변방의 정세가 차츰 안정되었다.

　○己未深河之敗, 以公爲體察副使, 馳傳赴西, 收集散卒, 謂昌城當賊衝, 移節度行營于昌, 邊情稍安.

정조가 두 번째로 꼽은 장만의 공훈도 역시 삼국이 각축하는 변방을 안정시킨 것이다. 강홍립(姜弘立)은 장만과 마찬가지로 후금을 적대시하지 않던 선배 장수였는데, 그가 심하 전역에 패배하자 조선은 그때까지 전면전을 예상하지 못했던 후금(後金)과 압록강을 사이에 두고 맞서게 되었다.

광해군은 후금을 제압할 장수는 장만 뿐이라고 생각했기에 체찰부사에 임명했으며, 이런 상황이 올 것을 예견한 장만은 곧바로 절도사 행영을 창성으로 옮겨서 후금을 견제하였다. 함경도와 평안도 관찰사를 역임하며 이 지역을 가장 잘 파악한 장만이 적극적으로 대응하자 민심도 군심도 안정되었다. 후금도 명나라와 조선 양쪽에 전선을 펼치지 않고, 국경에서 물러나 명나라 쪽으로 주력 부대를 이동하여 위기가 해소되었다.

　인조(仁祖) 계해년(1623)에 공을 원수(元帥)로 삼고, 상께서 친히 교외(郊外)에서 전송하며 상방검(尙方劍)을 친히 내리시니, 공이 평양에 개부(開府)하였다.16)
　○ 仁祖癸亥, 起公爲元帥, 上親送之郊, 手尙方劍以賜, 公開府平壤.

인조도 심하(深河) 전역(戰役) 이후 삼국이 각축하는 국제정세가 조선에 위태로워지는 것을 인식하고, 장만을 도원수로 삼아 변방을 지키게

---

16) 부서(府署)를 개설하여 요속들을 두는 것을 뜻한다. 한(漢)나라 때는 삼공(三公)만이 개부를 하였는데, 위(魏)·진(晉) 이후로 많아져서 진(晉)의 양호(羊祜)는 형주 도독(荊州都督)으로서 개부하였다. 그리하여 후세에는 도독을 개부라고 칭하였다.

하고 융복(戎服) 차림으로 친히 모화관(慕華館)까지 나아가서 전송하였다. 상방검(尙方劍)이란 왕이 쓰는 칼로, 한(漢)나라 주운(朱雲)이 상서(上書)하여, "상방검을 빌려 주시면 영신(佞臣) 장우(張禹)의 목을 베겠습니다." 하였다. 『인조실록』 1년(1623) 4월 23일 기사에 "상이 어탑(御榻)에서 내려 와 친히 상방검(尙方劍)을 잡고 장만에게 하사하면서 이르기를, '대장(大將) 이하로 명을 듣지 않는 자는 이 검으로 처치하라.' 하였다."고 하였다.[17]

> 정묘년(1627) 봄에 적군이 대거 변방에 침입하자, 상께서 공에게 관서(關西)에 가서 장수들을 독려하게 하였다. 공은 그날로 하직하고 떠났는데, 다만 도감(都監)의 병사 몇 백 명만 인솔하였다. 적이 승승장구하여 곧바로 올라오므로, 공이 평산에 이르렀을 때에는 사태가 이미 어찌할 수 없게 되었다. 마침내 군대를 거두어 한곳에 주둔시킨 뒤 적의 예봉(銳鋒)을 피하였다. 적이 물러간 뒤에 언관이 공을 탄핵하니, 상께서 어쩔 수 없이 부여(扶餘)에 부처(付處)하였다.
>
> 丁卯春, 敵人大擧入邊, 命公赴西關督師, 卽日辭行, 只將都監兵數百人, 敵長驅直上, 公比至平山, 事已無可爲, 遂斂兵左次, 以避其鋒, 敵退之後, 言官劾公, 上不得已付處于扶餘.

이괄의 난으로 조선의 군사력이 흐트러지자, 후금(後金)이 국경을 넘어 침략하였다. 장만이 주청한 안주성(安州城) 방략(防略)이 제대로 이뤄지지 않아, 장만은 인조에게 일곱 차례나 사직 상소를 올렸다. 1626년 12월 30일에 병조판서 사직을 청하는 차자(箚子)를 인조가 처리하지 못하고 있는 사이에, 13일 뒤에 후금이 침입한 것이다.

---

17) 『해동신감』의 이후 문장은 장만이 이괄의 난을 평정한 공을 기록한 것이므로, 삼국 각축의 국제정세와 직접 관련은 없다.

1월 17일에 대신들이 정청(庭請)으로 모이자, 인조가 "이들이 모장(毛將)을 잡아가려고 온 것인가, 아니면 전적으로 우리나라를 침략하기 위하여 온 것인가?" 질문하였다. 가도(椵島)에 주둔하고 있던 명(明)나라 장수 모문룡(毛文龍)을 체포하러 왔으면 다행이겠다는 생각이었는데, 장만이 "홍태시(洪泰時: 홍타이지)란 자가 매번 우리나라를 침략하고자 했다는데, 이 자가 만일 일을 맡게 되면 반드시 그 계획을 성취시킬 것입니다." 하였다. 장만은 청(淸) 태종(太宗)의 침략 야욕을 제대로 판단한 것이다.

그러나 인조는 여전히 후금의 군사력을 제대로 인식하지 못하였다. 그날 정청에서 장만을 사도도체찰사(四道都體察使)로 삼아 평안도로 가게 하자 장만이 개성부와 장단의 군병을 조발하고 파주산성에서 수비할 것을 아뢰었는데, 인조는 "어영군(御營軍)은 아직 데리고 가지 말라."고 당부한 것이다.

『해동신감』의 이 부분은 장유(張維)가 지은 장만의 신도비명(神道碑銘)에서 발췌한 것인데, 정조는 정묘호란에서 패배한 이유를 두 문장으로 선택하였다. 장만은 "다만 도감(都監)의 병사 몇 백 명만 인솔하였으며[只將都監兵數百人]" "평산에 이르렀을 때에는 사태가 이미 어찌할 수 없게 되어서 마침내 군대를 거두어 한곳에 주둔시킨 뒤 적의 예봉(銳鋒)을 피하였다.[公比至平山, 事已無可爲, 遂斂兵左次, 以避其鋒.]"는 것이다. 장유가 지은 신도비명에는 인조가 장만을 탄핵하는 언관에게 "장모(張某)에게는 적과 싸울 군사가 없었으니 그의 죄가 아니다."고 변명해주었다고 했는데, 그 구절을 건너뛰어서 "상께서 어쩔 수 없이 부여(扶餘)에 부처(付處)하였다."고 마무리하였다. 정조도 같은 생각임을 보인 것이다.

정조는 장만의 가장 큰 업적으로 네 가지를 골라 『해동신감』에 소개하였는데, 제목만 본다면 "신하들이 본받아야 할 이야기[臣鑑]"이지만, 정조는 이 책을 편찬하면서 "신하를 다룰 때에 임금이 본받아야 할 이야기"라고 생각했을 것이다. 제목 그대로 신하들에게 읽기를 권장한다면 이 책을 출판해야 했지만, 굳이 출판하지 않은 것은 정조 자신에게 가장 거울[鑑]이 될 만한 이야기를 골라 베끼고 교정보는 과정에 이미 충분히 거울로 삼았기 때문이다.

저자가 책을 지을 때에는 나름대로 독자를 상정하기 마련인데, 정조가 생각한 『해동신감』의 1차적인 독자는 갓 20세가 되어 왕도정치(王道政治)를 공부하고 있던 왕세손인 자신이 아니었을까? 『해동신감』은 기존의 기록들을 발췌하여 편찬했기 때문에, 행간의 기록을 유추하면서 읽어야 한다. 정조시대를 '조선의 르네상스'라고 하는데, 정조는 장만의 사군(四郡) 회복(回復)을 첫 단락에 배치하면서 이런 신하와 함께 국정(國政)을 운영하고 싶었던 것이 아닐까.

5. 부하를 적재적소에 배치하여 승리한 팔도도원수

장만의 생애 가운데 가장 득의(得意)하였던 시기는 인조에게 상방검을 하사받고 팔도도원수가 되어 평안도로 출정하였다가 이괄(李适)의 난을 평정하고 진무공신(振武功臣) 1등에 녹훈되던 시기였다. 위계로는 장만이 도원수였고 이괄이 부원수였지만, 대부분의 병력은 영변(寧邊)에 진을 쳤던 이괄이 지휘하였고 장만에게는 지휘할 군사가 많지 않았다.

대제학 장유(張維)가 장만의 신도비명(神道碑銘)을 지으면서, 첫머리부터 이괄의 난을 진압하는 과정을 서술하였다.

　이괄이 드디어 구성부사(龜城府使) 한명련(韓明璉)과 함께 군대를 동원하여 반란을 일으켰는데, 그 병력이 1만 2천이요, 항왜(降倭) 및 복심(腹心)으로 구성된 결사대의 숫자만도 수백 천 인에 이르렀다. 이때 공은 한창 병으로 시달리는 상황에서 직할 부대의 병력이 3천 명에도 차지 못하였는데, 적(賊)이 공을 두려워한 나머지 감히 평양으로 육박해 오지는 못하고 사잇길을 통해 곧장 경성(京城)으로 짓쳐 들어갔다.

　공이 마침내 병을 무릅쓰고 병력을 이끌고서 적을 추격하기 시작하였는데, 한편으론 행군하고 한편으론 병력을 수합(收拾)하면서 정충신(鄭忠信)과 남이흥(南以興)으로 하여금 선봉 부대를 지휘하게 하였다. 이와 함께 첩자(諜者)를 그 사이에 보내 격문(檄文)을 가지고 가서 적의 무리를 효유(曉諭)하게 하였는데, 적의 무리들이 평소부터 공의 위엄과 신의에 심복해 오던 터라 대오를 빠져 나와 공에게 귀의해 오는 자들이 많았다. (줄임)

　대가(大駕)가 도성으로 돌아올 때 공이 서인(庶人)의 복장 차림으로 길옆에 엎드려 스스로 아뢰었다. "적을 늦게야 소탕하는 바람에 상께서 몽진(蒙塵)하시도록 만들었다."고 하면서 무거운 형벌을 받게 해 줄 것을 청하자, 상이 위로하는 유시를 내린 뒤 원훈(元勳)에 책봉하고 갈성분위출기효력진무공신(碣誠奮威出氣效力振武功臣)의 호를 하사하는 한편 품계도 보국숭록대부(輔國崇祿大夫)로 올리고 옥성부원군(玉城府院君)에 봉하였다.

　장만이 4분의 1 밖에 되지 않는 군사를 이끌고 싸워서 이긴 이유를 장유가 몇 가지 들었다. 첫째, 이괄이 대군을 거느리고도 평양을 치지 못하고 사잇길로 갈 만큼 장만을 두려워했다. 둘째, 정충신과 남이흥을 선발하여 선봉 부대를 지휘하게 하였다. 셋째, 장만이 보낸 격문을 보고 반란군들이 장만에게 귀순할 정도로 평소에 심복하였다. 공을 내세우기보다는 죄를 자청할 정도로 왕에게 충성하였다. 부하를 적재적소에 배치하여 승리한 것인데, 장유는 뒷부분에서 두어 가지를 더 언급하였다.

공은 천성적으로 시원스럽고 활달하였으며 문무(文武)의 재략(才略)을
겸비하였다. 그리하여 권한을 위임받아 제대로 일을 성사시키곤 하였는데
특히 아랫사람들을 다스리는 데에 뛰어난 면모를 보여 주었다. 오래도록
병권(兵權)을 잡고 있는 동안 중외(中外)의 무사들 모두가 공의 휘하(麾下)
에 예속되었는데, 공이 그들을 한결같이 은혜와 신의로써 대하고 또 재질
에 따라 임무를 부여하면서, 단속하고 놓아주며 풀어 주고 긴장시키는 것
을 각각 타당하게 베풀고, 일이 잘 추진되어 좋은 성과를 거두게 될 경우에
는 아랫사람들에게 공을 돌리곤 하였기 때문에, 사람들 모두가 공이 있는
곳에서 쓰임을 받고 싶어하였다. (줄임)

남이흥(南以興)과 정충신(鄭忠信) 두 장수가 약간 틈이 벌어졌었는데,
출동할 때에 이르러 공이 충의(忠義)의 정신에 입각해서 권면을 하자 두
장수가 공의 말에 감격한 나머지 형제가 되기로 약속을 하고 끝내 적을 평
정하는 공을 이루었다

장유가 "아랫 사람들을 다스리는 데에 뛰어난 면모를 보여 주었다"면
서 예를 든 것이 틈이 벌어진 남이흥과 정충신을 타일러서 의형제를 맺
게 한 것이다. 장만을 비판하는 사람은 이괄의 난 때에 실제로는 남이흥
과 정충신이 공을 세웠고 장만은 구체적인 공을 세운 것이 없다고 하여
"장만 불만"이라고 빈정대기도 했지만, 사이가 벌어진 두 장수를 타일
러서 의형제를 맺게 하여 협력 체제를 구축한 능력이야말로 지휘관이
지녀야 할 최대의 덕목(德目)이다.

장유는 "(부하들에게) 재질에 따라 임무를 부여하면서, 단속하고 놓아
주며 풀어 주고 긴장시키는 것을 각각 타당하게 베풀고, 일이 잘 추진되
어 좋은 성과를 거두게 될 경우에는 아랫사람들에게 공을 돌렸다"고 추
상적으로 설명하였는데, 최명길은 장만의 행장을 지으면서 이 부분을
구체적으로 설명하였다.

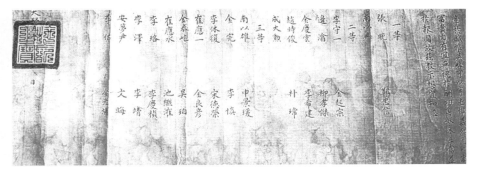

「진무공신녹권」 1등 첫 줄에 장만의 이름이 실려 있다

적도들은 공을 무서워하여 감히 가까이 다가오지 못하고 사잇길을 통해 곧장 도성으로 치달려갔다. 공이 정탐하여 그 사실을 알고는 드디어 군대를 출동시켜 뒤를 밟아 갔으니, 바로 1월 26일이었다. 그때 정충신(鄭忠信)과 남이흥(南以興)은 군병을 이끌며 전방에 있었고 공은 후방을 맡았다. 행군하여 황주(黃州)에 이르렀을 때 정(鄭)·남(南) 두 장군은 전세가 불리하자 도망쳐서 군문(軍門)으로 들어왔으나 공은 놓아주고 죽이지 않았으며, 흩어진 병사들을 수습하여 다시 추격하였다. (줄임)

원수는 선봉장(先鋒將)이 아니니 앞장서서 용감하게 싸우는 장수가 아니라 전방과 후방을 아우르며 부하 장수들을 적재적소에 배치하여 가장 효율적인 전쟁을 치르는 전략가이다. 전세가 불리하여 달아난 장수라면 인조가 하사한 상방검(尙方劍)으로 목을 베어서 일벌백계(一罰百戒)의 본보기를 보여야 했지만, 필요한 인재이기에 용서하여 선봉장으로 삼았다.

그의 부하 가운데는 장수만 있는 것이 아니라 문관도 있었다. 최명길은 장만의 행장에서 그가 문관들을 다루는 모습을 이렇게 서술하였다.

김기종(金起宗)과 이민구(李敏求)는 군막(軍幕) 중의 선비로서 임기응변하며 비밀리에 작전을 계획하였는데, 공은 모두 마음을 비우고 계책을 따라주었다. 그리하여 문사와 무사, 장수와 막료들은 사람마다 지혜와 사려를 다할 수 있었으므로 공훈을 이룩할 수 있게 된 것이다.

그는 부하들의 능력에 따라 적재적소에 배치하였을 뿐만 아니라, 경우에 따라서는 자신의 의견을 고집하지 않고 부하의 계책을 받아들여 승리하였다. 다양한 부류의 부하들이 그에게 심복한 이유는 공은 부하에게 미루고 허물은 자신이 떠안는 그의 포용력 때문이다.

다른 사람들과 일을 같이 할 경우에 성공하면 그 공을 다른 사람에게 미루었고, 실패하면 그 허물을 자신이 떠안았다. 그러므로 사람들이 공에게 쓰이기를 즐거워하였으며, 공이 대장에 임명된 소식을 듣게 되면 부르기를 기다리지 않고 양식을 짊어진 채 혹시라도 뒤질세라 걱정하면서 그림자처럼 뒤쫓아 갔다.

최명길의 이 서술이 과장이나 윤색이 아님은 장만이 진무공신 1등에 녹훈되는 과정에서 인조에게 올린 상소문만 보아도 알 수 있다.

신은 도원수의 직임을 잘못 받들었고 초두에 역적을 격멸하지 못하였으니, 평산(平山)에 이르기 전에는 단지 죄만 있고 공로가 없는 사람이었으며, 평산을 지난 이후에는 군대를 절제(節制)하는 권한이 체찰부사(體察副使)에게 있었기에 신은 명을 받들어 호령하는 사람에 지나지 않았습니다. 이시발(李時發)이 순국하겠다는 붉은 정성과 안현(鞍峴: 인왕산)에서 적을 제어한 계책은 모든 사람들이 다 목도한 바이고 온 군대가 다 아는 바입니다. 종사관 김기종(金起宗)은 평양에서 기병(起兵)한 당초부터 밤낮으로 신과 함께 지냈는데, 신이 병으로 쓰러져서 인사불성의 상태가 되었을 때 도원수의 직임을 대행하였고, 안현에서 교전할 때에 이르러서는 필

마단기로 돌진하여 여러 장수들을 독전(督戰)한 나머지 큰 전공을 이루었
으니, 전후하여 충성을 다 바친 정상(情狀)이 사람들의 이목에 분명히 남
아 있습니다. 이는 신이 한갓 헛된 직함을 지닌 채 병든 몸으로 하는 일
없이 지낸 데 비하면 만만 배나 현격히 다릅니다.[18]

「공훈의 심의를 논하는 상소[論勘勳疏]」 첫 부분에서 장만은 이괄의
난을 미처 막지 못한 죄를 청하고, 그 공을 부하 이시발과 김기종에게
돌렸다. 그 결과 김기종은 진무공신 2등에 녹훈되었지만 이시발이 공신에

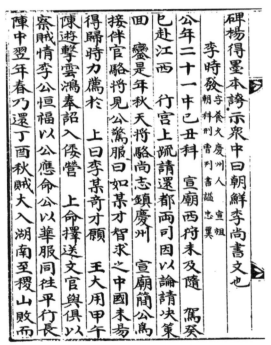

장만의 상소에도 불구하고 인조는 이시발을 끝내 공신으로
녹훈하지 않았지만, 정조가 『해동신감』에 기록하였다

---

18) 장만, 『낙서집(洛西集)』 권3, 「공훈의 심의를 논하는 상소[論勘勳疏]」.

들지 못하자, "원수가 어전(御前)에서 아뢰기를 두 번, 물러나와 또 상소하기를 두 번이나 하였으나 주상은 끝내 허락하지 않았다."[19]고 한다.

녹훈 결과를 떠나서, 부하의 자질을 판단하여 적재적소에 배치한 뒤에는 전권을 주어 일을 맡기고, 성공한 뒤에는 공을 부하들에게 돌리는 포용력이 있었기에 장만은 역사에 길이 남는 도원수가 되었다.

6. 문무를 겸전한 장만에 대한 임금과 문인들의 평가

사람의 한평생은 관 뚜껑을 덮을 때에 평가된다고 하는데, 그 평가를 기록한 글이 바로 묘지명(墓誌銘)이다. 비문(碑文)의 첫 단락은 대개 훌륭한 가문과 조상 이야기로 시작되는데, 대제학 장유는 장만의 신도비명(神道碑銘)을 지으면서 첫 구절을 이렇게 시작하였다.

> 금상(今上, 인조)께서 천명을 받드신 초기에 조정이 여진(女眞)의 침입을 우려하여 서쪽 변방에 군대를 장기간 주둔시켰는데, 장차 대장군(大將軍)을 임명하여 보내려 할 때 의논하는 자들 모두가 '전 대사마(大司馬) 장공(張公) 이외에는 맡을 사람이 없다.'고 하였으므로, 마침내 공을 일으켜 세워 팔도도원수(八道都元帥)로 삼았다. 그리고는 장차 떠나려 할 때에 상이 친히 교외(郊外)에서 전송하면서 상방(尙方)의 보검(寶劍)을 몸소 내려 주기까지 하였다.

장유는 자신의 평가를 말하지 않고, 여진의 침입을 대비하여 도원수를 임명할 때에 모두가 장만을 추천하였다고 간접적으로 표현하였다. 이 '모두'에는 물론 인조도 포함된다. 장만이 인조에게 상방검(尙方劍)을

---

19) 『대동야승(大東野乘)』, 「속잡록(續雜錄) 2 갑자년(甲子年)」.

하사받던 순간이 바로 장만 생애에서 문무를 겸전한 그의 모습이 가장
잘 드러난 순간이기도 하다. 단순한 무장(武將)이라면 삼국이 각축하는
국제정세를 한눈에 바라보면서 전략을 세울 수 없기 때문이다.

　장유는 이 신도비명의 마지막 부분인 명(銘)의 첫 단락에서 다시 한번
문무를 겸전한 장만의 한평생을 이렇게 함축적으로 표현하였다.

　　　위대하시도다! 옥성부원군이시여.
　　　재주가 달통하고 기국(器局)이 굉장하시어
　　　나라의 동량(棟樑)이 되셨도다.
　　　문과에 급제하여 벼슬에 나아갔으나
　　　무략(武略)까지 겸전하여,
　　　넓게 경륜을 펼치셨으니
　　　선조(宣祖)께서 알아 주셨네.
　　　거치는 관직마다 공업을 세워
　　　외직(外職)과 경관(京官)을 아우르셨네.

　문과 급제로 벼슬길에 들어섰으나 무략(武略)까지 아울러 갖추고, 목
민관(牧民官)과 언관(言官) 청직(淸直)을 두루 거친 그의 한평생을 "고을
을 다스리면 고을이 평안해지고, 변경을 다스리면 변경이 맑아졌네."라
고 하여, 그 성과를 구체적으로 밝혔다. 요즘 표현으로 하자면 "행정의
달인(達人)"이어서, 목민관(牧民官)과 장수(將帥)로서 모두 뛰어난 업적을
이루었다고 칭송하였다.

　비석은 한 인물의 한평생을 몇 백 년 동안 꿋꿋이 서서 증언하는 글이
기에 가장 훌륭한 문장가에게 지어달라고 부탁하는데, 종이와 달리 돌
에다가 많은 글자를 새길 수 없기 때문에 짧은 글에 많은 행적을 함축하
여 감명을 주어야 한다. 대제학을 지낸 택당(澤堂) 이식(李植)은 장만의

弘齋全書 卷二十四

酒庵西師先撼北山一戰膚公莫與汝爭白衣蹕路
其志愈明麒麟丹靑豹韜鈐嫿孺容嗟皆誦錦南
竹帛名焯山河氣壯拊髀之思遺孫是訪。
忠定公張晚致祭文
詰朝于竇郤變韓隨勳如玉城不介而馳蠢玆西羌
兵氣京闕一日千里三百雕漆誰其迺之曰惟元帥
枕戈而啗投車而起肅淸渭橋迎我鑾駕貨者于市
耕者于野輿疾之勇博莝之邻虎符麟節厥有寵錫
有儼雲臺英姿颯爽大樹飄零翹予退想既官其後
從以饗之斗酒肩歱侑以我詩。
靖憲公金顧柱致祭文
弘齋全書 卷二十四 祭文 至
煥彼緯檄長主之門其胤維何相國之孫休休其容
肥肥其惛儀玆厚德可敦薄俗步武卿月冠晜耆英
皓髮琴樽庭蘭聯馨每歲春暮蹕路卿家昔號傳笏
今無鳴珂何以隱之節惠晉秩沁園餘思一酹此日
三角山白嶽山寬山漢江新雨祭文
天一之方有崒華嶽基鎭萬年號崙三角而時出雲
澤施斯博否德致沴隔幷跨朔寱言明發瞻昂昭倬
代犧之思敢冀沾渥
右三角山

정조가 친히 지어 장만에게 내린 제문이 정조의 문집인 『홍재전서』에 실려 있다

묘지명(墓誌銘) 첫 구절을 이렇게 시작하였다.

> 아아! 인걸께서
> 이 왕국에 태어나셨도다.
> 문신이 아니면 어찌 이 나라를 경영하셨으며
> 무장이 아니면 어찌 세상을 단속하셨으랴.
> 猗歟人傑、生此王國。
> 非文孰經、非武曷飭。

이식 역시 장만이 문무를 겸전한 인물이었기에 전쟁시대 문신(文臣)으로 나라를 경영하고 무장(武將)으로 삼국이 각축하는 국경을 단속하였다고 칭송하였다. 장만의 생애를 여덟 글자로 함축하여 칭송한 문장이어서, 군더더기도 없으며 과장도 없다.

임금을 비롯한 조정의 평가는 시호(諡號) 두 글자로 결정되는데, 사위

최명길이 1635년에 행장을 지어서 시호를 요청하여 '충정(忠定)'이라는 시호를 받았다. 그러나 행장 제목에 보이는 '충정(忠定)' 두 글자는 나중에 붙인 것이어서, 언제 어떤 과정으로 이 시호를 받았는지 분명치 않으며, 『인조실록』 17년(1639) 12월 11일 기사에 "연평부원군(延平府院君) 이귀(李貴)에게 충정(忠定)이란 시호를 내렸다."는 기록처럼 실록에도 언급이 없다.

최명길이 행장 마지막 단락을 이렇게 마무리하였다.

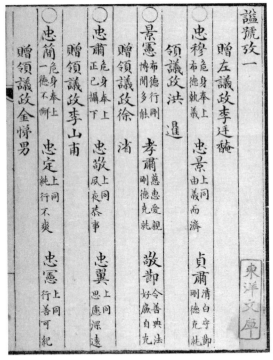

일본 동양문고에 소장된 『시호고』 첫 페이지

공께서 별세한 지 7년 뒤에 상께서 공의 공적을 추념하여 특별히 의정부 영의정을 추증하였으니, 죽음을 슬퍼하고 죽은 이를 높이는 전례(典禮)가 이에 이르러 크게 갖추어졌다고 하겠다. 그러나 여러 상제들이 미처 시호 (諡號)를 하사받지 못한 일을 껄끄럽게 여겨 나 최명길에게 공의 행장(行 狀)을 지어줄 것을 부탁하였다. 이에 명길은 감히 문장 솜씨가 졸렬하다고 사양하지 못하고, 공의 관력과 행적을 대략 서술하여 태사씨(太史氏)가 채 택하는 데 대비하는 바이다.

시호를 받을만한 인물이 세상을 떠나면 후손들이 적당한 시기에 행 장을 지어 예조에 바쳐서 시호를 청하는 것이 예의였다. 시호를 받아서 자랑하려는 것이 목적이 아니라, 고인의 한 평생을 평가받기 위한 것이 었다. 시호법(諡號法)의 선악(善惡)에 사용하는 글자 자체가 평가였으며, 시호를 받지 못하더라도 그 자체가 하나의 평가였기 때문이다.

최명길이 지은 행장 마지막 줄에 "태사씨(太史氏)가 채택하는 데 대비 하는 바이다."라고 하였으니, 장만에게 시호를 정해 달라고 예조(禮曹) 에 청하는 것이 이 행장을 지은 목적이었다. 예조에서 최명길이 지은 행장을 검토하고 봉상시(奉常寺)에 보내자, 봉상시에서 장만의 행적에 합당한 시호를 세 가지 정하여 홍문관에 시장(諡狀)을 보냈다. 이때 홍 문관에서 접수한 시장의 내용이 『시호고(諡號考)』에 실려 있다.

> 충정(忠定) : 危身奉上 大慮靜民
> 장렬(莊烈) : 勝敵志强 有功安民
> 무장(武壯) : 折衝禦侮 勝敵克亂

홍문관에서 삼망(三望: 세 가지 후보 시호)을 의논하여 순서를 정하고 시호망단자(諡號望單子)를 인조에게 올려서 충정(忠定)이라는 시호가 낙

忠翼 恩慮應深奉上
贈左贊成高敬命
　忠貞 大慮克就
　忠定 安民大慮

忠貞 淸白守節
贈左贊成沈諿
　忠簡 正直無邪
　貞簡 正直無邪
　忠定 安民大慮

左贊成鄭大年 大提學李明漢撰狀
　孝爾 庭愛親
　貞簡 正直無邪
　孝敏 庭事有功

改諡
　忠簡 正直無邪
　孝莊 龍正志和
　孝爾 執心決斷

忠敏 應心愛親
贈右議政李景稷 大提學李植撰狀
　貞簡 正直無邪
　孝莊 慈惠愛親
　孝爾 執心決斷

貞靖 淸白守節
贈右議政李 大提學李植撰狀
　貞簡 正直無邪
　貞僖 小心畏忌

文僖 小勤學好問 心畏忌
　文景 由義而濟
　文敏 應事有功

玉城府院君張晩
　忠定 大危身奉上
　莊烈 有功安民強
　武壯 折衝禦侮 亂海

文端 勤學好問執義
贈領議政李弘胄
　文懿 溫年秉賢善
　莊懿 上顏正志和

忠定 安危身奉上
領議政李弘胄
　忠成 安民立政
　忠翼 思慮深遠

貞定 淸白守節
贈領議政李貴
　忠簡 正直無邪
　忠翼 剛德克就

贈領議政姜士尚

「시호고」 오른쪽 두 번째 명단에 장만의 시호 삼망(三望)이 실려 있다

점되었다. 『사기(史記)』의 시법(諡法) 194자에 집현전에서 107자를 첨가
하여 301자 가운데 합당한 글자를 골랐는데, 충정(忠定)이라는 자의(字
意)에는 여러 가지 조합이 있다.

　장만보다 4년 늦게 세상을 떠난 이귀(李貴)에게도 1639년 12월 11일에
충정(忠定)이라는 시호를 내렸는데, 『시호고(諡號考)』에 실린 이귀 시호
의 자의는 "자신의 몸을 위태롭게 하면서 위를 받들었고, 백성을 평안하
게 하려고 크게 염려하였다[危身奉上, 安民大慮]"였다. 장만에게 내린 시
호 충정(忠定: 자신의 몸을 위태롭게 하면서 위를 받들고, 원대한 계책으로 백성
들을 고요하게 하였다)은 나라 위해 바친 그의 육십 평생을 가장 적절하게
평가한 시호이다.

　장만과 함께 전쟁터를 누비며 이괄의 난, 정묘호란을 극복한 정충신
(鄭忠信)에게 내려진 시호 충무(忠武)는 두 글자가 모두 무(武)를 강조한

평가이다. 그러나 장만에게 내린 정(定)자는 "원대한 계책으로 백성들을 고요하게 하였다[大慮靜民]"는 뜻을 지녀 문무를 겸전한 전략가(戰略家) 장만의 한평생을 드러나게 하였다.

홍문관에서 올린 세 가지 시호 가운데 나머지 두 시호가 단순히 무(武)만 강조한 것이 비한다면, 인조가 충정(忠定)이라는 시호를 선택한 것 자체가 문무를 겸전한 장만의 한평생을 정확하게 평가한 행위이다.[20]

7. 다시 이어져야 할 문무 겸전 장만의 전설

일제강점기에 많이 팔렸던 종합잡지 『별건곤(別乾坤)』이 1929년 1월 1일에 신년호(18호)를 간행하였는데, 권덕규의 글 「기사생(己巳生)과 기사사(己巳死), 역대인물열전(歷代人物列傳)」에서 박세당·송시열과 함께 장만을 소개하였다.

묘목장군(眇目將軍) 장만(張晚) 도원수(都元帥)

인조조 이괄란(李适亂) 때에 『불만이 張晚이라』던 동요의 주인공인 도원수 장만(張晚)이라 하면 지금까지 별로 모를 사람이 업슬 것이다. 그도 역시 이 기사년에 작고한 이니, 그는 인동 장씨로 자는 호고(好古)오 호는 낙서(洛西)다. 비록 한 눈이 깨긋하나 어려서부터 용력이 절륜하고 사어(射御)를 잘하야 사람들이 묘목(眇目) 장군이라 칭하얏다. 소시에 그 아버지를 따러서 옥천군에 가섯는데 몽중에 우연이 『優遊乎翰墨之場하고 馳騁乎干戈之際라』는 문구를 어덧더니 뒤에 과연 문무 양방에 다 이름을 날리엿다. 인조 계해에 도원수를 배하매 상이 친히 상방검(尙方劍)을 사(賜)하고 옥산부원군(玉山府院君)을 봉하엿더니 갑자 괄란에 안현(鞍峴)에서 또 대공을 세워 기(其) 난을 평(平)함으로 진무공신(振武功臣)으로 훈(勳)을 봉하얏다.[21]

백년 전까지만 해도 "볼만이 장만이라"는 동요의 주인공인 도원수 장만을 모르는 사람이 없다고 했는데, 이제는 묘목장군(眇目將軍)이라는 별명

장서각 소장본 『국됴고사』에도 첫 줄에 "장만이 볼만이라"는
구절이 실려, 20세기 중반까지도 널리 알려졌다

---

21) 1929년도 잡지에 실린 당시 맞춤법 그대로 표기하였다.

심의복 차림의 장만 초상 | 안대를 착용한 장만의 공신도상

마저 아는 사람이 없게 되었다. 출장입상(出將入相)하는 문무(文武) 겸전(兼全)의 인물을 가장 잘 예언한 "優遊乎翰墨之場하고 馳騁乎干戈之際라"의 전설이 최명길의 행장에는 실리지 않았지만, 장만보다 40년 뒤에 태어난 옥천(沃川) 출신의 송시열(宋時烈)은 어려서부터 이 전설을 듣고 자랐기에, 장만의 묘표음기(墓表陰記)를 지으면서 이 설화로 마무리하였다.

사람들이 직접 눈으로 볼 수 있는 것보다 보지 못하고 들을 수만 있는 일을 더 귀하게 여겨, 지금의 볼 수 있는 사람보다 보지 못한 옛날 사람만을 더 훌륭하게 여기는데 이는 공을 자세하게 알지 못한 때문이라 하겠다. (줄임)

공(公)이 어렸을 때 옥천군수(沃川郡守)였던 아버지를 따라 옥천에서 살았는데, 그 고장의 자제들과 어울려 지내면서 조금도 내색하지 않고 누구와도 잘 어울려 실수함이 없었다. 하루는 자기가 꿈 꾼 내용을 기록하였는데,

2019년 390주기 장만장군 추모제에서 이하준 김포문화원장이 초헌관으로 잔을 올렸다

　　"나라가 태평할 때는 한묵(翰墨)으로 여유를 즐길 것이며, 전쟁터에서는
힘을 다해 달릴 것이다.[優遊乎翰墨之場, 馳騁乎干戈之際.]"
　　하였다. 지금도 옥천 사람들 사이에는 그 말이 전해 오고 있다.22)

　　노론의 대표 학자인 우암(尤庵) 송시열(宋時烈)이 장만의 묘표(墓表)를
지으면서 "지금도 옥천 사람들 사이에는 그 말이 전해 오고 있다.[沃川人
至今能言之]"는 문장으로 끝낸 것은 예언과 같은 그 시가 전설이 아닌
사실임을 강조한 것이며, 장만이 타고난 문무 겸전의 인물임을 자신이
믿고 있다는 뜻이기도 하다. 잊혀진 전설 장만의 행적을 되살려야 할
숙제가 우리 모두에게 남아 있다.

---

22) 송시열, 『송자대전(宋子大全)』 권191, 「옥성부원군 장공묘표(玉城府院君張公墓表)」.

『통진부읍지』 지도에 옥성부원군 사당(40)과 별장이 있던 오포(이호 41)가 표기되어 있다

낙서와 지천 최명길의 창수(唱酬) 및 지천의 서찰에 관하여

. . .

심경호

1. 머리말

낙서(洛西) 장만(張晚, 1566~1629, 시호는 忠定)의 문집은 7권 3책의 운각인서체자 활자본으로 전한다.[1] 별세한 지 1백 2년이 되도록 유문(遺文)이 간행되지 못하다가, 낙서의 족현손 장보현(張普顯, 1658~1739, 자濟卿, 호 知齋) 씨가 유문들을 수집하고 여러 사람들의 찬술(贊述)을 붙여서 판각하여 인쇄할 것을 서둘렀다. 이때 낙서의 종자 대장군 장붕익(張鵬翼, 1646~1735, 자 雲擧, 玉城府院君, 시호 武肅)이 공임과 비용을 마련했다. 장보현은 낙서의 증손 장세광(張世光)과 함께 이의현(李宜顯)에게 서문을 부탁했다. 이의현은 「낙서집서(洛西集序)」에서 낙서의 일생 행적을 개괄하고 제가의 찬술 가운데 여전히 빠진 것들을 보충하게 했다.[2] 그리고 "처음에는 공의 책략(策略)에 탄복했고, 중간에는 공이 지조를 지

---

1) 張晚, 『洛西集』, 民族文化推進會 編, 影印標點, 韓國文集叢刊續 15, 民族文化推進會, 2006; 한국고전번역원 제공 한국문집총간 DB; 장만장군기념사업회, 『낙서집 번역본』, 2018.
2) 李宜顯, 「洛西集序」, 『陶谷集』 권25 序, 『陶谷集』 1-2, 民族文化推進會 編, 影印標點, 韓國文集叢刊 180-181, 민족문화추진회, 1997; 한국고전번역원 제공 한국문집총간 DB.

킴에 감탄했고, 마지막에는 또 공이 의리를 세운 것이 분명하여 사람의
떳떳한 도리를 붙들어 세움에 크게 도움이 된 것을 공경하고 추앙했다."
라고 했다.

이렇게 이의현은 낙서에게 탄복한 이유를 셋 들었는데, 그 구체적 내
용은 다음과 같다.

첫째, 사물에 대한 감식(鑑識)이 밝아 후일에 닥쳐올 일들을 미리 도모
했다. 1602년에 왕후의 고명주청부사(誥命奏請副使)와 세자책봉 주청부사
(世子册封奏請副使)로 두 차례 명나라에 다녀오면서 후금이 천하의 큰 환
난이 될 줄을 알았다. 또 함경도를 안찰(按察)할 때 장정(障亭)과 성황(城
隍)을 정성껏 보수했다. 수만 자에 이르는 상소의 내용이 모두 실정에 맞아
대부분 시행되었다.

둘째, 공명(功名)의 기회에 마음을 두지 않았다. 광해군이 1621년(광해
군 13) 병조 판서로 발탁했으나, 1622년 대북(大北)의 전횡을 소진(疏陳)했
다가 광해군의 노여움을 사자 통진(通津)에 은거했다. 그러다가 여러 준걸
들이 반정의 공을 세울 때, "이 일은 실로 공의 문미(門楣)에서 나왔으나
공은 고향 산에 높이 누워서 끝내 일어나 응하지 않았다.[寔出公門楣間,
而公高臥鄕山, 終不起而應之.]" 낙서는 도원수에 임명되어 원수부를 평양
에 두고 있다가 이듬해 영변(寧邊)에 주둔하던 부원수 이괄(李适)이 반란
을 일으키자 각지의 관군과 의병을 모집하여 안현(鞍峴: 毋岳) 전투에서
승리했다. 이 공으로 진무공신(振武功臣) 1등에 보국숭록대부(輔國崇祿大
夫)에 오르고 옥성부원군(玉城府院君)에 봉해졌으나, 일이 진정되자 즉시
귀향하겠다고 아뢰었다.

셋째, 후금의 기운이 치성(熾盛)하기 시작하자, 거듭 소(疏)를 올려서
역순(逆順)의 분별을 반복하여 말했다. 반정 이후 묘당(廟堂)이 기미(羈縻)
의 설에 흔들렸으나, 낙서는 '의(義)'자를 굳게 지켜야 한다고 말했고, 또
반드시 스스로 국력을 강성하게 해야 한다는 계책으로 상하에 권면했다.

이의현은 인조반정의 계책이 '실로 공의 문미(門楣)에서 나왔다.'라고 칭송했다. 이것은 사위 지천(遲川) 최명길(崔鳴吉, 자 子謙, 1586~1647)의 계책에 낙서가 동조했다고 보는 설을 부정한 것이다. 뒤에 보듯, 낙서는 반정 자체에 선뜻 응하지 않았으므로, 최명길은 그에게 협조를 요청하는 서찰을 보낸 일이 있다. 그런데 이의현은 낙서의 공적을 부각시키는데 주력하고, 1627년 정묘호란 때 낙서가 후금의 군대를 막지 못한 죄로 병조 판서의 직을 삭탈당하고 부여에 유배된 사실은 언급하지 않았다. 그리고 이의현은 낙서가 '기미(羈縻)의 설'에 반대하고 '의'의 논리를 견지했다고 했는데, '기미의 설'은 낙서의 사위 최명길이 창언한 외교정책이다.3) 과연 낙서가 최명길의 설을 극력 비판했는지는 잘 알 수 없다.

이의현은 낙서가 종묘사직을 위해 헌신했으므로, 그 때문에 결코 시문을 아름답게 꾸미려 하지 않았다고까지 말했다. 하지만 낙서는 1589년(선조 22) 생원·진사 양시에 모두 합격하고 1591년 별시 문과에 병과로 급제한 상층 문인이었다. 더구나 낙서는 특히 사위 최명길과 자주 수창(酬唱)을 하여, 그것이 『낙서집』과 최명길 문집 잔권(殘卷)에 전한다.

본고는 낙서의 정식시(과시)를 통해서 낙서의 작시 수준을 살펴본 후, 낙서와 지천의 수창, 그리고 지천이 낙서에게 올린 서찰을 통해서 낙서의 시 세계, 행동양식과 사유방식 등의 일단을 살펴보고자 한다.

---

3) 본래 '기'는 말의 굴레이고 '미'는 소의 코뚜레로, 기미는 적당히 얽어맨다는 의미이다. 『한서(漢書)』 〈흉노전 하(匈奴傳下)〉에 "의를 사모하여 물품을 바치면 예의와 겸양으로 맞이하고 기미로 회유하여 관계를 끊지 않는다.[其慕義而貢獻, 則接之以禮讓, 羈縻不絶.]"라고 했다.

2. 낙서의 정식시(程式詩)

『낙서집』의 본집 7권 가운데 권1에는 시가 실려 있다. 즉, 오언절구 1수, 칠언절구 15수, 오언율시 18수, 칠언율시 37수, 오언배율 1수, 오언고시 2수, 칠언고시 1수, 정식시(程式詩) 2수 등이다. 시를 형식별로 나누어 실었으므로, 각 시의 창작 시기를 확실히 알기 어렵다. 1602년 조천(朝天)의 때에 지은 시(「冬至日次氷溪韻」・「酬上使李月沙聖徵見寄」・「統軍亭」), 팔도도원수로서 관서로 갈 때 증산현을 지나며 어릴 때 증산 현령인 부친을 따라갔던 일을 회고하며 지은 시(「題甑山館閣壁上」), 충청도 관찰사 재직 때 영보정에서 지은 시(「題忠淸水營永保亭」), 1627년 부여 유배처에서 지은 시(「謫扶餘作」) 등은 창작 연도가 확실하다. 한편 정식시 2수는 과시(科詩)이다. 첫 번째 「금룡선을 하사하다[賜金龍扇]」는 작성 시기가 분명하지 않다. 두 번째의 「매선생의 비음에 제하다[題梅先生碑陰]」는 낙서가 24세 되던 1589년(선조 22, 기축) 진사시 회시(복시)에서 입격한 과시이다. 낙서와 같은 때에 해당 과제를 부과받은 인물이 누가 있는지는 관련 자료가 확인되지 않아 알 수가 없다.

「금룡선을 하사하다[賜金龍扇]」는 19운 19연(19구)의 장편고시로, 제목의 '扇'자를 선택하여 그 글자를 제4연 마지막 글자로 사용하고, 그 글자가 속하는 '去聲17霰' 운목(韻目)에 속하는 글자들로 압운했다.[4] 각구 안의 평측은 고시의 형식이다. 시제는 송나라 장영(張詠, 946~1015)의 고사에서 따온 것이다. 3연(즉 조선에서 말하는 구) 1단의 모두 6단으로 구성하고 마지막 결미 1연(1구)을 두었다. 조선후기 과시와 같은 구성이다. 다만, 평측은 조선후기의 과시와 달리, 장편고시의 율격이다. 조선

---

4) 張晩,「賜金龍扇」, 『洛西集』卷之一 程式詩; 장만장군기념사업회, 『낙서집 번역본』, 2018, 104-107쪽. 번역과 해설은 필자가 조금 고쳤다.

후기의 과시(공령시)와 비교하면 낙서 당시의 과시는 구중 평측을 엄격
하게 규정하지 않았음을 알 수 있다.

『고금사문유취(古今事文類聚)』 신집(新集) 권18에 '사선미헌(賜扇美獻)'
의 장영5) 고사가 있다. 송나라 진종이 어사중승 장영에게 저술을 진헌
하게 하여 그 문장이 훌륭하다고 칭송하고는, 늘 쥐고 있던 비단 금룡선
을 가져오라 하여 그에게 주면서, "오늘 문장을 진헌한 일을 찬미하노
라."라고 했다고 한다.6) 이 일화는 『산당사고(山堂肆考)』 권62에 '장영
헌문(張詠獻文)' 항에 실려 있고, 『한원신서(翰苑新書)』 전집(前集) 권13에
'사금룡선(賜金龍扇)' 항목에도 실려 있다. 『산당사고』의 기록은 조금 더
길다.7) 낙서는 평소 『산당사고』를 통해 장영의 금룡선 고사를 익히 알
고 있었던 듯하다. 따라서 그가 지은 시에 '환관이 가져오다', '늘 지니
고 있던 금룡선'이라는 말들이 나온다. 낙서는 장영이 여룡의 보주와
같은 재능을 지녀 훌륭한 문장을 만들어 바쳐서 천자가 늘 쥐고 있던
금룡선을 하사받았다는 사실을 우선 노래했다. 그리고 그 부채가 쉬파
리를 내모는 기능을 하리라는 점을 말했다. 쉬파리는 『시경』 「소아(小
雅) 청승(靑蠅)」에 나오듯 어진 사람을 비방하고 무함하는 소인을 가리
킨다.8) 낙서가 쉬파리를 언급한 것은 그 자신이 간신배를 응징하는 청

---

5) 장영의 자는 복지(復之), 호는 괴애(乖崖), 시호는 충정(忠定)이다. 『송사(宋史) 권293
「장영열전(張詠列傳)」이 있다. 장영은 강직함을 숭상하여 스스로, 괴팍하고 모가 났다
는 뜻에서 '괴애'로 자신의 호를 삼았다. 익주 지사(益州知事), 항주 지사(杭州知事)를
지내고, 내직으로 추밀직학사(樞密直學士)·이부 상서(吏部尙書)를 지냈다. 저서에 『괴
애집(乖崖集)』이 있다.

6) 張詠爲御史中丞時, 眞宗令進所著述, 且稱文善, 取常執緋金龍扇以賜之, 曰: "美今日
獻文事." [言行錄].

7) 『言行錄』 張詠爲御史中丞, 眞宗曰: "卿平生著述幾多? 可進來." 公遂以所著進, 上閱
於龍圖閣, 未竟, 命賜坐, 且曰: "今日暑甚." 令黃門, 於御几取常執紅緋金龍扇, 賜公
曰: "美今日獻文事."

8) 이 시는 주나라 대부가 유왕(幽王)을 풍자한 시라고 전해지는데, 그 시에 "앵앵거리는

렴한 신하이고자 했던 뜻을 가탁한 것이다. 그렇기에 낙서는 금룡선으로 '어진 바람[仁風]'을 일으키겠노라 다짐했다.

> 요임금 명협에 긴 해 비칠 때 황금 대궐 트였고
> 순임금 오현금에 남풍 훈훈하여 옥 궁전이 열렸네.
> 용안은 어사(장영)의 시에 한바탕 환히 펴시고
> 문채가 어사대의 관원들 사이에 회자되었네.
> 중관(내관)이 조칙을 전하여 금룡선을 하사하시매
> 붉은 섬돌 아래 절하고 춤추나니 황제의 총애가 감도누나.
>
> 맑은 회오리바람 손에 꽉 차고 노나라 비단 부채 가볍나니
> 일찍이 군왕의 수중에 있었던 부채로다.
> 여룡의 보주가 푸른 바다로부터 갓 나오는 듯하더니
> 붓끝의 문장은 마치 청룡 백호 싸우는 듯했으며,
> 장자의 붕새가 비로소 북해에서 날개 펼치자
> 독수리 예형이 공문거(공융) 천거 받았듯 천거받음이 마땅하여라.
>
> 평소 지닌 뜻을 추상처럼 가다듬었으니
> 정직한 까닭에 되려 오부(어사대)의 선발에 들었네.
> 청수한 광채를 해 달 같은 황제 곁에 기댈 수 있고
> 분방한 상상은 변화무상한 풍운을 배웠도다.
> 귀신도 수심하고 울릴 만한 시가 천 편이나 누적되고
> 봉황이 일어나고 교룡이 뛰어오를 듯한 문장이 만 권으로 쌓였네.
>
> 문창성이 한번 북극성 가운데 빛을 내니
> 비단 시 주머니가 홀연 황제의 시선에 들었구나.

쉬파리가 가시나무에 앉았도다. 참소하는 자가 끝이 없어 온 나라를 교란시키네.[營營靑蠅, 止于棘, 讒人罔極, 交亂四國.]"라고 했다.

청신한 작품이 어찌 대가의 작품 뿐이리오
청아하고 미려함은 사안 집안 필련같이 자랑할 만하여라.
조서로 표창하고 인견해 주시니
희세의 은택이 황제의 돌아보심에서 생겨나누나.

게다가 금룡선 한 자루를 내려주셨는데
채색 비단으로 둥글게 만들어 한 조각 달 같아라.
궁중에서 한 번 봉 같은 부채 꼬리를 내와서
손 안에서 한 번 휘두르자마자 만면에 바람이 생기네.
훈훈하기는 궁중 향로에서 향긋한 연기 생겨나듯 하고
희고희기는 서촉 땅 비단을 갓 재단한 듯하여라.

쉬파리로 하여금 어찌 궤연을 더럽히게 만들까?
오뉴월 여름에도 푹푹 찌는 더위를 느끼지 않으리라.
마음에 맞는 좋은 물건으로 만 냥과 맞먹는 것을
손에 넣자 문득 감격의 눈물이 떨어지누나.
너 부채가 예뻐서가 아니라 미인(군주)께서 주신 하사품이기 때문이니
삼가 어진 바람을 일으켜 싫증 내지 않으리라 기약하네.

가을이 왔다 하여 어찌 차마 상자에 버려두리오?
세모에도 더욱 견마의 신하가 군주를 사모하는 마음이 깊어지누나.

堯蓂日永敞金闕, 舜琴風薰開玉殿.
龍顔一解御史詩, 文彩膾炙霜臺彦.
中官傳詔賜金龍, 拜舞丹墀紆帝眷.

淸飂滿握魯練輕, 曾是君王手中扇.
驪珠初出碧海中, 筆頭文章龍虎戰.
莊鵬始舒北溟翼, 禰鶚端宜文擧薦.

平生有志勵秋霜, 正直還參烏府選.
淸光得依日月邊, 逸思頗學風雲變.
神愁鬼泣累千篇, 鳳起皎騰堆萬卷.

文星一耀北辰中, 錦囊忽入重瞳見.
淸新奚啻大人作? 雅麗堪誇謝家練.
天書褒美賜顏色, 不世恩光生顧眄.

還將一扇寵錫子, 綵練團團月一片.
宮中試出鳳搖尾, 手裏纔揮風滿面.
薰薰猶惹御爐香, 皎皎新裁西蜀絹.

靑蠅肯敎汚幾筵? 五月不受炎威煽.
中心嘉貺當百朋, 入手翻敎感淚濺.
非汝爲美美人貽, 奉揚仁風期不倦.

秋來何忍棄篋笥? 歲暮愈深犬馬戀.

한편 낙서가 24세 되던 1589년(선조 22, 기축) 진사시의 회시(복시)에서
입격한 과시 「매선생의 비음에 제하다[題梅先生碑陰]」는 24운 24연(24구)
의 장편고시로, 제목 중 '碑'자를 선택하여 그 글자를 제15연 마지막 글
자로 사용하고, 그 글자가 속하는 '上平聲四支' 韻目에 속하는 글자들로
압운했다.9) 매선생은 전한 말기의 매복(梅福)이다.10) 『한서(漢書)』 권67

---

9) 張晩, 「題梅先生碑陰」(己丑會試入格), 『洛西集』卷之一 程式詩; 장만장군기념사업
   회, 『낙서집 번역본』, 2018, 107–362쪽.
10) 한나라 성제(成帝) 때 왕황후(王皇后) 동생인 대장군(大將軍) 왕봉(王鳳)이 정권을
    농단하자 경조윤(京兆尹) 왕장(王章)이 왕봉을 비판했다가 죽임을 당한 후, 왕씨의 세
    력이 강성해지고 재이(災異)가 자주 나타났다. 매복은 상소를 올려, "솔개와 까치가
    해를 당하면 어진 새는 더욱더 멀리 날아가고, 어리석은 자가 죄를 입게 되면 지혜로운

에 「매복전(梅福傳)」이 있다. 이 「매복전」에 "진 나라의 경우는 그렇지 않아 비방에 관한 법망을 펼침으로써 한 나라에게 고기를 몰아주고, 태아검을 거꾸로 잡아 칼자루를 초나라에 넘겨준 꼴이 되었다.[倒持太阿, 授楚其柄]"라고 하는 말이 나온다. 또 당나라 나은(羅隱, 833~909)이 「매선생비(梅先生碑)」를 지어, 그 글이 『전당문(全唐門)』 권896에 수록되어 전한다. 낙서가 부과받은 시제는 이 비의 음기(陰記)를 작성하듯이 칠언고시로 의작(擬作)하라는 것이었다. 4연 1단씩 나누어 소개하면 다음과 같다.

> 맑은 서리는 밤에 동정호의 나뭇잎을 시들게 하고
> 나그네는 처음으로 천 발 흰 귀밑머리에 깜짝 놀라네.
> 강남 어디에서 매선(梅仙)을 찾으리오
> 한 조각 빗돌은 말 없이 빈 강둑에 기울어져 있구나.
> 옛적에 청사(역사서)에서 읽고 고결한 행적을 존경했으니
> 지금 여기에 들러서 새로운 사(詞)를 제하노라.
> 천지의 정기 온전히 지녀 뛰어난 기질이 청수하고
> 계곡 아래 낙낙장송과도 같은 자태로다.
>
> 마침 한나라 불 기운이 재가 되어가는 때를 만나서
> 태아검이 거꾸로 황실의 아이를 뒤엎으려 했으니,
> 왕망이 겸양과 공손의 태도를 주공에게서 배웠던가
> 위대한 한나라의 건곤천지가 조석간에 바뀔 판이었다만,

선비는 깊이 숨어 버립니다.[鴟鵠遭害, 則仁鳥增逝. 愚者蒙戮, 則知士深退.]"라 하고, "외척의 권세가 날로 극심해지고 있습니다. 폐하께서 그 형체를 보지 못하시면 그 그림자를 관찰하기 바랍니다.[外戚之權日以益隆, 陛下不見其形, 願察其景.]"라고 했다. 왕망(王莽)이 제위를 찬탈하자 벼슬을 그만두고 처자도 버리고 홀로 홍애산(洪崖山)에 들어가서 득도(得道)하여 신선이 되었다고 한다. 그래서 사람들이 그를 매선(梅仙)이라 불렀다. 오주(吳州)의 저자에서 문지기 노릇을 하는 것을 본 사람이 있다고도 한다.

암랑(조정)의 신하들은 모두 고기 먹는 자들이었으니
강개한 인물 그 누가 위태로운 국가를 부지할 것인가.
외로운 신하가 어찌 직분 넘었다는 죄를 피해 주살을 면하려 하랴
대궐 붉은 섬돌에 머리 찧어 죽는 일도 사양 않으리.

세 번 봉하여 올린 상소의 직필이 서릿발처럼 매서워라
한 조각 붉은 정성은 하늘만은 홀로 알리라.
뜬 구름이 이미 해의 빛을 가렸건만
미인(천자)은 도리어 황혼의 시기라고 오인하셨으니,
동문에 눈이 한창 부슬부슬 내릴 때
동호의 사람과 함께 돌아가거늘 어찌 더디 굴랴.
풍진 가득한 오나라 도읍 저자에 숨고 옛 남창 땅에서 농사짓듯 했으니
선생의 이름을 세상에서 알아줄 이가 그 누구인가?

남긴 자취는 도리어 야인의 전기(傳記)에 들어갔고
옛 동리는 처량하게 옛 터만 남아 있는데,
강동의 시인 나은은 의리를 좋아하여
멀리 매 선생을 흠모하여 탄식을 발하고는,
다시 석각을 하여 끼치신 미덕을 표시하려고
열 줄 아름다운 문사(文詞)를 삼 척 비석에 새겨,
문장이 빛나고 훌륭하여 후세 사람을 비추니
꼭대기는 떨어져나갔어도 이수는 똬리 튼 모습 그대로구나.

공의 아름다움을 포창하고 공의 덕을 칭송하여
후인으로 하여금 여기에서 징험하기를 바랐으니,
지사들이 말 채찍 멈추고 몇 사람이나 눈물을 흘렸던가
노래로 전파되고 나그네들은 시들을 많이도 지어 왔네.
빈 산에 비바람은 몇 년을 뿌렸던가
오래된 글자들이 웃자란 이끼 속에 반나마 들어가 있구나.

남아는 세상에 태어나면 의기를 소중히 여겨
출처행장(出處行藏)을 적의하게 해야 하는 법.

끼치신 풍모가 지금도 공경심을 일으키거늘
하물며 당시에 몸소 그 분을 본 사람들의 경우에랴.
비석 어루만지며 한나라 조정 신하들을 다시 애석히 여기나니
군주의 녹봉을 받아먹고 끝내 무엇을 했단 말인가?
양웅(揚雄)처럼 누각에서 투신한 사대부들은 또 누가 있었나?
지하에서 떠도는 영혼이 응당 부끄러워하리라.
풍안(현 절강성 浦江縣) 길의 한 조각 빗돌이여
만고토록 끼친 향기가 바로 여기에 있도다.

淸霜夜凋洞庭葉, 旅鬢初驚千丈絲. 江南何處訪梅僊, 片石無語傾空陂.
曾於靑史挹淸芬, 過此聊復題新詞. 生全光岳逸氣淸, 澗底落落長松姿.
身當炎運屬中灰, 太阿將倒王家兒. 謙恭豈是學周公? 大漢乾坤朝暮移.
巖廊盡是肉食徒, 慷慨誰能扶國危? 孤忠寧避出位誅? 碎首丹墀臣不辭.
三封直筆凜秋霜, 一寸丹忱天獨知. 浮雲已蔽白日光, 美人還誤黃昏期.
東門雨雪正雰雰, 惠好同歸安可遲? 風塵吳市舊南昌, 姓名人間知者誰?
遺蹤還入野人傳, 古里凄凉餘舊基. 江東騷客好義人, 遠慕先生興一噫.
還將石刻表遺美, 十行瓊詞三尺碑. 文章彪炳照後人, 頂上剝落蟠龍螭.
褒公之美頌公德, 庶使後人徵於斯. 停鞭幾洒志士淚? 播詠多費遊人詩.
空山風雨幾多年? 古字半入苔紋滋. 男兒墮地重意氣, 處世行藏須得宜.
遺風至今尙起敬, 況復當時親見之? 摩挲更惜漢朝臣, 食君之祿終何爲?
衣冠投閣是何人? 地下遊魂應忸怩. 豊安道上一片石, 萬古遺芳其在玆.

과시이기는 하지만, 낙서는 매복의 고사를 환기하면서 출처행장의
문제를 깊이 생각하고 지절의 자세를 가다듬었으리라 추측할 수 있다.

3. 낙서와 지천의 임진강 창수시

　지천 최명길은 17세에 낙서의 사위가 되었다. 최명길은 조선의 지식인이라면 조선의 사직(社稷)을 우선 위해야 한다는 주체 의식을 지니고, 사대주의의 종속적 사고를 허가(虛假)의 관념으로 보아 배격했다. 최명길은 학문상 백사(白沙) 이항복(李恒福)과 상촌(象村) 신흠(申欽)에게서 영향을 받았다. 문학의 면에서는 이른바 상(象)·월(月)·계(谿)·택(澤)이라 불리는 한문 4대가와 밀접한 관계를 맺고 함께 활동했다. 월사 이정귀(李廷龜)와 상촌 신흠은 스승에 해당하고, 계곡 장유(張維)와 택당 이식(李植)은 교우들이었다.

　최명길의 문집으로는 문인 이한(李憪)이 1662년에 나주목사로 있으면서 간행한 19권본 『지천집』이 잘 알려져 있다.[11] 이 목판본은 기이하게도 서문과 발문을 붙이지 않았을 뿐 아니라, 개인적 심회를 담은 서간문은 하나도 수록하지 않았다. 한편, 명곡 최석정(崔錫鼎)의 아우인 손와 최석항(崔錫恒)의 종손가에 필사본 『지천유집』(권20-23)과 『지천속집』(권24)이 전해 내려왔다. 『지천유집』(권20-23)은 서한을 모았으며, 그 권22에는 낙서에게 부친 서찰이 들어 있다. 『지천속집』(권24)은 목판본에 없는 126수의 일시(佚詩)를 모았다. 여기에는 1602년(선조 35, 임인, 17세)

---

11) 이보다 앞서 남구만(南九萬)이 상소(上疏)와 차자(箚子) 4권을 북관(北關)에서 먼저 간행한 일이 있다. 나주(羅州) 목판본을 간행한 이한은 최명길과 교분이 깊었던 이시백(李時白, 1581~1660)의 맏아들이다. 이 목판본 『지천집』은 고전번역원(구 민족문화추진회) 영인·표점 한국문집총간 제89권에 수록되어 있다. 최석정(崔錫鼎)의 「선조지천집발(先祖遲川集跋)」(『明谷集』 권12)에 따르면, 1662년(임인, 현종 3) 나주에서 판각이 이루어진 듯하다. 목판본 『지천집』은 권1과 권2에 장년 이후의 시들을 수록하되, 병자호란 이전의 시들은 누락한 것이 많다. 권3부터 권5까지는 김상헌(金尙憲)과 심양의 감옥에서 주고받은 시들을 모은 『북비수창록(北扉酬唱錄)』과 그 『속고(續稿)』를 수록했다. 하지만 순서는 상당히 혼란되어 있다. 또 권6에는 심양에서 귀환한 뒤의 시를 수록했다.

무렵부터 1636년(인조 14, 병자, 51세)까지의 시가 83수나 들어 있다. 문중에는 별본『지천유집』4권 1책의 사본이 전한다.[12] 최명길의『지천유집』가운데「한양록(漢陽錄) 수수(蒐穗)」에는 낙서와 지천의 창수가 5수 수록되어 있다.[13]

01-1 「홍도(紅桃)와 벽도(碧桃)를 접지(接枝)한 것을 장인어른 낙서(洛西) 장만(張晚) 공께 삼가 올려 이호(梨湖)의 명원(名園)을 단장함[紅碧桃接枝伏呈聘丈洛西張公晚以粧梨湖名園]」

01-2 「낙서공의 차운[右洛西公次韻]」

02-2 「금곡 벽 위의 낙서 어른 시에 삼가 차운함[敬次金谷壁上洛西丈韻]」

02-1 「낙서공의 원래 운[洛西原韻]」

03 「장인어른을 모시고 묵옹(黙翁) 한옥(韓項) 어른과 함께 뱃놀이를 같이 하면서 운(韻)을 불러서 '호(呼)'자를 얻어 함께 연구(聯句)를 읊음[陪岳丈與黙翁韓丈項同爲船遊舟中呼韻得呼字共賦聯句]」

04 「적벽에서 뱃놀이를 할 때 장인어른과 한묵옹이 초여름에 이 적벽에서 노니실 적 지으신 오언고시 58운에 삼가 차운함[船遊赤壁謹次聘丈與韓黙翁初夏遊此壁五古五十八韻]」

05-2 「망미정(望美亭)의 벽(壁)에 쓴 시에 차운하여 삼가 낙서 어른께 올

---

12) 별본『지천유집』은 19권본『지천집』부터『지천유집』(권20-23),『지천속집』(권24)의 계열과는 별도로 편찬되었던 듯하다. 낙서의 손자 장현주는 그것이 전부 50여권이었다고 밝혔다. 이 별본『지천유집』에는 1682년 박세당(朴世堂)의 서문과 1683년 낙서의 손자 장현주(張顯周)의 서문이 들어 있으며,『지천속집』(권24)에도 누락되어 있던 시들이 들어 있다. 심경호,「『지천유집』·『지천속집』과 별본『지천유집』(잔본)에 수록된 최명길의 증답수창시에 대하여」,『韓國詩歌硏究』제20집, 한국시가학회, 2006, 63-103쪽.

13)『증보역주 지천선생집(增補譯註 遲川先生集)』유집(遺集) 권3 시(詩)「한양록(漢陽錄) 수수(蒐穗)」.

림[次望美亭題壁韻伏呈洛西丈]」
05-1「낙서공의 원래 운[洛西原韻]」

최명길은 광해군 시절 은둔할 때 역시 통진(通津) 이호(梨湖)에 은둔하
던 낙서에게 「홍도와 벽도를 접지한 것을 장인어른 낙서 장만 공께 삼
가 올려 이호(梨湖)의 명원(名園)을 단장함[紅碧桃接枝伏呈聘丈洛西張公晩
以粧梨湖名園]」라는 제목의 칠언절구 2수를 올렸다.

　　　장인어른께서 이화술(移花術)을 좋아하시기에
　　　요도(瑤桃) 접지 다섯 가지를 올리오니,
　　　만약에 동풍 불어 기운을 얻게 되면
　　　붉은빛 푸른빛이 성긴 울타리를 가득 채우리다.

　　　岳翁多愛移花術, 爲送瑤桃五接枝.
　　　若使東風吹得氣, 紅光碧色滿疎籬.

　　　명원의 한 뿌리에서 두 가지 빛이 있으니
　　　홍도에 반은 벽도가 섞여 있네.
　　　새 가지가 옛 가지와 합치게 되면
　　　다음에 만나시면 나보고 자랑하시리.

　　　一本名園有兩色, 紅桃半雜碧桃花.
　　　新枝應與舊枝合, 他日相逢向我誇.

　낙서의 차운(次韻)은 『낙서집』에 수록되어 있다.14)

---

14) 張晩, 「次崔子謙[鳴吉]見寄接枝韻」, 『洛西集』 卷之一 七言絶句.

뿌리 옮김은 꽃 옮김의 묘함만 같지 못하니
낭군이 몇 개 꺾어 보낸 가지, 고맙기도 하여라.
요컨대 동산 가득 붉은빛과 푸른빛을 어우러지게 하여
가을국화가 동쪽 울타리 독점함을 면하게 하려네.

移根未若移花妙, 多謝郎君一掬枝.
要使滿園紅間碧, 免敎秋菊擅東籬.
[送紅碧桃枝, 故云.]

꾸준히 심고 가꾸어 세월을 허비하지 아니한 것은
애초에 한가함을 추구해서지 꽃 위함이 아니었다만,
호수마을에 봄이 저물 때쯤이면
뜰 가득한 붉은빛 푸른빛을 또한 자랑할 만하리.

辛勤種藝無虛歲, 初爲耽閑不爲花.
待得湖村春欲暮, 滿庭紅綠亦堪誇.

　　또한 최명길은 「금곡(金谷) 벽 위의 낙서(洛西) 어른 시에 삼가 차운함
[敬次金谷壁上洛西丈韻]」라는 제목의 오언율시 1수를 지었다.

명승지에 별천지를 열어 놓으니
금곡이 가장 한가롭게 살만하여라.
세상 밖은 원래 주인이 없는 것
산중에 홀로 집 한 채 있네.
문에서는 티끌 선비의 발걸음을 쫓아버리고
책상에서는 옛사람의 글을 마주하도다.
길한 날을 골라서 이제 새로 집을 지으니
뜬구름 명리는 태허로 돌아가기에 웃어젖히노라.

名區開別界, 金谷最閑居. 世外元無主, 山中獨有廬.
門揮塵士跡, 案對古人書. 擇吉今新卜, 浮雲笑太虛.

낙서의 원래 운은 『낙서집』에 「자겸의 금곡 벽 위에 쓴 시에 차운하다[次子謙金谷壁上韻]」라는 제목으로 실려 있다.[15] 단, 낙서가 최명길의 시에 차운한 것으로 되어 있어, 『지천유집』과 반대이다. 시의 내용으로 보아 『낙서집』이 옳은 듯하다.

청산은 오래된 역원을 에워싸고
흰 강물은 새 거처를 둘러 흐르누나.
길 좁아서 겨우 말이 지날 정도
울타리 성기니 집을 가리지 못하네.
누가 세 이랑 터의 집에
오히려 오거서(五車書)가 있음을 알랴.
스무 해 전 계획이
군(君) 덕택에 헛되진 않게 되었군.

青山圍古院, 白水繞新居. 路仄纔通馬, 籬疎未掩廬.
誰知三畞宅, 尙有五車書. 二十年前計, 緣君不擲虛.

낙서는 1614년 경상도 관찰사에서 물러나 통진(通津) 상포(霜浦)에 머물렀는데, 1615년 초 여름 묵옹(黙翁) 한욱(韓頊)의 권유로 그와 함께 임진강(臨津江) 상류에 있는 석벽(石壁)을 유람하고 「장단적벽선유일기(長湍赤壁船遊日記)」를 작성했다.[16] 이 유기(遊記)에 따르면 한욱 형제 및 조

---

15) 張晚, 「次子謙金谷壁上韻」, 『洛西集』 卷之一 五言律詩.
16) 張晚, 「長湍赤壁船遊日記」, 『洛西集』 卷之一 程式詩; 장만장군기념사업회, 『낙서집 번역본』, 2018, 333-337쪽.

카 충한(忠漢), 서제 완(睆), 훈(曛)이 따랐다.[17] 장충한은 낙서의 백형 장오(張旿)의 큰 아들이다. 또한 금가비(琴歌婢) 5인도 따라갔다. 한욱의 본관은 평산(平山), 자는 경보(敬甫)이다. 1620년(광해군 12) 진사시에 합격하고 예조의 추천으로 시학교관(詩學敎官)이 되었다. 1624년(인조 2) 이괄(李适)의 난에 연루자로 지목되어 참수되었으며,[18] 1627년(인조 5) 관작(官爵)이 복구된다.

당시 낙서는 많은 일들을 겪으면서 조정에 머물 뜻이 없었다. 곧, 한 해 전 1614년 1월 13일에 중형 장준(張晙)이 죽었고, 1월 28일에는 사위 최명길이 이이첨(李爾瞻)의 모략으로 조정에서 쫓겨났으며, 1월 20일에는 영창대군이 교동에서 죽임을 당했다. 낙서는 5월 23일에 경상도 관찰사로 나갔지만 겨울에 병이 심해져서 고향 통진 상포(霜浦)로 돌아와 있었다. 그리고 이듬해 1615년 초여름에 한욱의 권유로 선유를 하게 된 것이다.

---

17) 낙서의 조카 충한(忠漢), 서제 완(睆), 훈(曛) 등에 관해서는 李恒福, 「통훈대부 면천 군수를 지내고 가선대부 이조참판 겸 동지의금부사에 추증된 장공의 묘표[贈嘉善大夫 吏曹參判兼同知義禁府事行通訓大夫沔川郡守張公墓表]」, 『白沙集』 제3권 묘표(墓表) 참조.

18) 『인조실록』권4, 인조 2년(갑자, 1624) 1월 17일(임신) '전 교수 문회(文晦), 허통(許通) 이우(李佑), 전 첨사 권진(權珍), 전 참봉 정방열(鄭邦說), 충의(忠義) 윤안형(尹安亨), 허통 한흔(韓訴) 등이 대궐에 나아가 상변(上變)하니, 곧 궐내에서 추국했다.' 이우의 공초에서 윤안형의 말을 옮겨 이렇게 말했다. "기자헌(奇自獻)이 반정(反正)한 처음부터 이시언(李時言)과 함께 이미 이 모의를 하여 이성(李偗)으로 하여금 주상(主上)의 명수 (命數)를 논하게 하고, 또 한 왕자와 함께 이시언의 집에 모여 은자(銀子) 2천 냥을 이시언에게 주고 1천 냥을 성우길에게 주어 혹 도감(都監)의 군사를 모으기도 하고 무리를 불러 모으게도 했다. 동참한 자는 성준길(成俊吉)·현즙(玄楫)·정충신·유비(柳 斐)·안륵(安玏)·한명련(韓明璉)·한겸(韓謙)·김복성(金復性)·한계(韓誡)와 이문빈(李 文賓)의 다섯 아들과 권충남(權忠男)의 아들인 권이균(權以均)·권필균(權必均)과 성효 량(成孝良)과 그 아들 성철(成哲)과 한욱(韓頊)·윤상철(尹商哲)·허익(許杙)·한흥국 (韓興國)·한창국(韓昌國)·김극전(金克銓)·김극명(金克銘)이고, 문신(文臣) 전유형(全 有亨)·윤수겸(尹守謙)·이용진(李用晉)·유공량(柳公亮) 등도 그 모의에 참여했다."

「장단적벽선유일기」에 따라 낙서의 당시 노정을 따라가보면 다음과
같다.

1615년 4월 2일 통진 상포에서 배편으로 석관(石串)으로 건너가 이호(梨
湖)에 이르러 별장에 묵었다. 곧 망원정(望遠亭)을 말한다.

4월 3일 배로 새벽에 이호를 출발해서, 아침 해가 솟을 무렵 해암(蟹巖),
일미도(一眉島)를 지났다. 한욱이 율시를 읊고 낙서가 화운했다. 화장포
(花莊浦), 후망(後望), 동강(桐江), 조해랑(照海浪)을 거쳐 낙하(洛河) 도구
(渡口)에 이르렀다. 정자포(亭子浦)와 덕진당(德津當)을 지나 화석정(花石
亭) 아래 정박하고 점심을 지어 먹었다. 장포(場浦)에 배를 묶어두고 석벽
에 올라갔다가 내려오니 석양이었다.

4월 4일 아침 식사 후 고랑(高浪)을 바라보며 지나가고, 적벽(赤壁)이라
고도 부르는 석벽(石壁)을 감상하면서 시를 지었다. 오후에 고랑에 이르렀
다. 영평(永平) 수령 정렴(鄭濂)이 술과 물고기를 가지고 왔다.

4월 5일 날이 밝은 후 썰물에 맞추어 영평 수령과 작별하고 물살을 따라
내려왔다. 폐문정(閉門亭) 아래를 지나다가 한욱과 함께 절구 한 수씩 지
어 회나무에 붙여 두었다. 임진 나루에서 진리(津吏)가 송도 유수 오대년
(吳大年)의 행차를 기다리는 것을 보고 시를 한 수 지어 유수에게 전하게
했다. 이후 닻줄을 풀고 떠나 장고포(長鼓浦)에 이르러 배를 대고 인가에
투숙했다. 밤 삼경에 조수가 빠진 후 배로 출발하여 새벽에 이호 별장에
도착했다.

4월 6일 조수가 들어올 무렵 상포리에 도착했다. 한욱이 돌아간 후, 낙
서는 창화한 시를 일기 말미에 추기해 두었다.

낙서가 「장단적벽선유일기」 말미에 추기해 두었다는 창화시는 오늘
날 일기 뒤에 남아 있지 않다. 『낙서집』의 각체 분류의 예에 따라 일부
가 흩어져 전한다. 이를테면 낙서는 이 선유 때에 오언율시 4수를 지었
는데, 그것이 『낙서집』 권1에 수록되어 있다.19)

낙서는 「장단적벽선유일기」에서 당시 종유한 사람들을 밝혔는데, 최명길의 종유 사실은 밝히지 않았다. 하지만 『지천유집』을 보면, 당시 최명길이 따라갔음을 알 수 있다. 즉, 「장인어른을 모시고 묵옹 한욱 어른과 함께 뱃놀이를 같이 하면서 운(韻)을 불러서 '호(呼)'자를 얻어 함께 연구를 읊었다[陪岳丈與黙翁韓丈項同爲船遊舟中呼韻得呼字共賦聯句]」라는 제목의 연구(聯句)가 그 사실을 말해준다. 연구에서 '호고(好古)'는 낙서의 자(字), '경보(敬甫)'는 묵옹의 자, '자겸(子謙)'은 최명길의 자이다.[20]

연회 자리에서 박수치며 방자하게 호가를 부르니
눈 같은 회를 은 소반에 내와 배가 기름지다.　　　　　　　　　　-자겸
배는 낙화를 쫓아 다른 섬으로 돌아가고
새는 석양을 따라 들로 내려가네.　　　　　　　　　　　　　　-경보
하늘에 올라간 옛 자취는 누구에게 물을까　　　　　　　　　　-경보
포구를 바라보매 갓 빚은 술로
눈에 가득 취기가 드네.　　　　　　　　　　　　　　　　　　-자겸
슬프도다! 지난 왕조의 사업이 어떠했던가
한 눈썹 같은[21] 송악이 시야 속에 외롭구나.　　　　　　　　　-호고

---

19) 『洛西集』卷之一 五言律詩「花石亭」(已下四首, 赤壁船遊時作), 「栢川回棹」, 「題臨津盤石」, 「題栗谷舊亭」; 장만장군기념사업회, 『낙서집 번역본』, 2018, 51~52쪽. 「花石亭」"倦客停歸棹, 沈吟倚桂橈. 空餘隔世慕, 欲薦一杯椒. 晚響哀山鳥, 寒聲聽海潮. 西風無限意, 舟子謾招招." 「栢川回棹」"初尋石壁去, 却到栢川還. 窮處疑無地, 行來別有山. 登高宜眺望, 遇勝卽躋攀. 人世多憂患, 何妨一解顔?" 「題臨津盤石」"盤石登臨處, 江山不世情. 波連祖海水, 地近夜牙城. 野闊平蕪綠, 沙晴夕照明. 白鷗如有意, 飛去復來迎." 「題栗谷舊亭」"湖山元有主, 風月自成雙. 雅量稱南斗, 閑情臥北牕. 人亡餘古址, 潮落但春江. 脉脉空遺恨, 吟詩瀉我腔."

20) 그런데 『지천유집』의 정리자는 이 연구(聯句)에 주를 달아서, "병조랑으로 있다가 광해조 계축년에 삭출되어 폄출되었을 때 통진 이호의 낙서공 댁에 와서 많이 살았으니, 반드시 그 때일 것이다.[好古卽洛西公字, 敬甫卽黙翁字, 子謙卽遲川先生字. 以兵郞, 光海癸丑削出黜時, 通津梨湖洛西宅, 多有來居, 必其時也.]"라고 밝혔다. 이 연구(聯句)는 『낙서집』에도 실려 있다. 『洛西集』卷之一 七言律詩「舟中聯句」(船遊時作).

當筵拍手恣歌呼, 雪膾銀盤薦腹腴.　　　　　　　　　[子謙]

船逐落花歸別嶼, 鳥從殘照下平蕪.　　　　　　　　　[敬甫]

升天舊迹憑誰問,　　　　　　　　　　　　　　　　　[好古]

望浦新醪滿眼酤.　　　　　　　　　　　　　　　　　[子謙]

惆悵前朝何事業, 一眉松岳望中孤.　　　　　　　　　[好古]

　임진의 적벽에서 뱃놀이할 때 최명길은 묵옹 한욱의 오언고시 58운
에 차운하여 시를 남겼다. 「적벽에서 뱃놀이를 할 때 장인어른과 한 묵
옹이 초여름에 이 적벽에서 노니실 적 지으신 오언고시 58운에 삼가 차
운하다[船遊赤壁 謹次聘丈與韓黙翁初夏遊此壁五古五十八韻]」라는 제목이
다.22) 이 시는 격구압운하되 불규칙하게 환운을 했다. 58개의 운자는

---

21) 원문의 일미(一眉)는 이호(梨湖) 부근의 일미도를 가리킨다고 볼 수도 있으나, 시어의
　　'고(孤)'로 보아 외로운 송악의 모습을 수식한 말로 보는 것이 좋을 듯하다.

22) 浮世被黜客, 新秋訪赤壁. 船發梨湖白, 棹向坡山碧. 秋江小帆翠, 何處早楓赤. 中流
　　泝淸波, 層壁多懸絕. 天地三夏盡, 湖山七月迭.」淸賞供吾遊, 光景摠奇觀. 水面風時
　　爽, 波心暑已殘.」舟中坐若仙, 眼底穩平湖. 秋水長天色, 淸快我丈夫.」興味卜良辰,
　　船行占好風. 鼓枻早潮碧, 倚櫓晩照紅.」靑蘋近蟹岩, 綠樹背霜浦. 花寺逢老釋, 桐江
　　招漁父.」白酒頻沽村, 細膾每登盤. 文心同水機, 半酊弄波瀾.」照浪尋幽躅, 洛河問古
　　渡. 遙望亭子浦, 依微德津樹.」冠童爭咏詩, 怳有江山助. 窓梧落一葉, 汀柳詎千架.」
　　江上有古廟, 寂寞是誰家. 傍岸三四戶, 茅簷影水斜.」布帆掛臨津, 日晴微風色. 新羹
　　水中魚, 晩飯船上食.」吾道付滄州, 津頭不解纜. 泛泛長江濶, 隨處勝地闢.」催撓行二
　　里, 花石宛屏疊. 栗谷開講地, 平林仰步屧. 道學欽北斗, 詩禮憶當日. 起余隔晨感, 遺
　　馨幾擊節. 空悲賢者去, 還笑衆人諾. 昔聞先生亭, 今幸吾輩杓. 千古不盡恨, 幽蘭歎空
　　谷.」門下如厠跡, 安知匪高弟. 今日來扁舟, 舊址猊佳麗.」白玉入縱閣, 靑田鶴時舞.
　　已矣不可及, 倚船酌鸚鵡.」顧我漫自抛, 對朋且善謔. 中洲騁遠目, 更向何岸泊.」笙歌
　　兼玉女, 絲竹繞銀匣. 延行下極浦, 喧騰振急峽.」江湖進退間, 此遊亦君渥. 西南已踏
　　勝, 東北泝幽僻.」岸有一高樓, 縹緲似畫障. 翠軒自隱隱, 白鷗飛兩兩.」有主閉門深,
　　避如藏頭鱉. 前遊洛西翁, 所以嘲不揖. 今我聞此瞽, 玩景氣自吸.」看竹何須問, 主人
　　度外聽. 短棹移高浪, 風淸晩潮乘.」夾岸平鋪濶, 石壁是其處. 沿江數十里, 赤岸若對
　　語.」作樂泛其下, 山鳴谷應三. 昔年蘇仙遊, 何如栢灘南.」赤色環長壁, 此山最名山.
　　水石淸且奇, 心愛自忘還.」群山影倒水, 滿江波澄澈. 玆遊名可傳, 壁上更題額. 歸和
　　岳丈韻, 初秋勝四月.」

다음과 같다.

壁. 碧. 赤. 絕. 迭.」 觀. 殘.」 湖. 夫.」 風. 紅.」 浦. 父.」 盤. 瀾.」 渡.
樹.」 助. 絮.」 家. 斜.」 色. 食.」 纜. 闢.」 疊. 屧. 日. 節. 諾. 衲. 谷.」 弟.
麗.」 舞. 鷗.」 謔. 泊.」 匣. 峽.」 渥. 僻.」 障. 兩.」 鱖. 揖. 吸.」 聽. 乘.」
處. 語.」 三. 南.」 山. 還.」 澈. 額. 月.」

당시 낙서도 묵옹 한욱의 시에 차운하여, 현재의 『낙서집』에 들어 있
다.[23] 최명길의 시운과 비교할 때 중간에 4개운 모두 8구가 빠졌다.

吾與數帆翁, 扁舟尋石壁.	曉旭一輪紅, 驚波萬里碧.
風微燕語忙, 日暖魚尾赤.	光景供淸賞, 入眼摠奇絕.」
(2구 결)	冠童一二輩, 伴我同往觀.
岸柳颺輕綠, 巖花猶未殘.」	移船向蟹巖, 鼓枻辟梨湖.
興味一何長? 可以起頑夫.」	泛泛逐沙鷗, 茫茫挾天風.
舟中進酒饌, 醉後衰顔紅.」	森森岸上樹, 歷歷洲邊浦.
行同張季鷹, 去尋孔巢父.」	紺岳與坡平, 龍鍾佳氣盤.
桐江及花莊, 瞥眼阻狂瀾.」	纔經照海浪, 却到洛河渡.
回瞻望美亭, 寒山隔雲樹.」	吟詩覓佳句, 神鬼如相助.
飛飛逐檣鳥, 點點顚空絮.」	古廟屹空山, 傍水三四家.
疎籬晝寂寥, 柴門半欹斜.」	臨津接西路, 杳杳望行色.
來者固恩恩, 去者不遑食.」	停橈騁遠目, 爲此淹行纜.
歌鼓雜鳴琴, 魚龍闐然闢.」	花石舊亭存, 繫舟屛風疊.
(2구 결)	餘馨起余慕, 盛名高映日.
感時思昔賢, 臨風一擊節.	吾作百鍊鉛, 子重千金諾.

23) 『洛西集』 卷之一 五言古詩 「次默翁紀行 赤壁船游時作」; 장만장군기념사업회, 『낙서
집 번역본』, 2018, 96-102쪽.

莫辭琥珀濃, 且進鸕鶿杓.[24]　　　還擬魚返淵, 有似鶯出谷.」

肝膽淡相照, 如兄復如弟.　　　　良辰不樂何? 趁此江山麗.」

何煩拊髀歌? 起作長松舞.　　　　多猜忌造物, 能言怕鸚鵡.」

暮投岸北家, 夜坐恣歡謔.　　　　(2구 결)

楚調呼鳳凰, 秦箏動銀匣.　　　　(2구 결)

細箏此行樂, 無非聖主渥.　　　　明朝復催船, 北去窮幽僻.」

清流鏡新涵, 翠壁列畵障.　　　　纖塵不到地, 漁舟泛一兩.」

飛鳴煙渚鷺, 跳躍桃花鱖.　　　　層巖挾兩岸, 萬古如相揖.

赤城霞欲餐, 金莖露堪吸.」　　　　泠泠笙竽韻, 如自空中聽.

不願換三公, 還應芥千乘.」　　　　翩翩鄭氏子, 不知從何處.

携酒又挈榼, 慇懃開晤語.」　　　　蘇儓七月望, 曲水三月三.

何地不有水? 未若栢灘南.」　　　　何地不有山? 未若高浪山.

花鳥似惜別, 徘徊未忍還.」　　　　收拾入奚囊, 塵襟一清澈.

兹行豈易再? 北望手屢額.　　　　俯仰迹已陳, 題詩記日月.」

낙서 시의 용운(用韻)은 다음과 같다.

壁. 碧. 赤. 絕.」(迭자 1운 결) 觀. 殘.」湖. 夫.」風. 紅.」浦. 父.」盤. 瀾.」渡. 樹.」助. 絮.」家. 斜.」色. 食.」纜. 闕.」疊. (麾자 1운 결) 日. 節. 諾. 杓. 谷.」弟. 麗.」舞. 鵡.」謔. (泊자 1운 결). 匣. (峽자 1운 결). 渥. 僻.」障. 兩.」鱖. 揖. 吸.」聽. 乘.」處. 語.」三. 南.」山. 還.」澈. 額. 月.」

최명길 시와 대조하면, 3개의 연이 없어졌음을 알 수 있다. 다만 그 '결'의 부분이 없이도 낙서의 시는 흐름이 비교적 순하다. 낙서의「묵옹의 기행시에 차운하다[次默翁紀行]」를 필자가 번역하면 다음과 같다.

---

24) 杓 : 고전번역원 DB에 '杓'로 되어 있으나, 오자이다.

내가 선유객 몇몇과 함께
편주로 적벽을 찾아가노라니,
아침 해는 붉은 바퀴같이 떠오르고
놀란 파도는 만 리에 푸르며,
산들바람에 제비들 바삐 지저귀고
따스한 햇볕에 물고기 꼬리 붉어,
광경은 맑은 감상에 이바지하고
시야가 모두 기이도 하여라.
(2구 빠진 듯)
갓 쓴 어른과 동자 한 두 무리
날 따라 함께 와서 구경하니,
강기슭 버들은 옅푸르게 하늘거리고
바위틈 꽃은 아직 지지 않았네.
배 움직여 해암(蟹巖)으로 향하여
키 두드리며 이호(梨湖)를 하직하노라.
어이 이리 흥취가 일어나나
완악한 사내라도 일으킬 정도.
둥실둥실 백사장의 백구를 쫓아가고
망망하게 하늘의 바람을 끼고 가네.
배 안에서 술고 안주를 내오니
취한 뒤에 쇠한 얼굴이 불그레하다.
빼곡한 것은 기슭의 나무들
또렷한 것은 삼각주의 포구.
이 길에 장계옹(장한)처럼 세속 떠나는 이를 동행하고
가서 공소보같은 술친구를 찾는다.
감악과 파평은
무르녹듯 아름다운 기운이 서려 있고,
교동 강화와 화장산은
별안간 높은 물결로 막혀 보이지 않네.

조해랑을 지났다 싶더니
어느새 낙하 나루에 이르렀군.
이호의 망미정을 돌아보니
한산(寒山)이 구름 낀 숲 저 켠에 있구나.
시 읊으며 좋은 구절을 찾자
귀신도 마치 도우려는 듯.
날고 나는 것은 돛대 따르는 까마귀
점점히 미친 듯 날리는 것은 하늘의 버들 솜.
오래된 사당은 빈 산에 우뚝하고
강물 곁에는 서너 집 옹기종기.
성근 울타리는 한낮에도 적막하고
사립문은 반나마 기울어져 있군.
임진은 서로에 접해
아득히 길가는 행인들 보이나니,
오는 사람은 정말로 총총하고
가는 사람은 밥 먹을 겨를도 없구나.
노질 멈추고 먼 곳으로 시선을 주나니
이 때문에 배의 닻을 물에 담그어 두었다네.
노래 소리 북소리는 거문고 우는 소리와 뒤섞이고
물고기와 용들도 끼어들어 엿보는 듯.
화석에는 옛 정자가 남아
배를 첩첩한 병풍암에 묶노라.
(2구 빠짐)
남은 향기는 나의 추모하는 뜻을 일으키고
성대한 명성은 내리쬐는 태양처럼 높아라.
시절에 느껴 옛 현인을 그리워하고
바람 맞으며 무릎 박자를 맞추네.
나는 백번 연단한 부드러운 납이 되려 하나
그대는 계포처럼 천금의 승낙을 중히 여기니,

호박 색 짙은 술을 사양 마시게

가마우지 모양 구기로 술을 올리려오.

다시 물고기가 연못으로 돌아왔나 했더니

마치 꾀꼬리가 골짝에서 나오듯이 하다니.

간과 쓸개를 서로 내어 보여 담백하고

형 같기도 하고 아우 같기도 하다네.

좋은 때를 만나 즐기지 않으면 어이하랴

이 시기에 유난히 강산이 곱기도 한 걸.

넓적다리 치며 부르는 노래25)를 무어 부르랴

일어나서 장송의 춤을 너울너울 추노라.

시기 많은 조물주를 꺼리고

말재간 좋은 앵무새가 두려워라.

저녁에 강기슭 북쪽 민가에 투숙하여

한밤에 환담과 해학을 한껏 주고받노라니,

(2구 빠짐)

초나라 곡조는 봉황을 부르고

진나라 아쟁은 은 갑 속에서 움직이네.26)

(2구 빠짐)

곰곰이 생각하건대 이번 행락은

성군의 은총이 아님이 없구나.

---

25) 『사기(史記)』 권87, 「이사열전(李斯列傳)」에 "무릇 항아리를 두드리거나 질장구를 치거나 쟁을 타거나 넓적다리를 치면서 오오하고 노래하여 귀를 유쾌하게 하는 것은 참으로 진나라의 음악이로다.[夫擊甕叩缶彈箏搏髀, 而歌呼嗚嗚快耳者, 眞秦之聲也.]"라고 하였다.

26) 진나라 아쟁은 본래 속악을 의미하지만 여기서는 경쾌한 음악을 뜻하는 듯하다. 백거이(白居易)의 「폐금(廢琴)」 시에 "폐기한 지 오래이지만, 남은 소리 아직도 시원스러워라. 그대 위해 타는 걸 사양치 않으련만, 아무리 타도 남들은 듣지 않누나. 무엇이 그렇게 만들었는가, 오랑캐의 젓대와 진의 쟁 때문일세.[廢棄來已久, 遺音尙泠泠. 不辭爲君彈, 縱彈人不聽. 何物使之然, 羌笛與秦箏.]"라고 했다. 소식(蘇軾)의 「청현사금(聽賢師琴)」 시에는 "집에 돌아가거든 우선 천곡의 물을 찾아, 쟁적 소리 들었던 귀를 깨끗이 씻으련다.[歸家且覓千斛水, 淨洗從前箏笛耳.]"라고 했다.

내일은 다시 배를 서둘러 띄워
북쪽의 한갓지고 으슥한 곳을 죄다 찾아보리라.
맑은 물흐름은 거울을 새로 잠그어둔 듯
푸른 벽은 그림 병풍을 열지어 둔 듯.
가느다란 먼지조차 오지 않는 곳에
고기 낚는 배만이 한두 척 떠 있을 뿐,
날면서 우는 것은 안개 낀 기슭의 해오라기
펄쩍펄쩍 뛰는 것은 도화랑의 쏘가리.
층층 바위들은 양 기슭에 늘어서서
만고토록 읍례하고 있는 듯하네.
천태산 적성의 노을을 먹어보고도 싶은데
건장궁 승로반의 이슬은 마실 수 있으려니.
맑고 맑은 생황 소리의 여운이
마치 공중에서 들려오는 듯하구나.
삼공의 지위와도 바꾸지 않겠고
천승의 제후도 또한 가라지 같이 여기리.
풍채 좋은 정씨 집 자제들은
어디에서 왔는지 모르겠군.
술병 들고 안주 찬합 안고 와서
정겹게 이야기를 나누네.
신선 소동파의 칠월 기망 적벽(赤壁) 유람 같고
유상곡수 하던 삼월 삼일 난정(蘭亭) 수계와도 같아라.
어느 땅인들 강물이 없으리요만
백탄(栢灘) 남쪽만한 강물은 없으리.
어느 땅인들 산이 없으리요만
고랑산(高浪山)만한 산은 없으리.
꽃과 새는 이별을 슬퍼하는 듯하여
배회하며 차마 돌아가질 못하겠네.
시고를 거두워 시낭에 넣으면서

먼지 찌든 흉금을 한바탕 맑히노라.
이런 행차를 어찌 다시 얻기 쉬우랴
북쪽 바라보며 이마에 손 얹고 경례하노라.
올려보고 내려보니 자취가 이미 묵었구나
시를 적어 하루하루 일기로 삼노라.

낙서는 자신이 '백번 연단한 부드러운 납(百鍊鉛)'이 되려 한다고 했다. 본래 유순했지만 여러 가지 일을 겪은 뒤 더욱 유순한 성격이 되고자 한다는 뜻이다. 당나라 이백(李白)의 「선성 우문태수에게 드리면서 아울러 최시어에게 올리다[贈宣城宇文太守兼呈崔侍御]」 시에, "지난날 여섯 용이 나는 것을 더위잡더니, 지금은 백번 연단한 납이 되었네.[昔攀六龍飛, 今作百鍊鉛.]"라고 한데서 나왔다. 또한 양신(良辰)에는 즐기지 않으면 안 된다고 하여, 임진강의 선유를 상심낙사(賞心樂事)로 삼았다. 도연명의 「귀거래사(歸去來辭)」에 "좋은 철을 생각하여 외로이 가고 혹은 지팡이를 꽂아놓고 김매노라.[懷良辰以孤往, 或植杖而耘耔.]"라고 했고, 남조(南朝) 사영운(謝靈運)의 「위태자 업중집시서를 의작하다[擬魏太子鄴中集詩序]」에 "천하에 좋은 날, 아름다운 경치, 기쁜 마음, 즐거운 일 이 네 가지는 아울러 갖기 어렵다.[天下良辰美景賞心樂事四者難并.]"라고 했다. 낙서는 그러한 옛 말들을 떠올리면서, 세간 명리와 영욕을 벗어나 담백한 마음을 추구했다.

낙서는 임진강 선유 때 이호 별장의 정자에 칠언율시를 지어 걸었다. 「이호의 정자에 제하다[題梨湖亭子]」라는 제목이다.[27] 낙서는 이호의 정자 이름을 밝히지 않았으나, 이 시에는 최명길의 차운이 있어서 그 정자가 '망미정(望美亭)'이었음을 알 수 있다. '망미'는 소식(蘇軾)의 「적

---

27) 『洛西集』 卷之一 七言律詩 「題梨湖亭子」.

벽부(赤壁賦)」에 나오는 "아득히 멀리 생각하여, 하늘 저켠에 있는 미인을 바라보노라.[渺渺兮余懷, 望美人兮天一方.]"라는 말에서 취해 온 것으로, '봉공(奉公)'의 의미를 지닌다.

> 새로 지은 높은 정자가 큰 강을 굽어보나니
> 사공은 판서 대감의 자취를 손으로 가리키누나.
> 망령된 이 계획 풍진 세상과 맞지 않기에
> 늙고 병들면 적막한 곳에서 살아야 하리.
> 집이 자라산과 가까우니 구름이 북쪽에서 나오고
> 문이 한수에 임했기에 해가 동쪽에서 돋누나.
> 지리해서 가닥을 잡을 수 없었던 스무 해 자취가
> 모두 부질없이 가을밤 하나의 꿈으로 돌아갔구나.

> 新搆高亭俯大江, 舟人指點判書公.
> 狂謀不合風塵際, 老病宜投寂寞中.
> 宅近鼈山雲出北, 門臨漢水日生東.
> 支離二十年間迹, 捴入秋宵一夢空.

　　최명길은 낙서의 이 시에 차운하여 낙서에게 올렸다. 즉, 「망미정의 벽(壁)에 쓴 시에 차운하여 삼가 낙서 어른께 올림[次望美亭題壁韻伏呈洛西丈]」이라는 제목의 칠언율시가 낙서의 원운(原韻)과 함께 『지천유집』에 전한다.

> 높은 정자 새로 얽으니 맑은 강을 내리 보나니
> 망미(望美)라는 이름은 봉공(奉公)에 뜻이 있네.[28]

---

28) 망미가명재봉공(望美佳名在奉公): 소식(蘇軾)의 「적벽부(赤壁賦)」의 "아득히 멀리 생각하여, 하늘 저켠에 있는 미인을 바라보노라.[渺渺兮余懷, 望美人兮天一方.]"라는

나아가선 낙서(洛西)의 아래에서 초심을 이루었고
물러나선 한 호수에서 만년의 계획을 근심하네.
홀로 우뚝한 지라산[오산(鰲山)]을 산들이 북쪽에서 따르고
한수(漢水)는 조종(祖宗)하여 물살마다 동쪽을 향하네.
십수 년 벼슬한 행적을 돌이켜보노라니
목릉(穆陵)29)의 눈물에 저녁 구름이 하늘에 비꼈도다.

高亭新搆壓澄江, 望美佳名在奉公.
進就初心西洛下, 退憂晩計一湖中.
鰲山特立皆從北, 漢水祖宗盡向東.
十數年來宦海事, 穆陵餘淚暮雲空.

　　1662년 37세의 최명길은 해암(蟹岩) 별장으로 돌아간 낙서에게, 앞서
통진의 망미정에서 '의거(義擧)'에 동참하실 것을 청했던 말을 다시 서찰
로 적어 아드님 편에 보내어 권유했다. 「낙서선생께 올린 글[上洛西先生
書]」이라는 제목으로 『지천유집』에 실려 있다.30)

　　엎드려 듣건대, 요사이 해암(蟹岩) 별장으로 돌아가셔서 거주하신다고
하는데, 정양(靜養)하시는 옥체는 신명의 도움으로 만강(萬康)하신지요?
외생(外甥: 사위)은 통진(通津)으로부터 돌아와서 동쪽 협곡에 사는 사형
(舍兄)을 찾아가 그곳에서 열흘 간 머물다가 비로소 경성에 들어왔습니다.
　　전달에 망미정(望美亭)에서 상의 드린 일은 선생의 말씀을 여러 동료들
에게 상세히 전했는데, 여러 사람의 의논이 모두 낙서 대감을 위하여 탄식

말에서 '망미(望美)'라는 뜻을 취해 왔기 때문이다.
29) 목릉(穆陵): 선조와 그의 비 의인왕후(懿仁王后) 박씨(朴氏), 계비 인목왕후(仁穆王
　　后) 김씨(金氏)의 능이다. 여기서는 선조를 가리킨다.
30) 최명길, 「낙서선생께 올린 글[上洛西先生書]」[壬戌]), 『지천유집』, 심경호 외, 『증보
　　역주 지천선생집』.

하면서 다음과 같이 말했습니다. "나라 일이 위급하니 자네가 여러 어진 이들과 부디 잘 해나가길 바라네. 나는 함께 일할 수 없네.'라고 하신 말씀은 비록 그것이 충성되고 후덕한 정성과 진실한 논변인 듯하지만, 만일 '국사가 위급하다.'고 말한다면 마땅히 국가의 급함을 먼저 할 것이요, 그 사사로운 의리는 돌아보지 않는 것이 충신이 종국(宗國)을 위하는 도리로서 깊이 그 체통을 지키는 일이거늘, 어찌 낙서 어른 같이 나라의 후은을 받으시는 분이 종묘사직의 위태로움은 생각하지 않으시고 다만 군신간의 분수를 지키는 의리만을 생각하시는가?"

임금과 신하 사이에 지켜야 할 의리가 중대하지 않은 것은 아니지만 갑자기 종국(宗國)이 망하게 될 위기를 당하면 차라리 임금답지 못한 임금과 의리를 끊을지언정, 조선왕조에서 대대로 국록을 먹는 신하로서 어찌 종국을 안정시키는 도리에 충성을 바치지 않을 수 있단 말입니까? 이러한 의리는 정말로 밝게 알만한 일입니다. 자기의 몸은 비록 '몸소 임금을 섬겼다.' 하더라도, 군주답지 못한 군주일 때는 그 사람이 스스로 하늘과 사람 사이를 의절한 것입니다. "나를 학대하면 원수로 생각한다[虐我則讐]."라는 말이 이미 『서경』[「태서(泰誓)」]에 실려 있습니다. 그리고 "군주가 신하 보기를 초개(草芥: 지푸라기)같이 하면 신하도 임금 보기를 원수같이 한다."라는 가르침이 또 『추서(鄒書: 맹자)』에 드리워져 있습니다. 하물며 오늘의 형편은 비단 신하를 초개같이 대접하고 또 저를 학대하는 것만이 아닙니다. 선왕의 옛 신하는 차례로 모두 쫓아내고, 선왕의 애자(愛子: 영창대군)를 죄 없이 폭살(爆殺)했으며, 선왕의 후비(인목대비)를 서궁(西宮)에 폐처(廢處)했습니다. 그밖에도 법도에 어긋난 일을 이루 다 기록할 수 없을 정도입니다. 형으로서 아우를 죽인 일은 옛날에도 간혹 있었지만, 어린 나이의 참화로 어찌 영창대군께서 입으신 화와 같은 것이 있었습니까? 또 자식으로서 수십 년을 중전으로 계시던 선왕의 계비인 국모를 폐한 국군(國君)이 고금 천하에 또 어디 있었습니까? 당초에 서자(庶子)로 왕통을 이은 것은 선왕(선조)께서 생각하시기에 영창이 아직 어리고 이 왕자가 가장 장성했기에, 국가의 병란이 있을 때 나라에 장성한 군주가 있으면 사직의 복(福)일 것이라고 생각하셔서 그 권감(權監)을 굳혀서 왕세자로 세운 것이었습니다. 그런데 가장 장성하다는 군주가 이같이 임금 노릇을 하지 않으니 사직이 장차 복되겠습니까? 복되지 않겠습니까?

오늘날의 성안을 한번 보게 되면, 위급하여 멸망할지도 모르는 화가 임박한 것이 호흡 사이에 있을 정도여서, 마치 터럭 하나에 매달려 있는 것처럼 위태롭습니다. 그래서 여러 군자들이 나라의 국록을 대대로 먹던 신하로서 근심하고 아끼는 충정을 이기지 못하여, 한(漢)나라 곽광(霍光)31) 장군이 충성을 바쳤던 일을 본받아 장차 창읍왕(昌邑王)을 폐하던 고사를 실행하려 하는 것입니다. 그런즉 빙장(聘丈)같은 충성과 빙장같은 지위를 지니신 분이 다만 몸소 임금으로 섬겼다는 이유만으로 종사(宗社)를 안정시키는 일에 동참하지 않으신다면, 그 변란에 대처하는 고금의 도리에 전도되는 것이 아니겠습니까? 만일 빙장의 논리대로라면 부량필(傅良弼: 은나라 명신)이 태갑(太甲: 은나라 2대 왕 태종)을 추방한 것도 또한 신하로서 섬기는 의리를 해친다고 하여 시행하지 않으시렵니까? 부디 중용을 벗어난 지나친 논리는 펴지 마시고, 정사(靖社)하는 계책에 동참하시기를 천만 번 바랍니다.

이와 같은 의론을 서신으로 말씀 올려서는 안 되는 줄은 참으로 잘 알고 있습니다만, 이미 윤군(允君: 아드님)이 친행(親行)하는 것을 보았으므로 감히 글을 그 편에 올립니다. 그러므로 일을 함께 하는 의리를 충분히 헤아려서 잘 결정하시는 것이 어떠하신지요? 상촌(象村: 申欽)·월사(月沙: 李廷龜)·추탄(楸灘: 吳允謙)·동담(東潭: 韓嶠) 등 여러 어른께서도 각각 인척 가운데 절친한 분들을 찾아뵙고 그 의거(義擧)의 동참 여부를 알아 온다고 하시는 듯합니다.

예를 갖추지 못하고 이만 줄입니다.

---

31) 곽광(霍光): 한나라 무제 때 무신(武臣)으로 대사마대장군(大司馬大將軍)을 지냈다. 유조(遺詔)를 받아 어린 왕 소제(昭帝)를 보필(輔弼)하여 정사(政事)를 전담하니, 사이(四夷)는 굴복하고 백성은 충실해졌다. 박륙후(博陸侯)에 봉해졌다. 13년 뒤에 소제가 붕어하자 창읍왕(昌邑王)을 제(帝)로 세웠다가 폐출(廢黜)하고, 선제(宣帝)를 영립(迎立)했다.

4. 최명길의 증시와 서찰

이보다 앞서 1611년(광해군 3) 2월 낙서는 선조 말부터 함경도 관찰사로
있다가 돌아오자마자 평안도 병마절도사로 나가게 되었는데, 최명길은
낙서의 궁액을 위로하는 오언고시 장편을 지어 올린 일이 있다. 최명길은
17세 때 낙서의 사위가 되어 9년이 되던 해였다. 이때부터 최명길은 낙서
가 광해군 정권에서 대우를 받지 못하는 사실을 가슴아파했다. 「낙서
어른이 평안도절도사로 부임하심을 공손히 송별하면서 삼가 58운을 바치
다32)[敬送洛西丈節度西藩謹呈五十八韻]」라는 제목이다.33) 去聲 제8 霽운
을 격구압운(隔句押韻)했다.

> 제 나이 열일곱에
> 공의 사위 되었는데,
> 따님이 시가에 가지 않았으니
> 나라 풍속이 중국과 다르도다.
> 공께서 저 보시기를 자식같이 하시니
> 이 몸이 처가살이함을 깨닫지 못했네.
> 나를 나아 주신 분은 부모요
> 나를 기른 것은 바로 공의 은혜.
> 그 뒤로 몇 해가 되었던가?
> 세월이 9년이나 흘렀으니,
> 정성스런 마음이 서로 믿게 되어
> 소탈하여 간격을 두지 아니했네.
> 가만히 공께서 지니신 것을 엿보니

---

32) 원문에 '己酉'라 되어 있으나, '마땅히 경술의 위에 있어야 한다(當在庚戌上).'라는
   뒷사람 주기가 있다.
33) 심경호 외 역, 『증보역주 지천선생집(增補譯註 遲川先生集)』 유집(遺集) 권3 시(詩)
   「한양록(漢陽錄) 수수(蒐穗)」.

고인과 더불어 합치하셔서,
세속에서 벗어난 헌헌장부이며
대단히 명분과 절개를 힘쓰셨고,
청탁이 문에 이르지 않아
흰 벽옥이 흠 한 점 없는 듯 했네
강개하여 시대 바로잡을 책략을 지니시고
은근하게 임금에게 보답하실 계획이셨더니,
나라의 북문에 진무하시매
변방의 백성이 조금이나마 쉴 수 있었네.
홀로 현명하여 참으로 나라 위해 고생해서
마천령 밖에서 4년을 체류하셨다가,
서울로 돌아오시고 몇 달 안 되어
갑자기 서쪽으로 가라는 어명이 이어져,
일신(一身)에 긴 여정이 열리어
어명 받아 나가느라 수레를 쉬지도 못하시네.
나라에 허락하신 몸을 허락했거늘 수고를 감히 사양하랴?
근력은 참으로 감당할 만하도다.
이때에 오랑캐 기세가 등등하여
사납고 교활하게 날마다 동쪽을 흘겨보아,
잠깐 쳐서 벌레 같이 굴복시키고
피로한 군졸들을 모기 같이 쓸어버리니,
한세상의 뛰어난 재목에 의지하지 않고서야
누가 능히 삼키고 씹는 자들을 제압하랴?
그 까닭에 공께서 어명을 받으시고
부임하여 날뛰는 저 세력을 막으시리라.
사람을 앎은 옛날부터 어려워했지만
우리 임금께서는 대단히 밝고 슬기로우시도다.
봄기운이 정히 넉넉하고
간밤에는 부슬비도 개인 때,

노인이 편안히 수레에 오르시니
관운의 평탄함이 숫돌과도 같도다.
보배로운 말[馬]은 별과 달 무늬가 이마에 얽히고
긴 깃발은 혜성이 쓸어가듯 하는데,
높고 높은 철옹성은
관서의 변경에서 제일 멋진 곳.
바람에 깔린 안개는 말갈 땅을 제압하고
왕래의 길은 연(燕)과 계(薊)로 통하며,
높은 누각은 백일(白日)을 가리고
늦봄에는 강산이 고와,
무르녹은 꽃은 장막에 향기를 건네 오고
약한 버들은 군영에 가늘게 늘어지리라.34)
생황 불고 거북 북을 두드리면
좋은 술은 제수(濟水)35)보다 많으며,
원추리 꽃은 장춘(長春)을 차지하고36)
산 앵두나무는 하나의 꼭지를 이루리라.37)
붉게 분칠한 미인들은 완연히 한 무리를 이루어
추파를 지어 맑은 눈짓을 보내고,
길게 노래하며 기생에게 장단 맞춰 치게 하고
취해서 춤추며 사람 따라 끌려가리니,

---

34) 약류수영세(弱柳垂營細): 군영을 세류영(細柳營)이라고 하므로 이렇게 말한 것이다.
한(漢)나라 문제(文帝) 때 주아보(周亞夫)가 장군이 되어 세류(細柳: 오늘날의 섬서성
함양시 서남 지방)에 군사를 주둔시켜 흉노의 침입을 방비하고 있을 때, 문제가 군사들
을 위문하기 위해 영문(營門)에 이르렀으나 군령(軍令)이 없다는 이유로 들여보내지
않았다. 그리하여 결국 사자에게 부절(符節)을 주어 장군에게 지시한 뒤에야 들어갔다.
군영의 기율이 엄중한 사실을 가리킬 때 흔히 인용된다.『사기(史記)』「주발세가(周勃
世家)」에 나온다.
35) 제수(濟水): 사독(四瀆)의 하나. 사독은 네 개의 큰 물로 양자강(揚子江)·황하(黃河)
·회수(淮水)·제수(濟水)를 이른다.
36) 훤화점장춘(萱花占長春): 자당(慈堂)이 건재하심을 말한다.
37) 체악련일체(棣萼聯一蔕): 형제간에 우애가 있어 서로 왕래함을 말한다.

기쁘고 즐거움을 장차 어떻다 말할까?

햇볕은 마루와 섬돌을 옮겨가누나.

내가 이 환락과 함께 궁액을 생각하노라니

서쪽 향한 눈 꼬리가 찢어짐을 어이 견디랴?

조화옹의 괴롭힘을 몹시 당하셔서

오랫동안 탕제(湯劑)로 몸조리를 일삼았네.

공이 오시니 밥상에 생선 있고

공이 가시니 땔감이 계수나무보다 귀하게 되리라.

그만 둡시다, 족히 말할 것이 못되는 걸.

나라 운명이 유리구슬 꿰어놓은 듯 위태롭구나.

상감께서 해 떨어진 뒤에야 겨우 수라를 드시니[38]

공은 돌아와 입궐하시길 지체하지 마소서.

사졸은 가르침이 귀중하고

기계는 모름지기 정교하고 예리해야 하리.

쌓는 것은 성(城)이 급하고

인화(人和)는 모든 일의 근본이로다.

8월이라 태백성 밝은 밤

기러기 변새에는 탁한 기운이 소멸하리라.

비낀 말[馬]에 십만 자루 칼이 번득이거늘

세폐(歲幣) 더함을 어이 허락하리오?

백성은 태산과 같이 편안하고

나라는 장성의 호위를 얻었도다.

소매 속에 관인(官印) 묶은 끈이 길다만

호한(呼韓)[39]의 발을 묶을 것도 없다네.

외딴 땅에 오랑캐 막는 일 끝내고

---

38) 간식(旰食): 천자 또는 제후가 정무에 바빠 밤늦게 식사함. '旰'는 별자(別字).

39) 호한(呼韓): 호한야선우(呼韓邪單于). 흉노의 추장. 한(漢)나라 궁녀 왕소군(王昭君)
   이 흉노(匈奴) 호한야선우(呼韓邪單于)에게 시집가게 되어 말 위에서 비파를 타며 애
   절한 심정을 하소연한 고사가 있다.

기특한 공적을 출중하게 세우셔서,
초상의 그림은 능연각(凌煙閣)으로 들어가고
관(冠)과 검(劍)이 위에서 내리시리니,
돌아와 성상(聖上)께 사은숙배하시고
오호(五湖)40)에서 돛대를 벗 삼으소서,
인물은 학(鶴)처럼 아득히 사라지고
부귀는 새털처럼 가벼운 법이기에,
홀연히 한 번 높이 속세를 벗어나
탁한 세상의 허물을 바야흐로 벗어나시리.
수풀과 산골이 성품에 맞아
뽕밭을 손수 가꾸시리라.
이 계획 헤아리기를 오래하셨거늘
남이 누가 말릴 것인가?
근자에 조정의 의론이 가닥 나서
시(是)와 비(非)가 혼동되어,
둥근 것과 모난 것이 실로 부합하지 않나니
어찌 내 네모 촉꽂이를 둥글게 깎으랴?
깊은 뜻을 가지셨음을 헤아려
앞으로 마땅히 공을 따라가리라.
출문하며 두 번 절하고 이별하는데
동풍이 소매 마주 잡은 두 사람에게 불어오네.
관서로 가는 길은 멀고도 아득하고
임기가 차 끝나기는 막막하여라.
긴 병에 마음과 힘이 쇠약하니
어찌 능히 눈물을 그치게 하리오?
가까스로 한 편의 시를 지으니
구절의 차례가 없도다.

---

40) 오호(五湖): 범려(范蠡)의 고사를 의식한 표현이다.

진중하시고 또 몸조심 하소서
국경의 성은 바람 기운 세찰 것입니다.

余年始十七, 來作公之婿. 之子不于飯, 國俗異華制.
公視我猶子, 不覺身是贅. 生我者父母, 養我卽公惠.
邇來幾何年, 星霜九遷遞. 誠意乃相孚, 略不置畦畷.
窃覬公所存, 乃與古人契. 洒洒拔俗標, 益以名節勵.
干謁不到門, 白璧無瑕翳. 慷慨匡時略, 殷勤報主計.
向鎭國北門, 邊民得少憩. 獨賢良自苦, 嶺外淹四歲.
歸來未幾月, 遽有西命繼. 一身長道啓, 星駕無安稅.
許國敢辭勞, 筋力苟可逮. 于時虜氣驕, 桀黠日東睨.
薄伐伏蛛蚕, 罷卒同蚊蜹. 不仗命世材, 誰能制吞噬.
所以公受命, 往遏橫奔勢. 知人古所難, 我王甚明叡.
春氣政澹泏, 昨夜微雨霽. 鶴髮登安輿, 官道坦如礪.
寶馬絡星月, 長旗掃孛彗. 巍巍鐵甕城, 形勝關西裔.
風煙控靺鞨, 道里通燕薊. 高樓蔽白日, 暮春江山麗.
濃花渡幕香, 弱柳垂營細. 吹笙擊龜鼓, 有酒多於濟.
萱花占長春, 棣萼聯一蔕. 紅粉儼成隊, 秋波送淸睇.
長歌敎妓拍, 醉舞從人曳. 歡娛將謂何, 日景移軒砌.
念我阻此樂, 邪堪裂西甞. 甚被造化苦, 沈年事湯劑.
公來食有魚, 公去薪如桂. 罷罷不足道, 邦命危琉綴.
至尊旰玉食, 公行勿濡滯. 士卒貴敎訓, 器械須精銳.
築鑿城急務, 人和乃根柢. 太白夜八月, 雁塞消氛曀.
橫馬十萬釼, 肯許增歲幣. 民有泰山安, 國得長城衛.
袖中一長纓, 呼韓无足繫. 絶域罷防秋, 奇功收不世.
丹靑入凌烟, 冠劍屹高揭. 歸答聖主恩, 去縱五湖枻.
人物杳鶴睫, 富貴輕鳥毳. 翛然一高擧, 濁世方蟬蛻.
林壑性所適, 桑林手自藝. 此計料已熟, 他人誰得泥.
日者朝議岐, 是非多恚憑. 圓方固不同, 豈合斲吾柄?

深意諒有存, 行當從公逝. 出門再拜別, 東風吹執袂.
關路長悠悠, 茲期邈迢遞. 久病心力弱, 那能剛制涕?
强賦一篇詩, 句語無次第, 珍重且愛惜, 邊城風氣戾.

1623년 3월 인조반정이 있은 후 낙서는 팔도병마도원수(八道兵馬都元帥)가 되어 관서에 나갔다가. 이듬해 2월 이괄의 난이 있자 평양에 출병했다. 그리고 이괄의 난을 평정하고 개선할 때, 택당 이식(李植)이 칠언 고풍 21운의 장편을 지어 송축했다. 최명길도 그 시에 차운하여 송축했다. 제목은「빙장이신 낙서선생이 팔도도원수로 나아가 관서를 진정하여 서방의 근심을 대비했다. 이때 성상께서 바야흐로 종묘사직을 안정시키신 뒤 깊이 서호(西胡)를 근심하셔서, 공을 특히 간발(簡拔)하시어 병권을 주시고 친히 추곡(推轂: 출전식)의 예를 행하셨다. 공신 이괄이 부원수로 함께 나갔다가 갑자기 발호(跋扈)하여 난리를 일으키자, 낙서공이 정의로써 적을 토벌해서 이괄을 죽여 난리를 평정하고 어가를 맞이했다. 만조의 공경고관들이 그 훈공을 다투어 칭송했으며, 나 역시 택당 이여고(李汝固) 학사의 칠언 고풍 21운에 늦게 화운해서 삼가 지어 바친다[聘翁洛西先生 以八道都元帥 出鎭關西 以備西憂 時聖上新靖宗社 深虞西胡 簡公特授兵權 親行推轂之禮也 勳臣适以副帥同出 忽有跋扈之亂 洛書公仗儀 討賊平适迎駕 滿朝卿相爭頌勳業 余亦晚和澤堂李學士汝固七古二十一韻 謹呈]」이다.

　성군이 중흥(中興)하셨으나 서방 근심이 생기시어
　장수를 선택해서 맹단(盟壇) 의식을 본받고자 하시니,
　주나라 조정에서 누가 윤길보(尹吉甫)41)의 재간이 있으며

41) 윤길보(尹吉甫): 주(周)나라 선왕(宣王)의 현신(賢臣)으로 험윤(玁狁)을 북벌(北伐)했던 인물. 『시경(詩經)』 소아(小雅) 「유월(六月)」편에 "문무 겸전한 길보여, 만방이 법도

한나라 조정에서 누가 한신(韓信)의 모습을 할 것인가.
문무를 겸비한다는 것은 자고로 드문 것인데
어느 누가 장한 기운으로 붉은 무지개 토할는지.
조정에 숙덕(宿德)으로 장공(張公)이 계셔서
범의 지략과 용의 계획 지녔기에 서방 진무가 마땅하도다.
병조를 오래 맡았으니 조정 계략에 밝으시고
큰 고을을 여러 번 다스려서 민생이 살아났도다.
범중엄(范仲淹) 가슴에는 일만 갑옷이 들어 있고
장량(張良)은 다리에서 신묘한 병법 얻었도다.
위청(衛靑)과 곽광(郭光)은 은연히 범이 산에 있는 형상이요
만대(萬代)의 한양(漢陽)은 금성탕지(金城湯池)로다.
문(文)에도 무(武)에도 능하여 제일로 간택되어
낙서의 오랜 장수가 나라 명령에 응하시매,
임금이 수레바퀴 밀며 친히 교외에서 보내시니
삼군이 엄숙하게 원수의 명령을 듣는구나.
관서천리 지경 밖을 주관하라고
칼을 상방(尙方)으로부터 내시어 쥐어 주셨네.
염파(廉頗)와 이목(李牧)같은 분이 대궐에서 나오니
해동의 일월이 밝고 또 밝도다.
군문에 군령이 엄하여 낮에 잠깐 눈 붙이고
군사의 마음은 죽음을 결심하여 살려는 기(氣) 없도다.
사직의 맥(脈)과 종묘의 제사에 옛 예법이 엄숙하매
변새의 요망한 기운이 먼저 스스로 맑아지네.
당당한 충절은 의리를 지켜 행하니
누가 서쪽 땅이 멀다 하리요.
상장군의 위엄과 명망은 주아보(周亞夫) 같고
군왕의 공경하는 예는 한나라 천자와 같네.

로 삼는도다.[文武吉甫, 萬邦爲憲.]"라고 했다.

명나라 이은 소화(小華)는 우리 성군이 군림하고
죽이고 살리는 권리는 장인에게 달렸지.
금도끼와 옥도끼로 팔진도법을 열어
한번 칼이 서쪽을 가리키니 변방 먼지가 고요해지네.
중간에 난신을 먼저 토평하매
나라를 방비하고 어거함이 경륜에 힘입었네.
큰 공을 이미 세웠으니 무(武)를 떨치는 날이오
한 시대의 명장과 재상으로 그 짝이 없도다.
문(文)으로서 무(武)에 천거되고 무(武)로써 공을 세워
흡사 시를 읊으면서도 적을 물리침과 같으리니,
기린각에서 삼가 칠분(七分, 초상화)의 모습을 우러르고
연산(燕山)에서 석륵42) 바쳤다는 소식을 이미 듣게 되리라
제가 어명을 받들어 찬란한 훈공을 기록하며
간책(簡策)을 대신하여 명량제우(明良際遇)를 칭송하렵니다.

聖君中興有西憂, 擇帥欲效設壇儀. 周朝誰是吉甫藝, 漢家誰是韓信姿.
文武兼備古來稀, 壯氣何人吐紅霓? 朝中宿德有張公, 虎略龍圖宜鎮西.
本兵久典廟謨煌, 雄藩屢濟民生蒼. 仲淹胸中藏万甲, 子房橋上得神方.
衛藿隱然虎在山, 万代漢陽護金湯. 能文能武揀第一, 洛西宿將膺朝命.
至尊推轂親送郊, 三軍肅聽元帥令. 關西千里主閫外, 劍自尙方授以柄.
千古頗牧出禁中, 海東日月明復明. 轅門令嚴晝且寐, 士心有死氣無生.
社脈廟醨古禮肅, 塞外妖祲先自淸. 堂堂忠節仗義行, 孰謂西土其遂矣?
上將威望周亞夫, 君王敬禮漢天子. 神明小華我聖主, 殺活中權履丈人.
金斧玉鉞開八陣, 一劍西指靜塞塵. 中間亂臣先討平, 捍禦邦國賴經綸.
大功旣樹振武日, 一代將相無與倫. 文以薦武武以勳, 恰似賦詩能退賊.
獜閣恭瞻七分貌, 燕山已聞一石勒. 小子承敎撰盛業, 敢頌君臣替簡策.

---

42) 석륵(石勒, 274~333): 중국 오호십육국(五胡十六國) 가운데 흉노(匈奴) 갈족(羯族)
의 노예 출신으로 도둑의 두목이 되어, 319년 조왕(趙王)이라 칭하고, 화북(華北) 일원
을 정복했다. 재위기간은 319~333년이다. 여기서는 후금의 추장을 빗대어 한 말이다.

최명길은 42세 때인 인조 5년(1627, 정묘)에 낙서에게 서찰을 올렸
다.[43] 정묘호란 때 장만은 병조판서 겸 도체찰사로서 개성부(開城府)와
장단(長湍)의 군병을 조발하여 파주산성(坡州山城)에서 수비할 것을 청
하여, 2월에 개성부에 주둔했다. 하지만 3월에 풍병이 들어 체차되었
다. 이 때문에 적을 막지 못했다고 부여(扶餘)로 유배되었다가 11월에
방환된다. 처음에 장만이 후금의 적을 막으러 나아갈 때 최명길은 사위
로서 '빙장께서 당하신 처지'를 걱정하고, 낙서가 '오백 명도 차지 않는
병졸을 거느리고 가벼이 서쪽으로 출전하시는 것'을 만류하려고 이 서
찰을 올렸던 것이었다.

　국경의 변고가 급박하여 창황(蒼黃)하게 군사를 출동시켰다는데, 행군
중의 곤후(閫候: 대장의 안부를 묻는 말)는 어떠하신지요?
　빙장께서는 본디 문(文)과 무(武)에서 모두 숙망(宿望)이 있으신 분으로
서, 이에 중권(中權: 대장 된 지위)의 중요한 임무를 맡으시고 겸하여 기력
도 정정하십니다. 하지만 연령이 이미 칠순을 넘기신 데다가 일찍이 관서
영(關西營: 平安道 兵營)을 지켜 이괄(李适)의 반란 때 진력하셨고 청유(青
油: 松都留守)의 부월(斧鉞)을 맡으셨으므로, 응당 정신적인 여유가 없으
셨을 것입니다. 그런데도 한갓 전날의 위엄과 명망 때문에 평안도와 황해
도의 병권을 장군에게 전속시켜 사직의 존망을 전적으로 장군에게 의지하
니, 생각하건대 이는 장군이 비록 팔십 노장이시기는 하지만, 위로는 군부
(君父)를 위하고 아래로는 생령(生靈)을 위하여 적진에서 전사하여 선왕의
유택(遺澤)과 상감의 후은(厚恩)에 보답하시는 것이 실로 신하된 당연한
절개라 할 것이요 더욱이 장군으로서 기꺼이 나아갈 도리라 할 것입니다.
그러므로 나라의 존망이 달려 있는 위급한 이때를 당하여 능히 흉봉(凶鋒)
을 꺾고 적의 업신여김을 씻어 종사(宗社)를 거듭 안전하게 하고 우리 군부

---

43) 최명길, 「낙서선생께 올린 글(上洛西先生書) 두 번째」[丁卯], 『지천유집』, 심경호 외,
　　『증보역주 지천선생집』.

를 부익(扶翼)하면, 그 높은 공덕은 한갓 죽기만 하는 절개보다 몇 배나 더 격이 높을 것입니다.

지금 빙장께서 당하신 처지는 비록 옛적의 훌륭한 장군이더라도 진실로 무용을 발휘하기 어려울 판국인데, 하물며 팔십 노장(八十老將)께서 한갓 상방검(尙方劍)만을 받고, 오백 명도 차지 않는 병졸을 거느리고 가벼이 서쪽으로 출전하시는 것임에야 그 결과가 어떠하겠습니까? 임금의 은혜가 막중하므로 장군 한 몸의 생사를 비록 따지지 않는다고 하더라도, 만일 혹시라도 나라의 군사를 패하게 하여 왕명을 욕되게 한다면 적을 임금에게 끼쳐주는 죄를 장차 어찌하시렵니까? 이런 까닭으로 이송교(李松郊: 李楘)와 윤팔송(尹八松: 尹煌) 등 사헌부·사간원의 두 분께서 장군을 대탄(臺彈)하여 말하기를, "서정원수(西征元帥)는 투항하거나 도주하거나 하리라."라고 했던 것이니, 이렇게 말한 것은 이상한 일이 아니므로 부디 언짢게 생각하지 마십시오. 생각해보면, 옛날부터 천하에 어찌 도원수가 군대를 출동시키는데 군졸이 수백에 미치지 못하는 예가 있었습니까?

삼가 추측해보건대, 교하(交河)와 파주(坡州)에서 소집한 군사가 몇 백 혹은 몇 천이 되는지는 모르겠으나, 이같이 급작스럽게 원수가 출군하는 일이 예전에 있었다는 이야기는 듣지 못했습니다. 그렇기는 하지만 출군이 다급한가 다급하지 않은가 하는 문제는 잠시 놓아두고, 저 반역자인 강홍립(姜弘立)이 반드시 우리 임금의 광명정대한 반정을 두고 불미스러운 일이 있다고 일컬어 트집을 잡을 것이니, 이 일은 오직 원수께서 이치를 근거로 곧바로 책망하여 죽기를 각오하고 다투어서 조금도 좌절함이 없도록 해야 할 일입니다.

빙장께서 평소 몸에 쌓아 오셨던 충의로 보건대, 응당 저의 소견으로 더 권면할 것이 없을 것입니다. 다만 그 두 가지 일에서 군사를 믿을 수가 없고 의리를 변명하기 어렵다는 것입니다. 만일 언어로써 변명하지 못한다면 장차 무슨 군사를 가지고 전투를 하겠습니까? 이렇고 저렇고 간에 장군이 오늘 군사를 이끌고 출진하시는 일은 예로부터 일러온 바, "죽을 마음만 있고 살 기운이 없다."라는 것입니다. 죽을 것을 살려주고 뼈만 남은 것에 살을 붙여 준 것이 모두 군부(君父)의 은덕이기에, 이러한 판국에 이르러 정말로 '장군이 죽을 만한 곳을 얻었다.'고 하겠습니다. 그런데 만일 반정의 광명정대함을 해명하지 못하신다면 비단 장군께서 죽더라도 죄를 남기게 될 뿐만 아니라, 장차 국가의 일은 어찌 되겠습니까?

　남아의 죽음은 한번 죽는 것이 어려운 것은 아닙니다. 신하된 직책을 다하고 죽을 곳을 얻어 죽는 것이 가장 어려운 것입니다. 이렇기에 '죽음을 위해 죽지 않는 것'입니다. 바라건대 빙장께서는 깊이깊이 헤아리십시오, 깊이 헤아리십시오. 서쪽 하늘의 뿌연 연기를 멀리 바라보면서 바람을 맞으며 우국의 눈물을 뿌릴 따름입니다.

　예를 갖추지 못하고 이만 줄입니다.

　최명길이 낙서에게 보낸 이 서찰을 보면, 최명길이 우국의 뜻을 지니고 있으면서 또한 낙서의 신변을 깊이 염려했음을 잘 알 수 있다.

　1638년(무인)년 가을에 청나라가 중국의 금주(錦州)를 쳐들어가려고 조선에 다시 징병을 요구해 오자, 최명길은 출병 시기를 맞추지 않았다. 청나라에서 추궁하자 징병 거부의 책임을 지고 서쪽으로 향했다. 이때 황해도 봉산(鳳山)을 지나가면서 낙서가 지방관으로서 세운 치적을 추억했다. 봉산은 봉산군 사리원(沙里院)에서 동쪽 약 6km 지점에 있던 옛 읍으로, 그것에는 낙서를 위해 읍민들이 세운 선정비가 있었다. 최명길의 시는 「봉산 도중에서[鳳山路中]」라는 제목의 칠언절구이다.

　긴 언덕길이 꾸불꾸불 죄다 붉은 진흙인데
　옛 성은 멀리 저녁노을 서쪽에 보이네.
　양호(羊祜)[44]의 지난 행적은 물을 길 없고

---

44) 양호(羊祜): 진(晉)나라 태산(泰山) 남성(南城) 사람으로, 자는 숙자(叔子)이다. 비서감(秘書監)으로 있다가 무제(武帝) 즉위 후 여러 관직을 거쳐 상서우복야(尙書右僕射)에 이르고, 형주제군사(荊州諸軍事)를 도독(都督)했다. 타루비(墮淚碑) 고사가 있다. 『진서(晉書)』에 입전(立傳)되어 있다.

빗돌에는 이끼 끼어 글자마저 희미하다.
[이 고을에 옥성부원군의 선정비가 있기에 말한 것이다.]

長坂逶迤摠赤泥, 古城遙指夕陽西.
羊公往迹無因問, 碑面蒼苔字已迷.
[郡有玉城碑, 故及之.]

5. 맺는 말 : 지천의 낙서 옹호, 낙서 손자 장현주의 지천 변론

　지천 최명길은 낙서가 1627년 정묘호란 때 후금군을 막지 못한 죄로 병조판서의 직을 삭탈당하고 부여에 유배될 때 낙서를 위해 적극 신원했다. 처음에 후금이 강화를 요청해 왔을 때 최명길은 이에 응해야 한다고 주장했다. 민성휘(閔聖徽)에게 보낸 서찰에서, 최명길은 그 이유를 다음과 같이 밝혔다.

　　세 개의 성이 연속하여 함락되고 여덟 장군이 전사했으며 열 지은 군진이 모두 무너지고 조정과 재야가 모두 두려워 흉흉해 하는 이때를 당하여, 장낙서(張洛西)가 원수로서 출정하고 정충신(鄭忠信)이 전투를 잘 한다 하여 원정에 나갔으며 또 비록 각처에서 모집한 군사가 차례로 들어올 줄로 짐작은 하지만 그 병력이 도저히 항거하기 어려우리라 판단됩니다. 이같이 저쪽의 강화 요청에 따라 강화를 허락하자는 청을 한 것인데도 사간원과 사헌부의 대론(臺論)이 이와 어긋나서 나라의 위급한 시기를 벗어나고자 꾀함에 있어 매우 답답하므로, 아우가 군자의 결백하고 강직한 심정으로 솔직하게 말하기를, "국력이 약한데다가 행조(行朝)의 수비가 빈약하며 평산(平山)과의 거리가 백 리에 불과하고 적의 기세는 아주 강대하므로, 오

는 사신을 배척하고 거절함이 마땅하지 않을 듯합니다."라고 했습니다.[45]

그리고 정묘호란 때 낙서가 분패한 사실에 대해서, 최명길은 장만 행
장에서 다음과 같이 옹호했다.

병인년(1626, 인조 4)에 병조판서에 제수되었는데, 전과 같이 체찰사의
직위를 그대로 갖고 있었다. 정묘년(1627, 인조 5)에 오랑캐 군사가 크게
쳐들어왔다. 공에게 나아가 서로(西路)를 구원하라고 명했지만, 사태가 졸
지에 발발했으므로, 군사를 점검할 겨를도 없이, 다만 포수(砲手) 300명만
주었다. 공은 그 날로 바로 조정을 하직하고서 떠났다. 장단(長湍)·송도
등지에서 군사를 거두어 가지고 갔는데, 그 숫자가 천여 명도 되지 않았다.
평산(平山)에 도착했을 때, 적은 이미 의주·정주(定州)·안주(安州) 등의
세 성을 함락시키고서 길게 내달려 동쪽으로 밀어오니, 평양·황주 등지의
여러 성은 싸워 보지도 않고서 절로 무너졌고 감히 그 예봉을 막는 사람이
없었다. 적이 평산에 들어오자 공은 개성에 물러나 주둔하고 있었다. 이
때 나라의 형세가 매우 급했다. 조정에서는 계략으로 오랑캐를 누그러뜨리
려 했고, 오랑캐들은 동맹을 맺고서 물러가려고 했다. 언관(言官)들은, 공
이 왕명을 받아 지휘권을 전담했으면서도 적을 막지 못했다고 논핵(論劾)
하여, 공에게 죄를 줄 것을 청했다. 임금께서 말씀하시기를, "장만에게는
진실로 싸울 군사가 없었는데 어찌 죄를 준단 말인가?"라고 했지만, 논핵
하는 사람들이 여러 달 동안 계속해서 그만두지 않았다. 임금은 마지못하
여 드디어 중도부처(中途付處)하라고 명했다.[46]

45) 최명길, 「민졸당(閔拙堂) 성휘(聖徽)에게 보낸 글: 일곱 번째[七書]」, 심경호 외 역,
『증보역주 지천선생집』, 도서출판 선비, 2008.
46) 崔鳴吉, 「贈大匡輔國崇祿大夫議政府領議政兼領經筵弘文館藝文館春秋館觀象監事
世子師行竭誠奮威出氣效力振武功臣輔國崇祿大夫議政府右贊成兼兵曹判書玉城府院
君贈諡忠定公張公行狀」, 『遲川先生集』卷19 行狀.

최명길은 병자호란 후 청의 징병을 거절하고 세 차례나 승려(독보)로
하여금 명나라에 비밀로 통보하여 우리나라가 전쟁으로 입은 화를 못
이겨서 부득이 강화한 자초지종을 밝히려 했다. 독보의 일이 발각되자,
영상(領相)의 몸으로 1642년(임오) 겨울 심양(瀋陽) 감옥에 구치되었다.
1643년(계미) 봄에는 김상헌(金尙憲)이 또 명나라를 위하여 절개를 지킨
죄로 다시 구치되어 북관에 같이 갇혔다. 최명길은 "신하된 도리는 자기
의 군주(나아가 자기의 민족)에게 충성을 다하면 된다"라는 전제에서 사대
의 의식이 결코 진정한 충군애국이 아니라고 생각했으나, 사대의 의리
를 완전히 무시하지는 못했다. 그래서 「북비가 14운[北扉歌十四韻]」에서
스스로의 사업을 "권도(權道)를 먼저하고 경법(經法)을 나중에 하여 다시
의(義)로 돌아왔다.[先權後經回換義.]"라고 했다.[47] 이 여름에 최명길은
김상헌과 함께 모두 남관으로 감옥을 옮겼다.[48] 이때 김상헌은 최명길
의 시에 화답한 한 시에서, "두 세대의 좋은 정의를 찾으니, 홀연히 백년
의 의혹을 풀었노라.[從尋兩世好, 頓釋百年疑.]"라고 했다. 최명길의 후손
은 『속집』을 엮으면서 두 사람의 오해가 빙석(氷釋)했다고 여겼다. 하지
만 경(經)과 권(權)을 논한 두 사람의 시를 보면, 서로 용납하기 어려운

---

47) 崔鳴吉, 「北扉歌十四韻」, 『증보역주 지천선생집(增補譯註 遲川先生集)』유집(遺集)
    권3 시(詩) 북비록(北扉錄) 수수(蒐穗).

48) 『지천집』 원집 권3 '북비수창록'의 원주에 다음 기록이 있다. "임오년(1642년, 인조
    20) 겨울에 공은 명나라에 승려를 밀사로 보낸 연유로 심양에 갇히게 되었는데 청음(清
    陰) 김상헌(金尙憲)도 같이 북관(北館)에 감금되었다. 그 다음 해(1643년) 여름에는
    공과 청음이 모두 남관(南館)으로 옮겨졌는데, 얼마 안 가서 백강(白江) 이경여(李敬
    輿) 또한 서하의 액(西河之阨)이 있게 되었다. 공이 두 분과 화창(和唱)한 시편은 거의
    수백 천 수에 달하는데 그 중 북관에 있을 때 지은 것을 '북비수창록'이라 하고, 남관으
    로 옮겨간 뒤 지은 것을 '속편'이라 한다.[壬午冬, 公以送僧中朝之故, 被拘瀋中, 與金
    淸陰尙憲, 同幽北館. 翌年夏, 公及淸陰, 皆移出南館. 未幾, 李白江敬輿, 亦有西河之
    阨. 公與兩公唱酬詩篇, 凡數百千首. 其在北館時所著, 爲北扉酬唱錄, 移南館後所著,
    爲續稿云.]"

면이 있었다.[49]

최명길은 만년에 인조의 총애를 잃고 청론의 비판을 받으면서 쓸쓸하게 타계했다. 남구만(南九萬)은 최명길의 묘지명을 작성할 때 병자호란 때 강화(講和)한 것은 어쩔 수 없는 선택이었지 의리의 문제가 아니었다고 하여 '의리' 두 글자를 넣어주지 않았다. 최명길의 손자 최석정(崔錫鼎)은 장문의 편지를 보내어 그것이 '의리'에 부합하는 행동이었다고 변론했으나,[50] 남구만이 '의리' 두 글자를 넣어주지 않자 최석정은 그 비문을 사용하지 않고, 박세당에게 비문을 부탁했다.[51] 그런데 낙서의 손자 장현주(張顯周)는 최명길의 유사(遺事)를 지었고, 또 유집에 「지천선생최문충공유집서(遲川先生崔文忠公遺集序)」를 지었다. 곧, 1683년(숙종 9, 계해) 2월에 지은 「유집서」에서 장현주는 다음과 같이 논했다.

> 우리나라 사람들의 마음은 편협하다. 한 시대에 문학과 도의를 갖춘 선비가 자질과 문식이 고르고 균등하여 의리를 견득(見得)하지 않은 것은 아니지만, 너무 밝게 하고자 하여 도리어 밝지 못하게 되었고, 예의(禮議)를 공격하고[52] 화친을 배척한 일을 가지고 사론(士論)으로 삼아 종국(宗國)의

---

49) 『증보역주 지천선생집』 원집 권3 「앞의 운을 써서 경(經)과 권(權)을 강설함[用前韻講經權]」.

50) 『지천유집』 권23 수록 「南藥泉答明谷書」, 「明谷答藥泉請改碑文兼爲卞白書」, 「藥泉又有答明谷書」, 「明谷又答南藥泉請改碑文兼爲卞白再序」.

51) 최명길의 사상과 사업에 관해서는 김만중(金萬重)이 적절한 평가를 했다. 김만중은 『서포만필(西浦漫筆)』에서 조선은 명나라에 예속된 관계가 아니었으므로 일부 지식인들이 명나라를 위해 절의를 세운다는 의식을 지녔던 것은 결코 올바르지 않다고 지적하고, 지천이야말로 자기의 직분에 충실했다고 평가했다. 金萬重 저, 심경호 역, 『西浦漫筆』 하권 제72조, 문학동네, 2010.

52) 『인조실록』 권25, 인조 9년(신미, 1631) 12월 22일(경인) 이귀가 추숭 문제에 대해 근거 없는 의론에 흔들리지 말고 윤기를 밝히라는 의견을 전달하는 차자가 실려 있다. 당시 사당에 예위(禰位)는 없고 고조(高祖)만 둔 큰 변례(變禮)의 상황이었다. 장만은 선조를 예(禰)로 일컫는다면 대원군을 숙(叔)이라고 일컬어야 한다고 보았다. 장유(張維)는 대원군을 고(考)라고 일컫자고 했는데, 이렇게 되면 고(考)와 예(禰)가 호칭은

위망과 부자지간에 윤서가 사라짐을 알지 못한 것은 의리상에 있어서 가장 큰 사건이다. 우리 지천공께서 뭇사람들의 비방을 저촉하여 무릅쓰고 그 정성스러운 마음을 다하신 것은 진실로 이 때문이다. 이는 참으로 고금을 통틀어 '달통한 재주'와 '아름다운 덕'을 모두 가지고 있는, 쉽게 얻지 못하는 사람이니 어찌 하나의 절개만을 고수하는 선비들과 견주어 의론하겠는가? 우리 해동 수천 리 강역이 오랑캐처럼 왼쪽으로 옷깃을 여미는 풍속을 행하지 않고, 사람들이 금수가 되는 것을 면하여, 우리의 베개와 자리를 펴고 쉬며, 우리의 자손들을 보전하게 된 것, 이 모두가 우리 지천공의 덕업이 내려주신 바이다. 지금의 사람들은 만대가 지나도록 잊지 못할 덕업을 이루신 우리 지천공을 알지 못하고 도리어 예의(禰議)를 공격하고 화친을 배척하는 것으로 고상한 아치(雅致)라 여긴다. 가령 예의(禰議)가 행해지지 않았다면 자식은 아비를 알 수가 없었으리니 금수가 되는 것을 면할 수 있었겠는가? 또 만약 화친하자는 의론이 이루어지지 않았다면 나라가 이미 망하여 머리카락을 잘랐을 것이니 또한 옷깃을 왼쪽으로 여미는 오랑캐의 풍속을 면할 수 있었겠는가? 아아. 시험 삼아 보건대, 명나라의 옛날 강역 중, 모든 천하의 의관과 문물이 전부다 바뀌어 비린내가 진동하고 티끌이 휘날리는데, 한 모퉁이에 기자(箕子)의 나라가 옷깃을 왼쪽으로 여미는 오랑캐의 풍속을 면하여 홀로 예악을 보존했다. 우리 태조대왕의 창업의 신기(神基)로 만만대의 유서(遺緒)를 마땅히 향유해야만 하니, 그렇다면 우리 지천공의 덕업이 삼불후에 관한 의론에서 어찌 환하게 빛나지 않으랴? 후대의 무식한 부류가 멋대로 비방하고 의론하지만, 참으로 한 번의 웃음거리조차 되지 못하니 우리 지천공의 불후한 광휘에 무슨 손해가 있겠는가?[53]

달라도 실제는 하나이거늘, 장유는 그것이 서로 다르다고 주장했다. 한편 이귀는 최명길이 '근사하지도 않은 고례(古禮)를 인용하여 목전의 비방을 면하고자' 한다고 비판했다.

53) 張顯周, 「遲川先生崔文忠公遺集序」. "我國人心偏狹, 一代文學道義之士, 非不彬彬, 而看得義理, 欲太明而反不明, 以攻禰議斥和事, 稱爲士論. 不知宗國之危亡, 父子之滅倫者, 爲義理之最大, 故我公之觸冒衆謗, 竭其忠悃, 良以此也. 是誠古今不易得之通才懿德, 寧與一節之士比論哉! 使吾東數千里之邦, 免夫俗左袵而人禽獸, 得以奠我枕席, 保我子孫者, 是皆我公德業之所賜也. 今世之人, 不識我公有萬世不忘之德業,

  낙서의 손자 장현주만이 최명길의 사유양식을 이해하고 평가해주었다. 이것은 최명길이 낙서의 행동과 사유를 이해해준 것에 대한 가장 적절한 보답이었다고 생각된다.

  낙서와 최명길은 인조반정, 인조 생부의 추숭, 정묘호란의 대처 등 당대의 난제들을 숙의했다. 두 사람의 의견은 일치하지 않았다. 최명길은 늘 장인에게 결단을 촉구하여 동의를 얻어내었다. 현전하는 『낙서집』에는 이 사실이 잘 드러나지 않는다. 더구나 노론의 문장가 이의현은 낙서의 반정 공훈과 의리 고수를 크게 선전했다. 하지만 최명길의 일시문(佚詩文)과 서찰 등을 통해 당시의 실제 사정이 그의 해석과는 조금 달랐음을 확인할 수가 있다. 변통론적 시각을 지녔던 지천 최명길이 낙서를 평가한 관점을 논하려면 향후 낙서의 관련 시문을 더 분석할 필요가 있다. 이는 향후의 과제로 남겨둔다.

反以攻禰斥和爲高致. 若使禰論不行, 則子不可以知父, 其可免禽獸也? 又使和議不成, 則國已亡而剪髮, 亦可免左袵乎? 嗚呼! 試看皇明之舊日域中環天下, 衣冠文物, 盡變爲腥塵, 而一隅箕邦, 得免左袵, 獨保禮樂, 以我太祖大王創業之神基, 當享萬萬世之遺緖, 則我公之德業, 寧不煥然於三不朽之論乎? 後世無識之類, 縱有訕議, 誠不滿一笑, 何損於我公不朽之光輝也?"

낙서 장만의 중국 체험과 국제정세 인식

...

구지현

  장만이 여러 지방의 관찰사와 국방 책임을 맡은 이유 가운데 하나는 그가 국제정세를 정확하게 인식하고 있다는 점이었다. 임진왜란(1592) 부터 정묘호란(1627)까지, 그가 관직에 머무는 동안에 한(韓)·중(中)·일(日)·만(滿)의 네 나라가 얽힌 전쟁이 계속되어, 지방의 목민관(牧民官)까지도 외국인과 접촉할 기회가 많아졌는데, 그는 그때마다 여러 문제를 순리적으로 해결하고, 그에 대한 대비책을 제시하였다. 1598년에 봉산군수로 파견되어 명나라 군사와 백성들 사이에 일어난 문제를 원만하게 처리한 공으로 1599년 통정대부 당상관으로 승진하였으며, 1600년에 좌승지로 충청도 관찰사에 임명되었다.

  1606년에 병조참판을 거쳐 1607년에 함경도 관찰사가 되었는데, 임기가 끝난 뒤에도 조정에서는 "북로(北路)가 중요한 곳"이라고 하여 1년 더 머물게 하였다. 함경도에 4년이나 머물게 한 이유는 그가 북방(北方)을 잘 안다고 여겼기 때문인데, 이때의 북방(北方)이란 중국, 특히 임진왜란 이후 명(明)과 후금(後金) 교체기의 국방(國防)과 외교(外交)를 포함하는 국제정세를 뜻한다. 글자 그대로, 그가 북방외교(北方外交)를 잘 안다고 임금까지도 인정했던 것이다.

  문무(文武)를 겸전한 낙서(洛西) 장만(張晩, 1566~1629)의 중립정책(中

立政策)은 다른 관원들과 달리 압록강(鴨綠江)과 두만강(豆滿江) 일대를 둘러보고 중국(中國)을 다녀왔던 그의 체험에서 나온 국제정세 인식에서 만들어졌다.

1. 수습단계의 첫 관직에서 국제정세와 그에 대한 대응책을 기록하다

사위 최명길(崔鳴吉)이 지은 「진무공신(振武功臣) 병조판서(兵曹判書) 팔도도체찰사(八道都體察使) 의정부영의정(議政府領議政) 영홍문관사(領弘文館事) 장충정공(張忠定公) 행장(行狀)」[1]의 제목에 실린 대표적인 벼슬만 하더라도, 장만이 문무(文武) 겸전(兼全)한 인물임을 한눈에 알 수 있다. 그가 임진왜란(1592)부터 정묘호란(1627)에 이르는 전대 미문의 전쟁시기에 벼슬하면서 이렇게 다양하고도 중요한 직책을 성공적으로 수행할 수 있었던 능력 가운데 하나가 바로 그의 중국 체험과 그에 따른 국제정세 인식이었다.

최명길은 장만의 행장을 지으면서, 그가 "조금 자라나자 자질이 탁월하고 신체가 장대하였으며 자잘한 일에 얽매이지 않았다."[2]고 증언하였다. 그렇다면 무인(武人)의 기질도 있었던 셈이다. "책을 읽고 글을 지음에 그다지 힘을 쓰지 않았는데도 저절로 학업이 성취되었다"고 하였으니 학자 체질은 아니었다.

---

1) 행장의 원래 제목이 너무 길어서, 그의 생애를 함축적으로 소개할 수 있는 중요한 관직만 표기하였다.

2) 장만 행장을 비롯한『낙서집(洛西集)』의 문장은 모두 장만장군기념사업회에서 2018년에 간행한『洛西集 번역본』에서 인용하고, 필요한 경우에는 문맥에 맞게 수정하였다. 일일이 각주로 밝히지 않고 인용부호만 표기한다.

그러나 조부 계문(季文)이 의정부 사인(舍人 정4품)과 통례원 통례(通禮 정3품)을 지낸 문관이고, 부친 기정(麒禎)도 1561년 식년시(式年試) 진사 (進士)에 합격하여 면천군수를 지낸 문관이었으니, 장만도 자연스럽게 문관으로 진출할 수 있는 문과(文科) 시험공부를 하였다.

조부나 부친의 문집은 남아 있지 않지만, 『사마방목(司馬榜目)』 장기 정(張麒禎)의 명단에 쓴 장계문의 관직이 '승문원(承文院) 판교(判校)'로 기록된 것을 보면 그가 문장을 잘했음을 알 수 있다. 승문원의 판교(判校 정3품)는 근무일수가 차면 당상관(堂上官)으로 승진시켜 주게 되어 있던 중요한 직과(職窠)였는데, 외교문서(外交文書)를 총괄하였다. 장계문은 사간원(司諫院) 정언(正言), 사헌부(司憲府) 지평(持平), 장령(掌令), 집의 (執義), 홍문관 부응교(副應敎) 등의 언관(言官)과 청요직(淸要職)을 두루 거치면서 명성을 쌓았던 문관인데, 『사마방목(司馬榜目)』 장기정의 명단 에 부친의 관직이 '승문원(承文院) 판교(判校)'로 기록된 것을 보면 외교 문서에 관한 가학(家學)이 집안에 전승되었을 가능성도 있다.

최명길이 지은 행장에 의하면, 장만은 1589년 생원시(生員試)와 진사 시(進士試) 두 시험에 모두 합격하였다. 두 시험은 경학(經學)과 사장(詞 章)을 시험하기 때문에 과목이 서로 달랐으니, 두 분야를 골고루 준비한 덕분이었다. 2년 뒤인 1591년 별시(別試) 문과(文科)에 급제하였다.

문과에 급제하면 처음에 성균관·교서관·승문원·예문관 등의 사관 (四館)에 배치되어 수습단계를 거친 뒤에 언관(言官)이나 문한(文翰)의 청 요직(淸要職)으로 승진하는 것이 출세의 지름길이었는데, 장만은 사대 교린(事大交隣)에 관한 문서를 관장하는 승문원(承文院) 정자(正字: 정9품) 를 거쳐 왕명(王命)의 제찬(制撰)과 사초(史草)의 기록(記錄)을 담당하는 예문관(藝文館)의 검열(檢閱: 정9품)로 배치되었다.

장만이 문과에 급제한 이듬해에 임진왜란이 일어나 관직이 늦어졌는데, 『선조실록』에 그의 이름이 처음 기록된 선조 27년(1594) 5월 26일도 외교문서에 관한 자리에 그가 참석한 것이었다.

> 상이 이르기를,
> "시사(時事)가 어떠한가?"
> 하니, 최흥원이 아뢰기를,
> "호 참장(胡參將)의 문서(文書)에는 마땅히 답해 보내야 하지만 저번에 비로소 분부(分付)가 계셨으므로 부득이 계하(啓下)한 뒤에 그 초고(草稿)를 가지고 가서 보여야겠습니다. 변보(邊報)에 따라 적정(賊情)에 관한 내용이 동일하지 않으나 대체로 요즈음에는 별로 노략질하는 일은 없다는 것입니다. 그리고 김수(金睟)의 장계와 중국 조정의 통보(通報)를 가져다 보니, 우리나라에서는 애당초 일을 그르친 혐의가 없었는데 동정(東征) 나온 중국 장수들의 대다수가 과도관(科道官)의 논박을 받았으므로 여러 장수들이 모두 우리나라가 중상(中傷)했기 때문이라고 여겨, 어떤 사람은 정직하지 못하다고 하고 어떤 사람은 음험하고도 야박하다고 하는데 그 말이 참으로 미안하고 그 일도 안타깝습니다. 이 일을 미루어 볼 때 군사와 군량을 청한다 해도 반드시 얻지 못할 것이고 석 상서(石尙書)의【중국의 병부 상서인데 이름은 성(星)이다.】뜻도 그러하니 제청(題請)한다 하더라도 필시 얻을 수 없을 것입니다. 그리고 군사가 여기에 머물러 있으면 적을 초멸하지는 못하더라도 믿음직하기는 할 것입니다만, 철군한다면 우리에겐 모든 일에 있어 하나도 믿을 만한 것이 없을 것이니 민망스러운 일이 아니겠습니까."
> 하였다. 상이 이르기를,
> "이번 주청(奏請)의 조사(措辭)와 결미(結尾)를 어떻게 해야 하겠는가?"
> 하니, 흥원이 아뢰었다.
> "여러 재신들도 모두 조사에 대하여 어렵게 여기고 있습니다. 다만 처음부터 황은(皇恩)을 입어서 감격하다는 뜻과 근일의 적세를 실상대로 솔직하게 아뢸 따름입니다. 봉공(封貢)하는 일에 대해서는 중국 조정의 처치에 달려 있는 것이니 우리나라가 어떻게 감히 이에 참여하겠는가라는 내용으로 해야 할 것입니다."[3]

이날의 안건은 조선군과 명군(明軍), 왜군(倭軍) 사이의 전투가 소강상
태에 들자 조선에 파견된 명나라 장수와 명나라 과도관(科道官: 감독관)
사이의 갈등, 전투 상황에 대한 조선과 명나라의 인식 차이, 명나라의
철군(撤軍) 가능성, 군량미 요청 등이었다. 장만은 참석자 가운데 가장
낮은 검열(檢閱: 정9품)인데다 기록을 맡고 있었으므로 별다른 의견을 제
시하지 않았지만, 첫 관직부터 국제정세를 기록하는 임무를 맡았던 것
이다.

사대교린(事大交隣)에 관한 문서를 관장하는 승문원(承文院) 정자(正
字)라든가 왕명(王命)의 제찬(制撰)과 사초(史草)의 기록(記錄)을 담당하
는 예문관(藝文館)의 검열(檢閱)은 평시에도 문과 급제자들이 선망하는
수습단계였지만, 그는 한중일 삼국이 각축하는 임진왜란의 한가운데서
이 두 직책을 거쳤다.

그는 1596년에 예문관(藝文館) 대교(待敎: 정8품)로 승진하였는데, 대
교는 왕의 측근에서 군신의 대화와 거동을 기록하고 시정기(時政記)를
작성하며 사고(史庫)의 서적을 관리하였다. 대교는 봉교(奉敎)·검열(檢
閱)과 함께 왕의 기록을 담당하는 '팔한림(八翰林)'으로 지칭되었고, 춘
추관기사관을 겸하였다.

장만은 1597년 2월 25일에 사간원(司諫院) 정언(正言)으로 승진하여 간
관(諫官)으로 나설 때까지, 3년 동안 왕의 측근에서 국제정세를 분석하고
기록하는 관직을 맡아 임진왜란 과정에 일어나는 온갖 국제적인 분쟁과
그 해결 과정을 검토하고 기록하는 체험을 하였다. 그가 뒷날 북방 대륙의
명(明)나라와 후금(後金) 두 나라의 각축(角逐) 정국에서 중립외교(中立外
交)를 내세울 수 있었던 것은 현실을 합리적으로 분석하고 대응하려는

---

3) 왕조실록의 번역문은 모두 고전번역원 DB에서 인용하고, 필요한 부분을 자연스럽게
   수정하였다.

그의 경륜 덕분이었지만, 문과 급제 후 3년 동안이나 승문원(承文院)과 예문관(藝文館)에서 외교문서를 담당하고 사관(史官)으로 활동한 체험도 중요하였다. 그는 수습단계부터 준비된 전략가(戰略家)였던 것이다.

2. 군수로서의 국제분쟁 체험과 대응책 제안

장만은 한동안 언관(言官)과 승지(承旨)로 왕의 측근에서 정사에 참여하다가, 황해도 봉산군수로 부임하였다. 『선조실록』에 그가 언제 부임하였다는 기사는 실려 있지 않고, 선조 32년(1599) 6월 23일 기사에 "봉산 군수(鳳山郡守) 장만(張晚)은 백성을 잘 다스리고 국사에 마음을 다하였으니 특별히 당상(堂上)으로 승진시키라."는 전교(傳敎)만 보일 뿐이다. 그가 "백성을 잘 다스리고 국사에 마음을 다한" 사연은 사위 최명길이 지은 행장(行狀)에 자세하게 보인다.

> 무술년(1598)에 외직으로 나가서 봉산군수(鳳山郡守)가 되었는데, 그 당시 왜구(倭寇)들이 지경 내에 남아 있었고, 명나라 군대도 철수하지 않은 상태였다. 서쪽 지역은 명나라 군대가 왕래하는 길목에 자리잡은 데다가 막 병화(兵禍)를 겪은 뒤라서 관청이든 민간이든 모두 재정이 바닥났으므로, 군(郡)·현(縣)이 온 힘을 다하여 공궤(供饋)하였지만 전혀 힘이 닿지 않았다.
> 이에 온 도내의 수령들 치고 명나라 군대로부터 곤욕을 당하지 않은 사람이 없었고, 심지어 시골 동네로 몸을 숨겨 회피하는 사람까지 있었다.
> 공은 봉산군에 부임하여 일백 가지의 수용에 응대하면서 편의에 따라 마련하고 접대하였으되, 단 하루도 군청의 청사를 떠난 적이 없었다. 그러므로 명나라 장수로서 거기에 온 사람들은 모두 기뻐하여 감사하면서 떠나갔으며, 경내가 평온해졌고, 잘 다스린다는 명성이 도내에서 으뜸이었다.

최명길이 지은 행장에는 백성을 어떻게 잘 다스렸다는 내용이 구체적으로 보이지 않는다. 이 기록을 요약한다면 황해도에는 아직 왜구가 일부 남아 있었고, 미처 철수하지 않은 명나라 군사들이 주둔하고 있는데다가, 귀국하는 명나라 군사들도 대부분 황해도를 거쳐서 중국으로 들어가다보니 민폐가 많았다. 결국 한중일 삼국이 대치하고 있는 상황이었는데, 몇 년째 농사도 제대로 짓지 못하는 처지였으므로 규모가 작은 군청에 공식적으로 외국군 접대 예산을 확보했을 리가 없었다.

그는 다른 수령들처럼 회피하지 않고, 주어진 상황에 따라 최선을 다하여 명나라 장수들을 접대하였다. "일백 가지의 수용에 응대하면서 편의에 따라 마련하고 접대하였다"는 표현은 결국 없는 재정을 합리적으로 운용하면서 성심껏 접대하였다는 뜻이다. 명나라 장수들이 기뻐하면서 떠나자 봉산 경내가 평온했고, 결국 잘 다스린다는 명성이 나면서 동부승지(정3품)으로 승진하여 왕궁으로 돌아왔다.

승지는 왕을 가장 가까운 곳에서 보필하는 최측근인데, 이 시기 선조의 관심사 가운데 하나는 세자 책봉이고, 다른 하나는 국난을 극복케 도와준 명나라와의 원만한 관계 유지였다.

같은 해『선조실록』11월 26일 기사에 우부승지 장만이 선조에게 적극적으로 자신의 봉산군수 시절 체험을 아뢰는 내용이 보인다.

오시(午時)에 상이 별전(別殿)에 나아가 대신들을 인견(引見)하였다. 상이 이르기를,
"내가 중국 장수들을 접대하느라 일이 많았고 몸에도 병이 있어 오래도록 대신들을 보지 못하다가 이제 영상(領相)을 보니, 진실로 '대인을 만나 봄이 이롭다[利見大人].'는 격이다."
하니, (줄임) (영의정) 원익이 아뢰기를,
"나랏일이 위태롭기는 하나 앉아서 망하기만을 기다릴 수야 있겠습니

까. 그러나 양식에 대한 일만은 지극히 안타깝고 염려됩니다."
하고, 장만(張晚)이 아뢰기를,

"저번 날 유격(遊擊) 모국기(茅國器)가 이 황주(黃州)에 있을 때 양식이
떨어져서 하마터면 변이 일어날 뻔했다고 합니다. 소신이 전일 해서(海西)
에서 들어갔는데, 해서 지방은 경기(京畿)에 비해 조금 완전합니다만, 기
전(畿甸)은 모두 텅 비었습니다."
하고, (줄임) 원익이 아뢰기를,

"남방(南方) 사람들은 도망하여 흩어진 자가 반이나 된다고 합니다. 대
개 백성을 보호한 뒤에 나라의 형세를 보존할 수 있는 것인데, 수령이 훌륭
하면 백성들이 안정될 것입니다."
하였다. 장만이 아뢰기를,

"소신이 전에 봉산(鳳山)에 있을 적에 보니 갖가지 민폐를 말로 형용할
수가 없었습니다. 지금과 같은 때 보호해야 할 대상은 백성들입니다."
하니, 상이 이르기를,

"제거해야 할 민폐는 감제(減除)해야 한다."
하였다. 미시(未時)에 파하고 나왔다.

장만이 봉산에서 겪었던 명나라 군사 접대는 7년 전쟁으로 피폐해진
조선에서 전국적인 문제였다. 구중궁궐에 있는 선조까지도 "중국 장수
들을 접대하느라 일이 많았고 몸에도 병이 있어 오래도록 대신들을 보
지 못할" 정도로, 아무도 해결책을 제시하지 못하고 있었다. 영의정 이
원익까지도 양식이 절대적으로 부족한 실정이어서 지극히 안타깝고 염
려된다고 하였다.

우부승지 장만은 자신이 직접 겪었던 사례를 들어서 두 차례 발언하
였다. 기전(畿甸)은 텅 비었지만 명나라 군사가 귀국하는 길목인 해서(海
西)는 그나마 나은 편이며, 지금같이 외국 군대가 민폐를 끼칠 때에 보
호해야 할 대상은 백성들이라는 사실을 분명히 아뢰었다.

사대(事大)가 조선 외교의 지침이었지만, 장만은 임란 이후 급변하는 국제정세를 파악하고 있었기에 명(明)나라 위주(爲主)로 판단하지 않고 백성(百姓) 위주(爲主)로 판단하였다. 명나라가 대국(大國)이라 해서 눈치를 보지 말라는 뜻이기도 하다. 명나라 장수들의 무리한 요청에 대응하는 방법을 의논하던 이날의 모임은 선조가 장만의 의견을 받아들여 "제거해야 할 민폐(民弊)는 감제(減除)해야 한다."고 결정하면서 마무리되었다. 장만은 자기가 행정을 책임지던 봉산군만 생각하는 목민관이 아니라, 국제정세를 파악하여 순리적으로 대응하던 경륜가였다.

3. 전쟁을 대비하는 관찰사로서의 국제인식

『선조실록』 33년(1600) 2월 25일 기사에, 선조가 비변사에 내린 비망기(備忘記)가 실려 있다.

> 오늘날 경상 감사(慶尙監司)는 관계된 득실이 가볍지 않은데 김신원(金信元)·이시발(李時發)·장만(張晩)이 합당할 듯하다. 사람됨이 가합한지는 알 수 없으나 그 재능만 취하는 것이 옳다. 의논하여 아뢰도록 비변사에 이르라.

왜란(倭亂)의 피해가 가장 큰 지역이 경상도인데다가, 바다 건너 바로 눈 앞에 일본이 보이는 지역이었다. 정유재란이 마무리되었다고 해도 일본은 불구대천지원수(不俱戴天之怨讎)인데다가 강화(講和)를 요구하고 있는 잠재적인 적국이었으므로, 평시의 무사안일한 목민관(牧民官)보다는 문무(文武)를 겸전(兼全)한 인물을 감사(監司)로 파견해야 했다. 그래서 선조가 사람됨은 제쳐놓고 재능만 취해서 적임자를 정하라고 명한 것이다.

1) 영보정의 풍광과 함께 명나라 전선을 노래하다

경상 감사는 김신원이 임명되고, 장만은 충청 감사에 임명되었다. 경륜을 인정받아, 35세 젊은 나이에 벌써 방백(方伯)에 오른 것이다. 장만이 충청도에 부임하러 가면서, 3월 27일에 "포수(砲手)를 가르칠 선수(善手)를 데려가겠다"고 요청하였다.

> 충청도 감사 장만(張晚)이 아뢰기를,
> "전쟁 때 쓸 장기(長技)로는 포사(砲射)보다 더 나은 것이 없습니다. 일찍이 이시발(李時發)이 본도의 어사(御史)가 되었을 때에 훈련시킨 포수(砲手)가 많지 않은 것이 아닌데, 속오(束伍)가 이미 파하였으므로 산만하여 기율(紀律)이 없어졌으니 진실로 애석하기 그지없습니다. 신이 본도에 도임한 뒤 편의대로 거두어 모아 급한 일에 대비하려 하는데 반드시 교사(敎師)가 있어야 교련할 수 있겠습니다. 도감(都監)의 포수 가운데 선수(善手) 1~2인을 가려 데리고 가는 것이 어떻겠습니까?"
> 하니, 아뢴 대로 하라고 전교하였다.

포수를 훈련시킬 때에는 가상(假想)의 적(敵)이 있어야 한다. 그가 생각한 가상의 적이 다시 침략하게 될 왜군인지, 아니면 북방의 어느 군사인지는 확실치 않지만, 그는 앞으로도 당분간 전쟁이 계속 될 것이라고 판단했기에 포수를 훈련시켰던 것이다.

그가 충청도 관찰사로 부임한 지 반년이 지난 『선조실록』 33년(1600) 11월 12일 기사에 사관(史官)이 그의 이름 뒤에 기사에 관계없는 평(評)을 붙였는데,

> 사림(士林)의 청망(淸望)과 문장 및 주략(籌略)은 없었으나 범상한 인품으로서는 자못 재능과 국량이 있어서 등제(登第)한 지 10년 만에 방백(方

伯)에 이르렀으며, 호서(湖西)에서도 직책을 제대로 완수했다고 알려졌다.

라고 평하였다. 문과 급제 10년만에 35세 젊은 나이로 방백(方伯)에 오르고 "호서(湖西)에서도 직책을 제대로 완수했다고 알려졌다."는 평을 받는 것은 드문 경우이다. 실록에 그가 어떻게 직책을 제대로 완수하였는지 언급이 없어서 아쉽다.

이듬해인 1601년 2월 23일 기사에, 그가 "늙고 병든 자를 군적(軍籍)에서 면제해 달라"고 올린 장계가 보인다.

　　수륙 군병(水陸軍兵) 중 대역(代役)이 채워지지 않으면 늙어 죽더라도 오히려 군적(軍籍)에 올라 있는데 그 중에도 수군이 더 심하니, 전 체찰사 이원익(李元翼)이 장계한 뜻도 이 때문이었습니다. 조정에서 특별히 병사와 수사로 하여금 그들 중 더욱 심하게 늙고 병든 자는 가려 내어 대역이 없더라도 군역을 면제해 줌으로써 한 도의 무궁한 원한을 풀어주소서.

대부분의 방백들은 군적(軍籍)에 올라 있는 수군(水軍)과 육군(陸軍)의 숫자가 중요했기 때문에 늙어 죽더라도 대역(代役)이 없으면 그대로 두었다. 실제가 아닌 허위(虛僞) 병력이었다. 그러나 장만은 대역(代役)이 없더라도 심하게 늙고 병든 자는 가려내어 군역을 면제(免除)케 해달라고 청하였다. 그것은 '앞으로 전쟁이 없을테니 군사가 필요없다'고 무사안일하게 생각한 것이 아니라, 오히려 군적(軍籍)에 오른 숫자만 믿고 있다가 유사시에 당황하지 않게, 평시에 실제로 동원 가능한 병력을 제대로 파악하고 관리하여 대비하자고 제안한 것이다.

충청도 관찰사는 수군절도사(水軍節度使: 정3품 무관직)도 겸하였으므로, 그는 보령(保寧)에 있는 수영(水營)에도 자주 갔다. 그가 충청도 관찰사로 재직하는 동안에 지은 시가 바로 보령 수영에서 지은 시이다.[4]

충청 수영의 영보정(永保亭)에 쓰다

공중에 솟은 누각 맑은 하늘에 떠 있으니,
저물녘에 올라보면 생각이 무궁하네.
내닫는 형세 북에서 오니 산은 올라타려는듯
뛰는 파도 서해로 달리니 바다는 가이 없구나.
주미(柱楣)에는 가사(佳士)들의 명시가 시판(詩板)이 걸려 있고,
문전에는 촉(蜀)에서 출발한 장군의 배 정박해 있네.
이 밤이 다하도록 술잔 기울이는데,
연석의 붉은 초는 석가래 만큼 크구나.

題忠清水營永保亭

空中樓閣鏡中天. 薄暮登臨意渺然.
走勢北來山欲跨, 跳波西注海無邊.
楣懸才子驚人句, 門泊將軍下蜀船.
直到夜闌呼小酌, 當筵紅燭大如椽.

영보정은 충청도 보령에 있던 충청수영(忠清水營)의 정자이다. 『신증
동국여지승람(新增東國輿地勝覽)』제20권 〈보령현(保寧縣)〉관방(關防)조
에 "수군절도사(水軍節度使)의 병영(兵營)이 (보령)현 서쪽 20리에 있다.
○ 절도사(節度使)와 우후(虞侯) 각 1인. 정덕(正德) 경오년(1510)에 비로
소 돌로 성을 쌓았는데, 그 주위는 3천 1백 74척에, 높이는 11척이고,
안에 네 개의 우물과 한 개의 못이 있다."고 수영(水營)을 소개하였다.

이어서 누정(樓亭)조에 "영보정(永保亭)과 빙허당(憑虛堂) 모두 수사(水
使)의 영(營) 안에 있다."고 소개한 뒤에, 박은이 영보정에서 지은 칠언
율시 5수를 모두 소개하였다. 이 시들이 바로 영보정을 가장 잘 표현한
시였던 것이다.

---

4) 『낙서집』 권1 칠언율시에 가장 먼저 이 시가 실려 있는데, 제목 옆에 "충청도 방백으로
   재임할 때에 지었다[本道方伯時作]"라는 소주(小注)가 덧붙어 있다.

읍취헌(挹翠軒) 박은(朴誾, 1479~1504)이 영보정에서 지은 시는 칠언율
시 〈영후정자(營後亭子) 5수〉인데, 그 가운데 제4수를 예로 들어보자.

　　지세는 푸득푸득 날려는 날개 같고
　　다락은 흔들흔들 매지 않은 뜸배 같네.
　　북쪽 보니 구름 낀 산 어디까지 닿았는가?
　　남쪽 오자 두른 산하 이야말로 웅장해라.
　　바다 기운 일군 안갠 이내 비로 뿌려 대고
　　파도 기세 하늘 덤벼 절로 바람 일어나네.
　　어둠 속에 새울음만 들리는 듯 할뿐인데
　　앉은 사이 온 우주가 텅빈 것을 느끼노라.
　　地如拍拍將飛翼, 樓似搖搖不繫蓬.
　　北望雲山欲何極, 南來襟帶此爲雄.
　　海氣作霧因成雨, 浪勢飜天自起風.
　　暝裏如聞鳥相叫, 坐間渾覺境俱空.

　아직 수영 성을 돌로 쌓기 전이었으므로, 정자 이름을 막연하게 영후
정자(營後亭子: 수영 뒤에 있는 정자)라고 하였다. 벼랑 위에 정자가 높이
솟아 있어 허공에 있는 듯한 느낌을 땅이 ‘將飛翼’ 같고 누각이 ‘不繫蓬’
같다고 표현하였다. 허공에 떠 있는 시인의 시각(視覺)은 남북으로 종횡
하여 끝나지 않는다. 게다가 비와 바람이 몰아치는 기세는 천지 기운의
장대한 변화를 보여준다. 미련(尾聯)에 가서는 ‘명리(暝裏)’라는 말을 통
해서 속세와는 단절된 느낌을 전달하면서 결국 내가 있는 정자라는 공
간과 천지산하(天地山河)의 의식적 경계가 무너져 압도당한 상태에서 오
는 깨달음을 나타내고 있다.
　이 시가 신기하게 여겨지는 이유는 첫 구절부터 시작되는 충격에 있
다. 앞서 말한 바와 같이 급박하게 시작되는 가운데 직설적으로 경물을

설명해 내고 있다. 이런 생경한 느낌은 시에 생동감을 불어 넣어 준다. 수련(首聯 1,2구)은 작가가 있는 장소를 말하고 있고, 함련(頷聯 3,4구)에서는 끝없이 펼쳐진 남북의 광활함을 얘기하여 시점(視點)이 근거리에서 원거리로 확산되어 나가고 있다. 따라서 첫 구부터 시작된 웅장함이 지속된다. 경련(頸聯 5,6구)에서는 수련(首聯)의 생동감을 역동성으로 바꾸어 훨씬 큰 움직임을 만들어 냈다. 미련(尾聯 7,8구)은 동적인 분위기 속에서 갑자기 정적인 방향으로 급선회한다. 단절감을 만들어 내는 것이다. 이것은 모든 일상적인 것을 한 순간에 뛰어넘는 그런 단절감이다. 그래서 순간 초속적(超俗的)인 경지를 만들어내어 영보정이라는 정자를 자연의 급격한 변화가 소용돌이치는 가운데에서도 그 변화를 다 포용하는 절경(絕景)으로 묘사해내고 있는 것이다.[5]

　박은과 장만의 칠언율시는 같은 영보정을 두고 백년 전후로 지어졌는데, 그 사이에 큰 변화가 있었다. 수련(首聯)은 둘 다 작가가 있는 장소, 즉 공중에 높이 솟은 영보정의 형태를 말하고 있고, 함련(頷聯)에서는 끝없이 펼쳐진 남북의 광활함을 얘기하여 시점(視點)이 근거리에서 원거리로, 가까이 있는 산에서 멀리 있는 바다와 산하로 확산되어 나가고 있다. 마지막 미련(尾聯)은 동적인 분위기 속에서 갑자기 정적인 방향으로 급선회하여, 밤을 맞은 시인 자신을 노래한다.

　이 두 시에서 가장 차이가 나는 부분은 경련(頸聯)이어서, 박은이 여전히 바닷가 벼랑 위에 높이 솟은 영보정의 풍광을 실감나게 묘사한 것과 달리, 장만은 수문 앞에 정박해 있는 중국 전선을 그려냈다. 그가 지금 영보정에 풍류를 즐기기 위해 찾아온 것이 아니라, 겸직인 충청수사(忠淸水使)로서 수영(水營)의 실태를 파악하러 왔기 때문이다. 영보정

---

5) 구지현, 「박은(朴誾) 시의 문예미(文藝美) 연구」, 연세대학교 대학원, 1998, 21~22쪽.

은 왜란(倭亂) 당시 명나라 수군이 정박하던 곳이고, 명나라 장수와 조선 장수가 만나서 전략을 의논하던 곳이며, 명나라 문인과 조선 문인이 만나서 한시를 주고받던 곳이다.

1596년 가을에 명나라와 일본이 강화회담을 진행하다가 결렬되자, 일본군이 1597년에 다시 침략하면서 정유재란이 시작되었다. 명나라 장수 계금(季金)이 수군을 인솔하고 참전하였으며, 진린(陳璘)이 광동수병(廣東水兵) 5,000명을 이끌고 복귀한 뒤에 절강·상해·복건·광동의 수병 21,000명을 추가 동원하였다. 절강유격(浙江遊擊) 계금(季金)의 수군은 주로 충청수영이 있는 오천항(보령)에 주둔하였다.[6] 진린의 수군도 고금도로 진격하는 중간에 충청수영이나 당진에 잠시 정박하였다. 명나라 수군은 고흥반도와 노량(鷺梁) 해전에 참전하였는데, 조선 수군의 두세 배 되는 병력이었다.

신익성(申翊聖)이 1641년에 「영보정 중수기(永保亭重修記)」를 지으면서 그러한 사연을 이렇게 기록하였다.

왜적을 정벌할 때에 중국의 수군이 이 정자 앞에 와서 정박하였다. 그때 장수들은 대부분 강남 사람이었는데, 모두 이곳의 경관이 악양루(岳陽樓) 보다 뛰어나다고 하였다. 그렇다면 또한 천하의 명승지라고 이를 만하다. … 내가 그 영(營)에 들어가 보니, 누선(樓船)이 바다를 가로지르는 모습이 마치 성루(城壘)처럼 엄정하였고 무예를 겨루는 비장(裨將)은 재주가 매우 뛰어났다. 진(鎭)에 소속된 모든 이들이 명령을 따르며 부림 받는 것을 즐겁게 여겼다.

충청수영에 주둔하였던 명나라 장수들에 의해 악양루보다 경치가 뛰

---

6) 송은일, 「明나라 時期 水軍의 대외 參戰과 활약」, 『중국학논총』 제58집, 2018, 242쪽.

어난 영보정이 중국에까지 알려졌으며, 지금도 수영의 누선(樓船)이 바다를 가로지르는 모습이 마치 성루(城壘)처럼 엄정하다고 하였으니, 신익성은 영보정의 두 가지 모습, 즉 풍광(風光)과 성루(城壘)의 특성을 함께 강조한 것이다.

수많은 문인들이 영보정에 올라 시를 지었지만, 이 두 가지 특성을 함께 그려낸 시는 장만이 지은 「충청 수영의 영보정(永保亭)에 쓰다[題忠淸水營永保亭]」한 편 뿐이다. 수련(首聯)과 함련(頷聯)에서는 뛰어난 풍광을 노래하다가, 경련(頸聯)에서는 성루(城壘)의 특징을 표현한 것이다.

> 주미(柱楣)에는 가사(佳士)들의 시판(詩板)이 걸려 있고,
> 문전에는 촉(蜀)에서 출발한 장군의 배 정박해 있네.
> 楣懸才子驚人句, 門泊將軍下蜀船.

임진왜란 때 백사 이항복이 세자인 광해군을 모시고 홍주에 머무르고 있었는데, 광해군이 수영(水營)에서 머무르고 싶다고 하자 이항복이 수영을 미리 답사하였다. 그리고는 영보정의 뛰어난 경치를 보고 이로 인하여 세자가 방탕에 빠질까 염려하여, 불충(不忠)함을 무릅쓰고 광해군이 수영에 머무르는 것을 막았다는 이야기는 너무나 유명하다. 장만이 어릴 때부터 옆집에 살며 많은 영향을 끼쳤던 선배 이항복은 영보정의 풍광이 전투와 국란 극복에 방해가 될까 걱정하였는데, 장만은 영보정의 풍광(風光)과 성루(城壘) 두 가지 특성을 다 아우르는 시를 썼던 것이다.

영보정이 명승지이다 보니, 한국문집총간(韓國文集叢刊) DB에 영보정(永保亭)을 제목으로 지은 시가 121제(題) 141수(首), 기문(記文)이 6편이나 실려 있다. 그 외에도 상당수 시가 영보정에서 지어졌다. 박은이나 장만의 시도 제목만 보아서는 영보정에서 지었다는 사실을 모를 수도

있으니, 이런 시까지 합하면 훨씬 많은 시가 지어졌던 셈이다.

영보정(永保亭)이라는 이름은 "(이 강토를) 길이 보전하라[永保]"는 뜻이니, 수영(水營)의 정자답게 성루(城壘)의 성격을 강조한 이름인데, 대부분의 시인들은 이 정자의 원래 용도를 생각하지 못하고 눈앞에 보이는 바다와 뒤에 보이는 산만 노래하였다. 그러나 장만은 이 율시의 주제가 반전되는 경련(頸聯)에서 성루(城壘)의 의미를 강조하였다.

장만이 영보정에 올라갔을 때에 두 가지 모습이 눈앞에 펼쳐졌다. 하나는 아름다운 풍광을 노래한 역대 시인들의 시판(詩板)이고, 다른 하나는 바다에 정박한 명(明)나라 수군(水軍)의 전선(戰船)이다. 『洛西集 번역본』에서는 이 구절을 "촉(蜀) 땅에서 수군을 대거 이끌고 내려가서 오(吳)나라를 멸망시킨 서진(西晉)의 장군 왕준(王濬)의 함선(艦船)을 이르는 말"이라고 설명하였지만, 비유가 아니라 글자 그대로 중국 전선이라고 보는 것이 합리적이다.

1600년에 명나라 제독이 선조에게 수군(水軍) 교련(敎鍊)에 관한 자문(咨文)을 보냈으며, 3월 29일에는 선조(宣祖)가 남방(南方) 순행(巡行)을 마치고 서울에 올라온 명(明)나라 수군(水軍) 제독(提督) 이승훈(李承勛)을 위로하며 명나라 수군 철수 이후의 방비책을 의논하였다. 선조는 이날 명나라 수군이 5월 이후에 철수해 주기를 요청하였다.

보령의 읍지인 『신안현지(新安縣誌)』에는 충청 수영에 주둔하였던 명나라 유격장군 장양상(張良相)이 1599년 7월에 지은 오언 칠언 율시 「영보정(永保亭)」 4수와 도사(都司) 가상(賈祥)이 1600년 가을에 지은 칠언율시 「영보정(永保亭)」이 실려 있다. 장만은 가상(賈祥)과 비슷한 시기에 영보정에 올라 아름다운 풍광과 선배들의 시판(詩板), 눈앞에 내려다보이는 명나라 수군의 전선을 한 련에서 노래한 것이다.[7]

한국문집총간(韓國文集叢刊) DB에 실린 영보정(永保亭)을 제목으로 지은 시 가운데 상당수는 박은(朴誾)의 시에 차운하여 지었으며, 3편이 장만의 시와 같이 상성(上聲) 선운(先韻)의 천(天)·연(然)·변(邊)·선(船)·연(椽)의 운자(韻字)를 사용하였다.

> 장 만 : 충청 수영의 영보정(永保亭)에 쓰다[題忠淸水營永保亭]. 『낙서집』
> 　　　권1
> 구봉령 : 수영성의 영보정에서 차운하다[水營永保亭次韻]. 『백담집(栢潭
> 　　　集)』 속집 권3
> 조찬한 : 영보정 시에 차운하다[次永保亭韻]. 『현주집(玄洲集)』 권6

제목만 보면 장만이 먼저 이 운(韻)으로 시를 짓고, 다른 두 사람이 영보정에 올랐다가 그 시를 보고 차운하여 지은 것처럼 보인다. 그러나 구봉령은 장만보다 한 세대 선배이어서, 임진왜란 직전에 세상을 떠났으니 차운할 수가 없다. 한국문집총간이나 정사룡의 문집인 『호음잡고(湖陰雜稿)』에서 검색되지는 않지만, 정사룡(鄭士龍)이 같은 운으로 지은

---

7) 충청 수영에 주둔하여 시를 지었던 장양상(張良相)과 가상(賈祥)은 이듬해인 1601년에야 철수하였는데, 1601년 4월 23일에 황해도 관찰사 성이문(成以文)이 올린 장계(狀啓)를 보면, 그때까지도 철수를 늦추며 황해도에서 민폐를 끼치고 있었음이 확인된다. 명나라도 이미 국운(國運)이 기울고 있었으므로 귀국해도 새로운 관직을 받을 희망이 없어, 조선에서 재물을 긁어모으고 있었던 것이다.
"본도는 불행하게도 수병(水兵)이 주둔하는 지역이 되어 7개월이 지나고 나니 민생의 고혈은 이미 바닥이 났는데도 중국 군대의 침해가 더욱 심하여 우마(牛馬)를 약탈하는가 하면 개나 닭에게까지 피해가 미쳐 부락이 텅 비어 병화(兵火)가 지나간 곳보다도 더합니다. 게다가 장 장수(張將帥)는 【장양상(張良相).】 항해한 지가 한 달인데 아직도 풍천(豊川)의 허사진(許沙鎭)에 정박해 있고 가 장수(賈將帥)도 【가상(賈祥).】 출범한 지가 이미 오래인데도 겨우 장연(長淵)의 조니(助泥)에 도착하였습니다. 이 두 장수의 차관(差官)이 끊임없이 왕래하면서, 호표피(虎豹皮)를 요구한다느니, 화석(花席)을 무역한다느니, 도망병을 체포한다느니, 상거(喪車)를 호송한다느니, 화기(火器)를 수송한다느니 하고 있습니다. … 수령까지도 포박하고 구타하여 피를 토하며 쓰러진 이민(吏民)이 도처에 가득하니, 10년 이래로 이토록 참혹한 정상은 없었습니다."

시가『신안현지』에 실려 있다. 장만이 영보정에 올라가서 본 시판(詩板) 가운데 정사룡의 시판이 걸려 있어서 차운하였을 가능성도 있지만, 제목만 보면 우연히 같은 운으로 시를 지은 듯하다. 선배의 시판이 걸려 있는데, 차운(次韻)을 밝히지 않고 시를 지을 수는 없기 때문이다.

2) 전라도에 전마를 확보하고 기병을 양성하다

관찰사는 행정을 책임지고, 군사(軍事)는 병사(兵使)와 수사(水使)가 관장하였다. 그러나 문무를 겸전한 장만은 가는 곳마다 군비(軍備) 확장(擴張)에 힘썼는데, 아직 전쟁이 끝나지 않고 오히려 새로운 외국의 침략에 대비할 필요가 있다고 인식했기 때문이다. 어느 시대나 막론하고, 국방과 외교는 분리시켜 논할 문제가 아니다.

전라도 경우에는 관찰사 외에 병사, 좌수사, 우수사가 전체 병력을 분군(分軍)하여 협력하며 전투에 임했는데, 경우에 따라서는 순찰사(巡察使)까지 파견되어 더욱 복잡하고 비효율적이었다. 장만이 유사시에 효율적으로 협력하기 위해「분군 절목(分軍節目)」을 체계화하여 조정에 제출하자, 비변사에서 검토하였다.『선조실록』37년(1604) 3월 9일 기사에, 비변사(備邊司)에서 전라 감사 장만(張晩)의 분군(分軍)에 관한 서장(書狀)에 대해 회계(回啓)한 내용이 실려 있다.

> 분군 절목(分軍節目)을 자세히 살펴보고 한 도(道)의 형세를 참작해 보건대, 병영(兵營)이 이미 바다 모퉁이에 편재해 있어 우도(右道)와 밀접한 이상, 우영(右營)의 군사는 병사(兵使)에게 소속시켜 거수(據守)하게 하면서 형편에 따라 진퇴(進退)하여 응원하도록 하는 것이 합당할 듯합니다. (줄임)
> 전영(前營)인 순천(順天) 및 전별영(前別營)인 영암(靈巖)의 소속은 모두 주사(舟師)에 전속(專屬)된 군사들이니, 이번에 만일 조방장에게 나눠

소속시켜 육전(陸戰)을 책임지우게 되면, 바다와 육지 양면에서 침범할 때 창졸간에 처리하기 어렵게 될 염려가 분명히 있을 것입니다. 당초 비변사가 영남의 예를 모방하여 그렇게 행이(行移)하기는 했지만 호남의 사세는 영남과는 차이가 있습니다. 영남의 경우 도내의 군병이 모두 주사(舟師)로 들어갔기 때문에 만일 구별하려고 하면 다시 육장(陸將)에게 소속시킬 남은 군사가 없으므로 그런 식으로 부득이 격식(格式)을 삼았습니다.

바라건대 주사를 11고을의 육군(陸軍)에 첨속(添屬)시키는 일은 우선 앞서의 공사대로 시행하게 하소서. 이와 함께 따로 하나의 장수를 정하여 주사를 통솔하게 함으로써 차례대로 계속 주사에 체입(替入)시키는 계획을 세워 양쪽에 소속되어 서로 침해하지 못하도록 하는 것이 합당할 듯합니다. 역마(驛馬)를 내어 행이하는 것이 어떻겠습니까?

선조가 비변사의 회계(回啓)를 윤허한다고 전교하였다. 장만이 원래 올렸던 분군절목(分軍節目)의 전체 내용을 확인할 수 없어서 아쉽지만, 선택과 집중의 전략을 제시하여 비변사에서 일부 채택한 듯하다.

『선조실록』의 같은 해 12월 2일 기사에도 장만의 장계(狀啓)가 실려 있다.

탐라도(耽羅島)는 동방의 기주(冀州)로 불릴 만큼 예로부터 양마(良馬)가 생산되었습니다. 따라서 조종조(祖宗朝) 때부터 암말을 내오지 못하도록 엄금했던 것 역시 그 뜻이 참으로 범연한 것이 아니었습니다. 그런데 난리를 겪은 뒤로 법을 두려워하지 않는 자와 사정(私情)에 끌리는 수령들이 생겨나 조금씩 남몰래 반출해 내옴으로써 지금은 섬 안의 말이 열에 아홉은 줄어들어 식자들이 한심하게 여겨 온 지가 오래 되었습니다. 이는 암말에 대한 금법(禁法)이 해이해진 탓으로 그렇게 된 것입니다.

금년 봄 사이에 본도의 기황(飢荒)으로 인하여 전 목사 김명윤(金命胤)이 곡물을 무역할 것을 계청하자 조정에서 특별히 허락하였습니다. 이에 대방(大防)이 한 번 열리면서부터 말류(末流)를 금지하기 어렵게 되었는데 지금

에 와서는 오가는 상선 및 드나드는 군관 무리들이 아무 거리낌없이 공공연
하게 싣고 나오는 형편이니, 몇 년이 지나지 않아 암말은 거의 없어져 버리
고 말 것이므로 너무나도 가슴이 아픕니다. 이 뒤로는 일체 금단하여 만약
범법하는 자가 있으면 말은 공가(公家)에 소속시키고 당사자는 본도에 충군
(充軍)시킬 것으로 사목(事目)을 만들어 다시 밝혀야 하겠습니다.

　제주 목장은 원나라 때에 설치하여 전마(戰馬)를 양육하던 곳인데, 흉
년이 들었다고 해서 제주 목사 김명윤이 임기응변으로 암말을 육지로
내보내고 곡식을 들여왔다. 장만은 전마(戰馬)를 확보하기 위해 암말의
육지 반출을 일체 금하고, 위반자는 제주도에 군사로 복무케 하자고 조
정에 장계를 올렸다. 장만의 장계는 곧바로 채택되어, 여러 차례 후속
조치가 이뤄졌다. 이듬해 3월 26일에는 "전 제주 목사 김명윤(金命胤)과
전 정의 현감(旌義縣監) 양찬(梁讃)을 체직시키라. 진상마(進上馬)가 어승
(御乘)에 합당치 않으니 《속록(續錄)》의 예에 의해 추고하여 뒷사람을 징
계하라."는 비망기(備忘記)를 승정원에 전했으며, 3월 29일에 제주 점마
(濟州點馬) 이민성(李民成)이 제주도 목장의 실태를 조사하러 떠나려 하
자 비망기로 정원에 전교하였다.

　"제주의 모든 민폐와 전후 수령의 염탐(廉貪) 여부를 상세히 조사하여
복명할 때 서계하라고 점마에게 말하라."

　여러 가지로 보고를 받은 뒤, 선조가 6월 9일에 비망기(備忘記)로 일
렀다.

　현재 국사(國事)가 어려운 때를 당해 변방에 걱정할 일이 많은데, 전마
(戰馬)가 부족한 형편이다. 그러니 이번에 제주에서 점마(點馬)하여 올려
보낸 마필(馬匹)은 반사(頒賜)하지 말고 전부는 몇 필이며 그 중에 국용(國
用)과 내년에 진공(進貢)할 마필을 제외한 나머지의 마필은 얼마나 되는지

서계(書啓)하라고 사복시에 이르라.

장만이 걱정한 것처럼, 선조도 이제야 변방(북방)의 실태를 인식하였다. 전마(戰馬)가 부족하니 최소한의 용도를 제외한 나머지를 전마(戰馬)로 충당케 한 것이다. 장만이 북방의 정세 변화를 남보다 빨리 인식했기에, 이같이 유사시(有事時)를 위하여 대비할 수 있었던 것이다.

관원들을 감찰하는 사헌부(司憲府) 지평(持平) 민여임(閔汝任)이 전라도 안문 어사(安問御史)의 사명을 띠고 전라도를 감찰한 뒤 6월 23일에 돌아와서 선조에게 보고하였다.

> 신이 지난번 전라도 안문 어사(安問御史)의 임무를 띠고 본도에 도착하여 도내 수령의 현부(賢否)를 알아볼 때에, 듣기를 '관찰사 장만(張晩)이 마음을 다해 직무를 수행, 군량을 거의 만여 석이나 마련하였고 정용(精勇)한 기병(騎兵) 5백여 명을 선발하여 항상 더욱 무휼하여 양성하고 있으며 무학(武學)에 있어서는 더욱 열심히 훈련시켜 이미 실재(實材) 1천여 명을 길러 뒷날 유사시에 사용하려 하고 있다. 이런 까닭에 온 도내의 사민(士民)들이 모두들 추켜세워 추대하면서 위로 성상께 보고했으면 하고 바란다.'고 했습니다. 그러나 방백의 현부에 대해서는 신이 거론할 사항이 아니었고 사체로 살펴보아도 보고하기가 참으로 곤란하였는데, 사안이 민간의 청원과 관련된 이상 감히 진달하지 않을 수도 없었습니다. 그래서 신이 장계(狀啓)를 올릴 때에, 방백의 일을 거론하는 것은 사체상 온당하지 못하나 백성의 하소연을 진달해야 하겠기에 어쩔 수 없이 사실대로 계문한다는 뜻을 갖추어 아뢰었습니다.

민여임의 말투는 겸손하고도 완곡하다. 자신이 장만의 치적(治績)을 높이 평가하는 것이 아니라, 백성들의 여론이 민원으로 들어와 할 수 없이 아뢴다는 것이다. 군량미 만여 석 확보, 정용(精勇)한 기병(騎兵)

5백여 명 양성, 무학(武學) 실재(實材) 1천여 명을 길러 뒷날 유사시에 사용하려 한 것이 바로 그의 국제정세 인식에서 나온 성과이자 몇 년 뒤의 심하전투(深河戰鬪)나 정묘호란(丁卯胡亂)을 대비한 활동이었다.

3) 누르하치의 침략 가능성을 아뢰고 오랑캐지역 지도를 그리다

장만은 1607년 윤6월 1일 함경도 관찰사에 임명되었는데, 9월에 긴급 장계를 올렸다. 비변사에서 선조에게 노추(老酋: 누르하치)의 대군에 대비해 삼수(三手)와 감영 병사 파견, 함흥과 재덕 산성·성진 산성 경비 강화 등을 건의하여 윤허를 받았다.[8]

장만은 북방 오랑캐의 생태를 파악하여, 전투하지 않고도 전쟁을 막아내는 전략을 세웠으며, 선조에게 장계(狀啓)와 차자(箚子)를 올렸다. 몇 가지만 간단하게 소개한다.

> 지금 변경의 일은 날로 위태롭고 오랑캐의 실정은 나날이 더 예측할 수 없습니다. 노추(老酋, 누르하치)와 홀온(忽溫, 兀剌부족)이 서로 연계하였다는 말은 이미 헛말이 아니며, 인축(人畜)의 쇄환(刷還)을 요구하여 오랑캐 땅으로 도망친 뒤 녹봉(祿俸)의 회복을 요청하는 데는 협박하면서 버티는 계책이 현저히 들어 있습니다. 글을 보내어 독촉하기도 하고 앞뒤로 서로 의지하여 돌보기도 하면서, 우리 쪽의 빈틈을 엿보고 빈 구석을 찾아내되 무슨 수단이든 쓰지 않는 바가 없습니다. …
> 가만히 생각건대, 저들 홀온 오랑캐는 원래 함부로 날뛰는 잡종의 족속으로서, 화심(禍心)을 품은 정도는 흉악·교활한 노추에게 미치지 못하지만, 사납고 드세기는 노추보다 더 심합니다. 근년에 당한 문암(門巖)[9]의

---

8) 「함경도 개척과 전쟁대비」는 장석규의 『광해의 중립외교와 장만장군』(보고사, 2020)에 자세하게 정리되어 있으므로 중복을 피하고, 이 글에서는 국제인식만 소개한다.
9) 문암(門巖) : 여진 땅의 지명으로, 종성(鍾城)에서 40리 떨어져 있는 곳이다.

패배에서 수천 명의 군졸을 잃었으며, 수 년 동안 성곽을 포위한 동안에 아주 허약해지고 말았습니다. (줄임)

그러나 그들의 세력이 이미 심하게 깎였고 여러 부족들이 아직 귀부(歸附)하지 않았으니, 비록 노추와 연계하였다고는 하지만 '겉으로는 친밀하면서도 속으로는 소원한 형세'입니다. 이러한 때에 무리를 많이 모으고 그들의 소굴로부터 멀리 떠나서 우리의 변경을 침범하는 일은 이치상 없을 듯합니다. 그러나 만일 부득이 병력을 사용하지 않을 수 없는 경우라면, 우리가 어찌 그들보다 한 수 위라는 사실을 대번에 기필할 수야 있겠습니까. (줄임)

이러한 때를 당하여 비록 미봉(彌縫)하고자 한들, 가능이나 하겠습니까. 따라서 허락하지 않을 수 없게 된 뒤에 허락하는 것은 어찌 시원스럽게 허락해줌만 하겠습니까. 이렇게 시원스럽게 허락해줌으로써, 한편으로는 저들이 순종하는지 거역하는지를 탐지하고, 한편으로는 저들의 흉계를 늦추도록 하는 반면에 우리의 성곽과 해자(垓字)를 수리하고 우리의 무기와 병기를 정비함으로써 자강(自强)하고 방어(防禦)하는 계책을 삼는 편이 더 낫지 않겠습니까. (줄임)

지금 만약 포용하여 선처하지 못하고 지나치게 거절하여 소란의 단서를 야기한다면, 이는 (노추 누르하치에게) 적군을 하나 더 덧붙이는 격이며 바로 노추의 흉계에 빠지는 것입니다. 그리되면 어찌 한심하지 않겠습니까.

만주족은 노추(누르하치)를 비롯한 여러 부족으로 나뉘어 있었는데, 이합집산이 심하였다. 장만은 그들 사이의 갈등을 파악하여 이이제이(以夷制夷)의 전략을 쓰면서, 약한 부족의 요구를 임시로 들어주어 전선(戰線)을 분리시키자고 제안하였다. 홀온 부족이 지난번 문암(종성)을 침략하였다가 패배하였으므로 다시 쳐들어올 것 같지는 않지만, 만약에 침략해 온다면 우리가 꼭 이기라는 보장이 없으니 싸우지 않고도 전쟁을 막는 것이 좋다는 전략이다. 그는 전라도에서도 누구보다 열심히 군량미를 확보하고 전마를 양성하였지만, 싸우지 않고 평화를 유지하는 것이 최상의 전략이라고 생각하였다.

　장만은 오랑캐 땅에 정탐을 보내기도 하고, 찾아오는 오랑캐에게 정보를 알아내기도 하여 노추(老酋: 누르하치)의 실상을 정확하게 파악하고, 그들이 조선을 쳐들어올 것이니 대비하자고 제안하였다.

　　노추(奴酋: 누르하치)의 흉포한 기세는 이 번호(藩胡: 홀온)보다 더욱 지나치거니와, 원교근공(遠交近攻)의 계책을 쓰고 있어서 비록 지금 당장 쳐들어오는 목전의 근심은 없다고 할지라도, 그들이 포진한 형세와 후일의 처지로써 본다면 곧 우리의 국토를 하루라도 잊고 지낸 적이 없었습니다.
　　병력이 이미 모아졌고 전비(戰費)와 군량이 이미 풍족해졌으니, 그 위세가 막북(漠北: 몽골사막 북쪽)에까지 떨쳐져서 어느 누구도 감히 힐문(詰問)할 수 없습니다. 어느 날 갑자기 홀온(忽溫)을 합병하게 된다면 그 다음 차례로 우리나라와 전쟁을 일으킬 것은 불을 보듯이 훤히 알 수 있습니다. 우리나라가 건국된 이후부터 200년 내려오는 동안 오랑캐들이 운세를 떨치지 못했습니다. 간혹 한두 차례의 적대 행위가 있었지만 좀도둑의 수준에 그쳤을 뿐, 그들의 교활함과 흉악함이 화란의 조짐이 되었다는 말은 결코 들어보지 못한 바입니다.
　　지금 이 노추의 용병(用兵)은 보통의 호로(胡虜)에 비할 바가 아닙니다. 그러나 우리의 잔약함은 이처럼 지극한 정도에까지 이르렀습니다. 중세 이후로 중국(中國)과 이적(夷狄)의 융성과 쇠퇴는 마치 음과 양 또는 밤과 낮의 소장(消長)과 같으니, 시대로써 살펴보거나 형세로써 살펴보더라도 전쟁이 일어나리라는 점은 현명한 사람의 출현을 기다리지 않고도 알 수 있습니다. 이 호적(胡賊)의 장기(長技)는 튼튼한 갑옷과 철마(鐵馬)를 갖춘 병력으로 야전(野戰)에서 용맹스럽다는 점입니다. 지난해 홀온과 싸울 때의 일을 북도의 백성으로서 견문한 사람이라면 모두 다 두려워하면서 숨을 죽였으니, 이야기가 노추에 미치면 노추를 마치 호랑이처럼 두려워합니다.
　　만약 노추(누르하치)가 남쪽으로 내려와서 땅을 점거하는 환난이 생긴다면, 우리의 오합지졸과 지치고 노둔한 말을 가지고는 참으로 그들의 칼

날을 당해내기가 어렵습니다. 그러나 성곽의 공격은 그들의 장기가 아니
니, 성벽과 해자(연못)를 수리하고 군량을 저축하며 방포(放砲)의 기술을
연마하고 활쏘기와 칼 쓰기를 익힌 다음에, 적이 쳐들어올 경우에는 성문
을 닫고 지키면서 그들과 싸우지 않을 일입니다. 그러다가 적이 물러가면
둔전(屯田)을 가꾸고 병사와 전마를 훈련시키기를 마치 옛날 이목(李牧)의
변경에 있었을 때처럼 한다면, 비록 기세등등한 오랑캐라 할지라도 우리를
어찌하지 못할 것입니다.

「북관(北關)의 백성들이 받는 병통을 논하고 겸하여 기무(機務)를 진
달하는 차자[論北關民瘼, 兼陳機務箚]」[10)에서 장만은 노추(老酋 누르하치)
와 홀온(忽溫)과의 전투를 목도한 함경도 백성들의 증언까지 소개하면
서, 막강한 노추(老酋: 누르하치)가 조선을 침략하면 막아낼 길이 없지만,
그들은 기마전(騎馬戰)에만 강할 뿐 성곽 전투에는 약하니 성벽을 튼튼
하게 쌓고 지구전(持久戰)을 준비하면 막아낼 수 있다고, 구체적인 전략
까지 제안하였다.
　　장만이 관찰사로 있는 동안 함경도 백성들은 즐거워했는데, 예문관
제학(藝文館提學) 신흠(申欽)이 1610년에 「낙민루기(樂民樓記)」를 지으며
그 이유를 설명하였다.

　　선종대왕(宣宗大王: 선조)이 즉위한 지 40년 되던 해에 북녘 오랑캐 홀
라온(忽剌溫)이 군대를 일으켜 변경을 침범하더니, 조금 후에는 또 서녘
오랑캐 노추(老酋: 누르하치)와 연결하여 날마다 노려보며 우리에게 틈이
있기만을 기다리고 있었다. 그리하여 선종대왕은 단호한 자세로 그들을 진
무(鎭撫)하려고 낙서(洛西) 장공(張公)을 명하여 그리로 가서 군대를 정비
하게 하였던 것이다. 공이 가서는 곧 몸을 단속하고 법을 말끔히 했으며
기강을 확립하여 겉으로는 베푸는 척하면서 암암리에 그들 길을 막아 아각

---

10) 『洛西集 번역본』, 장만장군기념사업회, 2018, 120-149쪽.

(牙角)을 없애버렸기 때문에 그 오랑캐가 감히 기를 내어 제멋대로 굴지
못했고, 그리하여 그 지대가 무사했다. 그리고 그 둘레 수천 리도 시들었던
자는 기름기가 돌고, 더위먹은 자는 깨어나고 하여, 너나없이 공(公)이라
면 그를 위해 무엇인가 한번 마음을 바치고 싶은 생각들이었던 것이다.

그 성 남쪽에 예부터 낙민정(樂民亭)이 있었는데, 난리통에 없어지고 말
았다. 그리하여 공이 그 터를 넓혀 면모를 일신시키고 아래에는 포루(砲樓)
를, 위에다는 연각(燕閣)을 각각 마련하였는데, 그 역사를 하는 동안에도
백성들은 괴로운 줄을 몰랐고 역사가 끝나자 백성들은 기뻐하였다. 그리하
여 옛날 그대로 따라 그 편액(扁額)을 낙민루(樂民樓)라고 하였다. 나는 그
사실을 밝히면서 다음과 같이 말한다. …

지금 공이 온 후로는 오랑캐가 남쪽을 넘보지 못하여 전답에는 벼가 가득
하고, 베틀에는 베올이 가득하며, 밤이면 걱정 없이 잠잘 수 있고, 낮에
다니는데 걸림새가 없는 것이다. 그만하면 우리 백성들이 즐겁지 않겠는가.

북로(北路)는 사실 이 나라로 치면 척추에 해당하는 곳으로 옛날에는 오
랑캐에게 먹혀 있다가 성조(聖祖 이 태조(李太祖))가 개국을 하고부터 우
리나라의 풍호(豊鎬: 왕의 고향)가 되어 쓸모없는 황유(黃楡)·백초(白草)
지대가 뽕나무밭 삼밭으로 변했고, 전구(氈裘) 취막(毳幕)의 오랑캐 복색
들이 포근한 침실로 변하여 지금까지 2백 년이 넘도록 대대로 지켜오고
있는 터이다. … 그 걱정거리를 잘 처리한 공이 아니었더라면 어떻게 그
걱정을 즐거움으로 바꿔 그 즐거움을 누릴 수 있겠는가. 공 같은 이야말로
임금을 위하여 원한을 풀고 <u>전쟁 아닌 방법으로 적의 예봉을 꺾어버린 자
가 아니겠는가.</u>[11]

함경도 백성들이 즐거워하며 낙민루(樂民樓) 중건 공사를 자원한 이
유는 장만이 함경도 경제 회복과 아울러 전쟁 아닌 방법으로 적의 예봉
을 꺾어버렸기 때문이다. 장만이 오랑캐들에게 겉으로는 베푸는 척하

---

11) 신흠, 「낙민루기(樂民樓記)」, 『상촌집(象村集)』 권23.

면서도 그들의 길을 미리 가로막을 수 있었던 저력이 바로 그의 국제정
세 인식에서 나왔다.

장만은 언젠가 북방 오랑캐가 침략하여 전투가 벌어질 것에 대비하
여 오랑캐 지역을 유심히 관찰하고, 국경을 드나드는 오랑캐와 백성들
의 정보를 종합하여 오랑캐 지역의 지도를 그렸다가. 동지사(同知事: 종2
품)가 되어 조정에 돌아오자 광해군에게 바쳤다. 『광해군일기』 2년
(1610) 11월 기사에 광해군이 장만의 지도를 칭찬한 이야기가 두 차례나
실려 있다.

> 동지(同知) 장만(張晩)이 호지(胡地)의 산천을 그린 지도를 바치면서 아
> 뢰었다.
> "신이 북쪽 국경지대에서 4년 동안 근무하면서 호지의 산천을 직접 다니
> 며 두루 살펴보지는 못했습니다만, 늘 우리나라의 언어를 알면서 노홀(老
> 忽)에게 사로잡혀 간 번호(藩胡)에 의지하여, 일을 아는 변장(邊將)으로 하
> 여금 거리의 원근과 산천의 형세 및 부락의 이름 등을 상세히 묻게 하였습
> 니다. 숙장(宿將)과 노졸(老卒)이 귀로 듣고 눈으로 본 것을 참고로 하여,
> 더러 높은 곳에 올라가 그 지점을 확인하기도 하면서 호지에 관한 작은 지
> 도를 만들었습니다. (줄임) 우리 조종(祖宗)께서 열진(列鎭)을 배치하여 사
> 전에 대비하신 계책 역시 명료하게 알아 볼 수가 있겠기에 감히 이렇게 바
> 쳐 올려 조용할 때 보시도록 하는 바입니다."
> 왕이 답하기를,
> "(그대가) 아뢴 사연을 보고 지도를 살펴보면서, 그대가 나라 사랑하는
> 정성을 가상하게 생각하였다. 이 지도를 옆에 놓아두고 유념해 보도록 하
> 겠다." -11월 8일

> (왕이 말하였다.) "조정에 돌아왔다고 해서 변방(邊方)의 일을 망각하지
> 말고 일이 생기는 대로 돕도록 하라. 그런데 이 적을 쉽게 막을 수 있겠는
> 가? (줄임) 경이 바친 지도(地圖)를 앉으나 서나 유념하여 늘 보고 있는데,

오랑캐의 형세가 눈 안에 들어오는 것만 같다.”–11월 18일

장만이 함경도를 떠난 뒤에도 광해군에게 그려서 바친 오랑캐 땅의 지도는 두고두고 북방 대책의 자료가 되었다. 이 지도는 조정에 앉아서도 누구나 오랑캐 지역의 실상을 한눈에 볼 수 있게 만들어준 국제 인식의 산물이었다.

4. 명나라 사신으로 파견된 기록과 심하전역(深河戰役)의 예견

최명길은 장만의 행장을 지으면서 “같은 해(1602) 겨울, 주청부사(奏請副使)로 선발되어 연경(燕京)에 갔다. 계묘년(1603)에 형조 참판에서 전라도 관찰사가 되었”다고 하였다. 언제 돌아왔는지는 확실하게 기록하지 않았는데, 여름에 돌아와서 형조 참판을 거쳐 같은 해에 전라도 관찰사로 부임하였다는 뜻이다. 기간이 문제가 되는 이유는 『선조실록』에 장만이 주청부사(奏請副使)로 임명된 기록이 두 차례나 보이기 때문이다.

『洛西集 번역본』에서도 이 문제를 인식하고, 행장(行狀)의 해당 부분 각주(脚注)에서 의문을 제기하였다.

이 당시 장만은 사신으로 두 차례 임명된 것으로 보이는데, 그 하나는 ‘중궁고명 주청부사(中宮誥命奏請副使: 인목왕후)’이고, 다른 하나는 ‘세자책봉 주청부사(世子冊封奏請副使: 광해군)’이다. 그러나 실록의 기록은 1603년 5월 16일 김신원이 정사이고 장만이 부사로서 세자책봉사신으로 돌아왔다는 기록만 확실하게 나온다. 〈실록 1602년 4월 22일, 1603년 5월 16일 참조〉 또 하나의 의문은 정사가 누구인가이다. 실록에는 김신원으로

되어 있지만 『낙서집』 1권 시편 §10·§31에는 정사가 이정귀로 나온다.

이 문제를 정확하게 해결하기 위해 『선조실록』의 기록을 다시 한번 검토해보기로 한다. 장만을 사신으로 보내자는 기록은 선조 35년(1602) 4월 22일 기사에 처음 보인다.

이비(吏批)가【판서 송언신(宋言愼), 참판 이상의(李尙毅).】회계(回啓)하였다.

"(줄임) 중궁(中宮)을 책봉한 뒤에는 고명(誥命)을 주청하는 예를 즉시 행했어야 마땅합니다. 다만 대례(大禮)를 아직 행하지 않았으므로 계품하는 일이 이렇게 늦어진 것이지만, 유사(有司)의 불찰이 큽니다. 먼저 사신을 차출하고 예관에게 다시 논의하여 정하게 하여 전후해서 시행하는 것이 마땅하겠습니다."

그러자 (선조가) 전교하였다.

"미리 사신을 차출했다가 대례를 거행한 후에 즉시 보내되, 지금 낙점(落點)한 사람을 중궁(中宮) 고명(誥命) 주청사(奏請使)로 삼으라."

【상사는 이광정(李光庭), 부사는 장만(張晩)이 낙점되었다.】

선조와 인목왕후의 대례는 1602년 7월 13일에 거행되었으니, 그 뒤에 '중궁고명 주청사(中宮誥命奏請使)'가 파견되었을 것이다. 이 부분이 이민구가 지은 이광정의 신도비명(神道碑銘)에는 막연하게 기록되어 있다.

임인년(1602)에 호조(戶曹)와 예조(禮曹)를 거쳐 이조 판서(吏曹判書)에 임명되었는데, 사직한 뒤에 대사헌(大司憲)이 되었다. 가을에 표문(表文)을 받들고 연경(燕京)에 가게 되었는데, 청렴하고 엄격하며 방정하고 근면하여 몸가짐이 아랫사람의 모범이 되었다.[12]

---

12) 이민구, 「연원부원군 겸 이조판서 이공 신도비명 병서[延原府院君兼吏曹判書李公神

이광정이 인목왕후 대례 이후에 청나라에 주청사로 다녀온 것은 분
명하지만, 과연 4월 22일에 낙점되었던 '중궁(中宮) 고명(誥命) 주청사(奏
請使)'인지, 그리고 장만과 함께 다녀왔는지가 불분명하다. 이러한 궁금
증은 이광정이 청나라로 떠날 무렵의 실록 기사에서 더 증폭된다.

주청사(奏請使) 이광정(李光庭) 등의【왕세자의 책봉을 청하는 사신이
다.】출발 날짜가 임박했는데 써야 할 인정물(人情物)이 지극히 약소하여
일의 성공을 제대로 주선할 수 없을 듯하기에 참작해서 더 지급하도록 전
에 이미 계품하였으나 윤허를 받지 못하였습니다. −8월 22일 기사

이광정은 1602년 8월 22일에 청나라로 떠났다가, 이듬해인 1603년
4월 27일에 돌아와 선조에게 복명(復命)하였다. 이날의 『선조실록』 기
사에서 2건을 살펴보자.

고명 주청사(誥命奏請使) 행 첨지중추부사(行僉知中樞府事) 이광정(李
光庭), 부사(副使) 상호군(上護軍) 권희(權憘)가 경사(京師)에서 돌아왔다.

황제가 조선 국왕에게 보낸 칙서는 다음과 같다.
"황제는 조선 국왕 이(李)에게 칙유(勅諭)한다. 주문(奏聞)한 것을 보건
대, 왕이 이미 배신(陪臣) 김제남(金悌男)의 딸을 맞아 계실(繼室)을 삼고
서 고명(誥命)과 관복(冠服)을 내리어 특별히 주청(奏請)한 일을 윤허해 주
기를 바란 것이다. 이에 그대 김씨를 책봉하여 조선 국왕의 계비로 삼고,
아울러 고명·면복(冕服)·채폐(綵幣) 등의 물건을 내린다. (줄임) 삼가 칙
유한다."

道碑銘 并序]」, 『동주집(東州集)』 권7.

위의 기사만 보면 이광정이 사명(使命)을 알 수 없는 '고명 주청사(誥命奏請使)'로 다른 사람(권희)과 함께 다녀온 사실만 확인되는데, 아래 기사를 보면 결국 '중궁(中宮) 고명(誥命) 주청사(奏請使)'였음이 확인된다. 확실치 않은 기록들이 겹치면서, 장만이 두 차례 고명(誥命) 주청사(奏請使)로 다녀왔던 것처럼 잘못 인식된 것이다.

장만이 주청사로 다녀온 기록은 '세자(世子) 책봉(冊封) 주청사(奏請使)'로 검색된다. 중궁(中宮) 인목왕후(仁穆王后)의 고명(誥命)이 아니라, 세자(世子) 광해군(光海君)의 책봉(冊封)을 아뢰는 주청사(奏請使)의 사명을 완수하고, 선조 36년(1603) 5월 16일에 돌아와 선조에게 복명(復命)한 것이다.

책봉 주청사(冊封奏請使) 김신원(金信元), 부사 장만(張晚) 등이 예부(禮部)의 자문(咨文)을 가지고 돌아왔다. 그 자문은 이렇다.

"대명(大明) 예부는, 성은을 내려 가냘픈 심정을 자세히 헤아려서 빨리 세자를 책봉해 국본(國本)을 정하게 해달라는 조선 국왕이 간청한 일로 자문을 보냅니다. (줄임) 이는 실로 적장자에게 왕위를 세습시킴은 나라를 보존하는 정상적인 방법이기 때문이며, 세상이 어지러워 공을 앞세우게 될 경우에도 반드시 특이한 공적을 세워 국가를 안정시키고 전쟁으로 인한 상처를 모두 회복시키며 나라의 형세를 크게 떨치게 된 다음에야 의논할 수 있는 것으로, 진실로 신중히 처리해야 하기 때문입니다.

주청(奏請)에 의거하건대 '둘째 왕자 광해군(光海君) 이혼(李琿)이 전후로 본국을 경영하여 현저하게 공적이 있음은 여러 장관(將官)들이 모두 알고 있는 바이다.' 하였습니다. (줄임) 그러나 왜노들이 흉계를 그만두지 않아 틈을 엿보고 있는 흔적이 있고 해국의 저축이 아직도 탕갈되어 있으며, 민중들의 상처도 아직 치유되지 않았으니, 지금 생각해야 할 바는 어떻게 해야 잘 방비하여 보존할 수 있느냐는 것입니다. 해국이 지난해에 소장(疏章)을 갖추어 수병(水兵)을 청해 방어하는 계책을 마련하였으니, 마땅히 광해군을 거느리고 재차 힘을 다해 경영하여 저 교활한 왜적들을 막아내고 각도를 안정시켜 이로써 오래 보장되도록 하며 나라의 형세를 진작시키도록 하여, 더욱 나랏 사람들의 추대하는 마음을 결속(結束)시켜야 할 것입니다. 그러니 다시 2~3년을 기다렸다가 천천히 책봉하는 일을 의논하더라도 늦지 않을 것인데, 어찌하여 이번에 다시 청하여 급급히 세자를 책봉하려 합니까? 또 첫째 왕자 임해군(臨海君) 이진(李珒)이 과연 우울증으로 심성(心性)이 미혹되었는지의 여부도 모르겠습니다. (줄임)

조선 국왕의 배신 좌찬성 김신원(金信元)과 공조 참판 장만(張晩) 등이 봉함한 주본(奏本)과 본관(本官)이 보낸 방물(方物)과 마필(馬匹)을 가지고 경사(京師)에 나아와 진헌하며 차자를 책봉해 달라고 청한 내용이 본부에 도착했기에 해당 청리사(淸吏司)로 보냈습니다. (줄임) 그런데 갑자기 이를 들어 탈적(奪嫡)하려고 하니, 이미 천지 사이의 떳떳한 법도를 잃은 것으로 난망(亂亡)의 화란을 열어놓게 될까 염려됩니다."

자문이 오자 즉시 입계(入啓)하였다. 어람(御覽)이 끝나자 예조에 계하(啓下)하였다.

명나라 황제의 의견은 두 가지였다. 하나는 광해군이 임진왜란을 수습하는 과정에서 공을 세운 것은 인정하지만 적자(嫡子) 영창대군(永昌大君)과 장자(長子) 임해군(臨海君)이 위에 있는데, 서열을 파괴하고 광해군을 세자로 책봉할 이유가 과연 합당한가 하는 것이고, 다른 하나는 아직 일본의 침략 의도가 완전하게 해소되지 않은 상황에서 구태어 갈등을 야기하여 국론을 분열시킬 필요가 있겠느냐는 점이었다. 그래서 세자 책봉을 잠시 더 가지려보자고 유예(猶豫)하였다.

광해군을 세자로 책봉해 달라고 요청하는 주청사는 『선조실록』 27년 (1594) 7월 14일 기사에 처음 보이는데, 이때 파견되었던 윤근수(尹根壽)가 "황제의 인가를 받지 못했다"는 편지를 미리 보내오자 조정에서 당황하는 모습이 『선조실록』 28년(1595) 1월 15일 기사에 보인다. 적자도 아니고 장자도 아닌 광해군의 세자 책봉은 원칙상의 문제가 있어서, 10년 뒤 장만도 해결하지 못하였다. 그 이듬해 1604년 2월에 많은 뇌물을 가지고 '세자 책봉 주청사(世子册封奏請使)'로 파견되었던 이정구(李廷龜)도 결국 빈 손으로 돌아올 정도로 외교상의 난제였다.

『선조실록』에는 장만이 명나라로 출발한 기사가 없지만, 이때 서장관(書狀官)으로 동행한 이민성(李民宬)의 『조천록(朝天錄)』에 정확한 날짜가 밝혀져 있다.

> (임인년 10월) 13일. 사은(謝恩)하였다.
> 14일. 정사(正使) 지사(知事) 김신원(金信元), 부사(副使) 동지(同知事) 장만(張晩)과 함께 남별궁(南別宮)에 가서 봉과(封裹)를 참관하였다.

장만 일행은 1602년 10월 15일에 서울을 떠나고 27일에 압록강을 건너 북경(北京)으로 갔다. 장만은 압록강을 건너 요동 땅을 지나가면서, 역대의 사신들이나 함께 갔던 동료들과는 다른 눈으로 요동 땅을 바라보았다. 의주(義州) 북쪽 8리쯤에 있는 구룡연(九龍淵)에서 시를 지었는데,

구룡연(九龍淵) 3
성 아래는 황무지가 지평선까지 평평하고,
강물은 복판까지 얼어 거울처럼 깨끗하네.
삼국이 나누어 가진 땅 높이 올라 굽어보니,
저물녘에 밥 짓는 연기 곳곳에서 오르누나.
城下荒蕪極目平. 江中氷合鏡新明.
登臨三國橫分地, 日暮炊煙處處生.

이 지역을 세 나라가 나누어 가진 땅이라고 표현하였다. 예전 사신들 같으면 고구려(高句麗)의 고토(故土)였음을 회고(懷古)하는 것으로 그쳤

는데, 그는 조선(朝鮮)·명(明)·후금(後金)의 세 나라가 나누어 가진 땅이
라고 하였다. 병자호란 30년 전에 이미 노추(老酋 누르하치)를 명나라와
동등한 하나의 나라로 인식하였던 것이다.

그는 요양(遼陽)을 향해 가는 중에 다시 자신의 시에 차운하여 지었는데,

「구룡연」의 시에 차운하다 [次九龍淵韻]
아득히 넓은 들판을 바라보니 평활하고,
가 없는 바다와 하늘에는 석양빛이 선명하네.
지척에 있는 음산(陰山)13)이 콩알처럼 작게 보이니,
누란(樓蘭)14)을 무찌르지 않고는 살기를 안 바라네.
脩野茫茫一望平. 海天無際夕陽明.
陰山咫尺看如斗, 不斬樓蘭不願生.

이 시에서도 나날이 변방을 위협할 정도로 막강한 세력이 된 노추(老
酋: 누르하치)를 무찔러야만 국제 정세가 안정될 것임을 예견하였다.

장만 일행은 1603년 1월 26일에 북경(北京) 옥하관(玉河館)에 도착하
여 동조(東照)에 유숙(留宿)하였는데, 마침 먼저 도착한 왕비책봉주청사
(王妃冊封奏請使)15) 일행이 서조(西照)에 유숙하고 있어서, 이튿날부터
왕래하며 정보를 교환하였다.

---

13) 하투(河套) 이북과 대막(大漠) 이남에 걸쳐 음산산맥(陰山山脈)을 이루는 여러 산들의
통칭인데, 흔히 중국 북방의 오랑캐 지역에 있는 산들을 가리키는 말로 쓰인다.
14) 고대 서역(西域)에 있던 나라 이름이다. 한 무제(漢武帝) 때 서역의 대원국(大宛國)과
교통하려 하자, 경유하는 길에 위치한 누란이 흉노와 결탁하여 한나라 사신을 막거나
죽이는 일이 빈번하였다. 결국 한 소제(漢昭帝) 때인 B.C. 77년 부개자(傅介子)를 파견
하여 누란의 국왕 안귀(安歸)를 죽이고 울도기(尉屠耆)를 새로운 왕으로 세웠으며 나
라 이름을 선선(鄯善)이라 고쳤다. 『한서(漢書)』 권70, 「부개자전(傅介子傳)」.
15) 조선에서는 '중궁 책봉 주청사(中宮冊封奏請使)'라고 하였지만, 명나라에 와서는 '왕
비 책봉 주청사(王妃冊封奏請使)'라고 하였다.

　　1602~3년의 명나라 사행(使行)이 장만의 국제 인식을 가장 잘 확인할 수 있는 기회이지만, 그가 조천록(朝天錄)을 기록하지 않았기에 확인할 수 없어서 아쉽다. 사위 최명길이 지은 행장(行狀)을 통하여 명나라 사행의 한 단면을 엿볼 수 있을 뿐이다.

　　　　공은 계책과 사려가 깊고 심원하여 일반 사람들의 생각을 훨씬 뛰어 넘었으므로, 아무도 공을 따라가지 못하였다. 공이 사명(使命)을 받들고 연경(燕京)으로 갈 때 도중에서 조공(朝貢)을 바치러 가는 건주(建州)의 야인(野人)들을 만났는데, 공이 다른 사람을 보고 말하기를 "이 오랑캐의 기색을 보니, 끝내 천하의 근심거리가 되겠다. 뒷날 중국 조정에서 우리나라에 병력을 요청할 터인데, 우리들은 장차 그 일을 보게 될 것이다." 하였는데, 그 뒤 십수년 만에 과연 심하(深河)의 전쟁이 일어났다.

　　그가 문무(文武)를 겸전(兼全)한 인물이었기에 조공(朝貢)을 바치러 가는 건주(建州)의 야인(野人)들의 기색만 보고도 명나라가 이들을 감당치 못해 우리에게 병력을 요청하게 될 줄을 예견했다는 것이다. 심하전역(深河戰役)은 그나마 강홍립(姜弘立)의 임기응변으로 후금(後金)과 전면전(全面戰)으로 확대되지 않았지만, 정묘호란과 병자호란을 거치면서 결국 인조(仁祖)가 항복하게 되었다. 장만이 국제정세를 냉철하게 인식하여 세웠던 중립정책을 인조가 실행하지 못해 국난을 극복하지 못했던 것이다.[16]

---

16) 이후 장만이 내세운 중립외교가 광해군과 인조 시기에 어떻게 굴곡되었는지는 장석규의 저서 『광해의 중립외교와 장만장군』(보고사, 2020)에 자세하게 서술되었으므로, 중복을 피한다.

장만장군의 북방인식과 국방전략

. . .

박제광

1. 머리말

역사 속에서 전쟁은 전쟁 당사자 뿐만 아니라 주변국의 정세에 의해서도 큰 영향을 받는다. 당시 국제질서를 이끄는 국가의 통제력이 영향을 미치기 때문이다. 조선은 임진왜란 이전에서는 명나라 중심의 국제질서 속에서 명나라, 임진왜란 이후에는 청나라 중심의 국제질서 속에서 청나라와의 관계 속에서 주변국과의 평화를 유지해왔다.

그러나 15세기 중반 이후 명나라의 동아시아 국제질서에 대한 통제력이 약화되면서 동아시아는 동요하기 시작했다. 급기야 명의 영향권을 벗어난 세력들이 성장하며 명 중심의 국제질서에 도전하는 상황이 나타났다. 대표적인 사건이 임진왜란이다. 당시 조선은 일본군의 전면 공격에 맥없이 무너졌고, 수도 한양이 점령당하는 수모를 겪었다. 그리고 얼마 되지 않아 조선은 정묘·병자호란의 충격을 경험해야 했다.

임진왜란 이후 조선의 최대 고민은 여진 부족을 통일한 누르하치(努爾哈赤)의 위협이었다. 누르하치는 1583년경부터 주변 여진족을 공략하여 1588년 건주여진의 대부분을 통합했고, 1589년에는 스스로 왕을 칭하며 명에 위협이 될 정도로 부상했다. 16세기말의 조선에서 벌어진 전쟁은 누르하치의 성장에 좋은 기회가 되었다. 이후 누르하치는 1605년, 建州國으로 국호를 정해 청나라 중심의 국제질서를 구축했다.

그간 명 중심의 국제질서에 순응해온 조선으로서는 '오랑캐' 출신의 누르하치의 後金, 홍타이지의 淸 제국 건설에 충격을 넘어 천지가 뒤바뀌는 기분을 느꼈을 것이다. 반면 청은 명을 지지하며 자존심 강하고 충성스런 배후 조선을 반드시 정리할 필요가 있었다. 정묘·병자호란은 그 과정에서 벌어진 전쟁으로 명 중심의 동아시아 질서를 고수하려는 조선이 청에 반발하면서 발생했다.

이렇듯 임진왜란부터 정묘호란까지 동아시아 국제질서가 요동치고 있는 격동기에 장만은 문무를 겸한 인재로서 조선의 최일선 군사 지휘관으로서 對後金 방어의 일선에서 활약했다. 광해군대에는 함경도 관찰사와 평안도 병마절도사, 체찰부사, 병조판서 등을, 인조대에도 도원수, 도체찰사, 병조판서 등의 국토방어와 관련된 요직을 두루 맡아 수행했다. 이렇듯 장만이 선조, 광해군, 인조대 걸쳐 정권의 부침에 관련 없이 요직을 맡을 수 있었던 것은 일촉즉발의 긴장이 지속되는 북방 상황에 대처하기 위해서 국방에 뛰어난 자질이 있는 국방 전문가가 절대적으로 필요하였기 때문이다.

당시 장만은 조정의 신임에 부응하듯 조선 국토방위의 현실적 위협이 되고 있는 북방 여진족의 상황을 세밀하게 파악하고, 이에 부응하는 국토방위전략을 수립하여 대처하였다. 본 글은 당시 장만의 북방에 대한 인식의 정도를 살펴보고, 이를 통해 국토방위전략의 구체적인 내용을 파악해보고자 한다.

2. 장만장군의 북방인식

1) 북방 영토 및 지역 상황

17세기 초반 누르하치는 더욱 세력을 확장하면서 조선에 확실한 위협으로 나타났고, 1607년 함경도 관찰사로 임명된 장만은 최일선 지휘관으로서 북방의 동태를 파악하는데 주력하였다. 당시는 북방에서 여진족이 흥기하여 국경이 혼란스러웠기도 했지만 토질과 기후로 인한 빈곤, 관리들의 횡포와 부정부패 등 고질적인 병폐도 많았기 때문이다. 이후 1607년(선조 40) 10월 7일, 장만은 水下 지역의 여진족이 철수해 간 상황을 보고하였고, 비변사에서는 여진족이 다시 이곳에 살지 못하도록 추방했다는 기록이 나타난다.[1] 이는 장만이 북방의 여진족의 정세를 파악하고, 이들의 조선 국경 침입에 최대한 관심을 기울이고 있음을 보여주는 사례라 할 수 있다. 이해 9월 3일, 비변사에서는 장만의 보고를 바탕으로 국방 대책을 수립하였다. 이러한 능력이 인정되어 광해군 즉위 이후에도 계속 함경도 관찰사로 재임했고, 인조대에도 장만은 정권의 부침에 관련 없이 등용되었다. 임진왜란 이후 의 대외적인 위기 상황이 국방의 최고 전문가를 필요로 했기 때문이다.

장만의 북방 인식 중에서 북방 영토에 대한 인식이 1608년 8월 16일에 광해군에게 올린 장문의 箚子에 다음과 같이 등장한다.

일찍이 듣건대 함경도는 원래 고구려의 땅으로서 오래도록 오랑캐의 수중에 떨어져 있었는데, 고려 예종때에 이르러 윤관과 오연총이 17만 명의 많은 병사들로서 오랑캐를 대대적으로 쫓아내고, 선춘령에 토지를 개척하고 비석을 세워서 경계를 정하였으며 성곽과 고을을 설치하였습니다. 그러

---

[1] 『선조실록』 217권, 40년 10월 병술.

나 또 곧바로 차지했다가 곧바로 잃기를 반복하면서 혹 정평으로 경계를
삼기도 하고 혹 쌍성으로 경계를 삼기도 하였으니, 함흥 이북의 땅이 오랑
캐의 수중에 들어간 지는 역시 오래되었습니다. 그러나 하늘이 우리나라를
돌보시어 성스러운 태조께서 왕위에 오르시고 그 威靈이 멀리까지 뻗힘에
오랑캐들이 자취를 감추었는데, 英廟 때에 이르러서는 김종서가 국왕으로
부터 세상에 다시없는 知遇를 입어서 두만강 이남의 지역을 차지하고 六鎭
을 설치한 다음, 藩胡들을 무마함으로써 울타리가 되게 하였으되 은혜와
위엄을 나란히 시행한 결과 오랑캐들이 감히 우리나라를 향해 숨도 쉴 수
없었습니다. 육진은 규모의 웅장함과 배치의 주밀함이 지금까지도 마치 어
제의 일처럼 늠름하니, 우리 祖宗朝께서 국토를 개척한 공적은 동방에 나
라가 있어 온 이래로 정말 미증유의 성대한 훈업입니다.[2]

　차자의 앞부분에서 기술된 내용으로 함경도 지역이 고구려의 옛 땅
이라는 점과 고려 때 윤관이 여진족을 정벌한 지역임을 강조했다. 특히
조선 세종때 김종서가 육진을 개척하여 두만강 이남의 지역을 차지하고
번호들을 무마하여 울타리가 되게 하였다. 육진은 규모의 웅장함과 배
치의 주밀함이 지금까지도 늠름하니 국토를 개척한 공적은 미증유의 성
대한 훈업이라 평가하며 이 지역의 역사와 국토 개척에 대해 깊은 자부
심을 드러내고 있다. 나아가 장만은 "화란이 일어나기 전의 대비를 더욱
단단히 하시는 한편 적을 물리칠 방도를 깊이 생각하심으로써 조종께서
200년 동안 전해주신 강토를 보전"해야 한다고 주장했는데, 장만의 북
방에 대한 영토 인식이 잘 드러난다 할 수 있다.

　이러한 인식을 바탕으로 장만은 함경도 지역의 실상을 매우 소상하
게 보고하며 북방 지역이 기후가 춥고 토지가 척박하여 백성들이 살기
힘든 곳임을 밝혔다.

---

2) 『낙서집』論北關民瘼 兼陳機務箚.

북쪽 변경은 까마득히 먼 지역이어서 衣食의 재료가 생산되지 않습니다. 한겨울에도 오직 개가죽 옷 한 벌로 신체를 가릴 뿐이고, 조석의 식사는 콩과 조의 껍질 같은 것으로 허기를 채울 뿐입니다. 대대로 종족을 번식하는 이치로 보면 위로 어버이를 섬길 수 없고 아래로 자녀를 양육할 수 없는데, 田賦와 身役이 또 잇따라 여러 갈래로 침탈합니다. 무식한 백성들은 매양 오랑캐 지역에는 신역이 없다고 말하는데, 그 말은 비록 패역스럽고 불경스럽지만 그들의 사정은 참으로 슬픕니다. (중략) 손바닥만큼 작은 하나의 성 안은 부역에 응하는 백성이 수십 호에 지나지 않고 성 밖은 모두 황사와 백초 뿐인 광대한 무인지경입니다. 부사와 판관은 각자 아문의 체면을 지니고 있어서 무릇 일용의 각종 품목들을 모두 성 안의 주민들에게 요구하니, 네 개 진의 민생들이 그러한 공역을 견디지 못하고 도망하여 옮겨 사는 것은 대개 여기에 연유합니다. (중략) 삼수 및 갑산은 오랑캐의 지경과 맞닿아 있어서, 그 지경에 가까이 붙어 있는 내지의 백성들은 믿고 의지하는 바가 오직 험악한 산과 계곡뿐입니다. 그런데 운총과 혜산은 도로가 평탄하고 갑산과 북청은 거리가 멀지 않으니, 변경 방비의 요긴함은 육진에 비해 뒤지지 않습니다. 그러나 그 지역은 북로의 척추 부위에 위치하여, 7월에 서리가 내리고 곡식이 익지 않기에 오로지 밀과 보리만으로 생활 수단으로 삼으니 백성들의 생계가 가장 군색하며, 원래의 토착민 외에 水土가 맞지 않는 사람들은 살기가 결단코 어렵습니다.[3]

더 나아가 여진족의 발호로 피해가 커 경제적으로 어려운 곳이기 때문에 백성들의 身貢이나 세금혜택을 적극적으로 해 줄 것을 요청하기도 했다.[4] 그러면서 "한자 한치의 땅이라 하더라도 어찌 조종께서 고생하면서 조금씩 개척하신 바가 아니겠으며, 영토 내의 백성들 치고 어찌 모두 200년 동안 성은으로 어루만져 길러낸 사람들이 아니겠습니까. 이

---

3) 『낙서집』 論北關民瘼 兼陳機務箚.
4) 『낙서집』 論北關民瘼 兼陳機務箚.

곳으로부터 똑바로 북쪽 땅 수천 리는 실로 우리의 聖祖께서 왕업을 이루신 곳으로, 한 고조의 豊沛의 땅에 비견됩니다. 송백이 울창한 八陵과 三墓를 聖明께서는 어찌 냉담하게 대하시겠습니까."5)라고 했고, "하늘이 돕지 않으신 바람에 육진의 각 고을은 겨울에 굶주리고 봄에 역병이 일어나서 재앙이 첩첩이 찾아들었습니다. 금년 여름에는 가뭄이 들어 5, 6월에 비가 내리지 않았기에, 종성과 회령은 붉은 땅에 살아남은 곡식이 없습니다. 해를 이어 흉년이 든 나머지 생령이 죽음의 문턱에 다다랐으니, 애달픈 변경의 우리 백성들은 살아남을 종자가 거의 없게 되었습니다. 삼가 바라옵건대 명철한 성상께서는 이 점을 딱하게 여기소서."6)라고 광해군에게 호소했다.

이에 1608년 8월 16일, 비변사는 장만이 올린 箚子를 보고하고 "고질적인 병폐를 과감히 개혁하여 兵民들이 실제의 혜택을 받도록 힘써서, 간절하여 애틋한 차자의 사연이 한갓 허구의 문장으로 돌아가지 않도록 한다면, 군민에게 매우 큰 다행입니다. 감영·병영 및 각 고을의 규정 외 수납 물자를 일체 견감 또는 면제하여 주기를 장만의 차자대로 시행하는 것이 좋겠습니다."라고 광해군에게 건의했고, 광해군도 "윤허한다. 皮物의 연한 연장은 10년으로 하고, 무릇 민폐의 개혁은 착실히 거행하여 백성이 조금의 혜택이라도 받게 할 것을 함경도 감사에게 거듭 하유하라.'고 전교 하였다.7)

또한 1608년 9월에도 장만은 비변사에 북방 오랑캐가 가을에 쳐들어 올 수 있으니, 오랑캐의 정황을 조사하고 북방의 방비를 엄격하게 진행해야 한다는 점을 보고했다.8) 또 12월 19일에는 누르하치가 반드시 쳐

---

5) 『낙서집』論北關民瘼 兼陳機務箚.
6) 『낙서집』論北關民瘼 兼陳機務箚.
7) 『광해군일기』 7권, 즉위년 8월 경오.

들어올 것이라 예견하며 방비 계책을 촉구하였다. 비변사에서는 비교적 방어가 약한 서쪽 변방의 방비를 도모하고 화약과 무기 등을 넉넉히 보내도록 하고 방어군을 빨리 들여보낼 것을 재촉하였다.[9]

2) 청에 대한 인식

광해군대에도 중용된 장만은 광해군 재위 15년 동안 함경도 관찰사와 체찰부사·병조판서 등 국경 방어와 관련된 요직을 두루 맡아 수행했다. 특히 광해군대의 북방은 일촉즉발의 긴장감이 거듭되던 곳이었기에 북방에 대한 정확한 인식과 실무적인 능력을 갖춘 인물이 절대적으로 필요했기 때문이다. 따라서 장만은 수차례에 걸쳐 북방 정세와 누르하치와 후금에 대해 보고를 하고 있다. 1608년 8월 16일에 올린 箚子에 이러한 내용이 장황하게 기록되어 있다.

① 胡賊의 정세를 살펴보건대 그들이 지향하는 바는 작지 않은 반면 본도의 사세는 지난날과 크게 같지 않으니, 전하께서도 틀림없이 밤낮으로 애쓰시는 여가에 이 도적들에게 생각을 미치실 것입니다. 앞에서 말씀드렸던 防守는 藩胡의 반란을 대비하는 데 불과합니다. 번호는 예로부터 통솔됨이 없었으니, 비록 간간이 침입하는 환난이 있었지만 양 떼의 무리나 개미의 집단처럼 전혀 기율이 없었습니다. 그러나 지금의 경우 이들 번호의 강성함은 다른 여러 오랑캐들에 비해 훨씬 두드러집니다. 그런데 또 奴酋의 흉포한 기세는 이 번호보다 더욱 지나치거니와, 遠交近攻의 계책을 쓰고 있어서 비록 지금 당장 쳐들어오는 목전의 근심은 없다고 할지라도, 그들이 포진한 형세와 후일의 처지로써 본다면 곧 우리의 국토를 하루라도 잊고 지낸 적이 없었습니다.

---

8) 『광해군일기』 20권, 1년 9월 기해.
9) 『광해군일기』 23권, 1년 12월 병인.

② 병력이 이미 모아졌고 전비와 군량이 이미 풍족해졌으니, 그 위세가 漠北(몽골사막 북쪽)에까지 떨쳐져서 어느 누구도 감히 詰問할 수 없습니다. 어느 날 갑자기 忽溫을 합병하게 된다면 그 다음 차례로 우리나라와 전쟁을 일으킬 것은 불을 보듯이 훤히 알 수 있습니다. 우리나라가 건국된 이후부터 200년 내려오는 동안 오랑캐들이 운세를 떨치지 못했습니다. 간혹 한두 차례의 적대 행위가 있었지만 좀도둑의 수준에 그쳤을 뿐, 그들의 교활함과 흉악함이 화란의 조짐이 되었다는 말은 결코 들어보지 못한 바입니다.

③ 지금 이 노추의 用兵은 보통의 胡虜에 비할 바가 아닙니다. 그러나 우리의 잔약함은 이처럼 지극한 정도에까지 이르렀습니다. 중세 이후로 중국과 夷狄의 융성과 쇠퇴는 마치 음과 양 또는 밤과 낮의 消長과 같으니, 시대로써 살펴보거나 형세로써 살펴보더라도 전쟁이 일어나리라는 점은 현명한 사람의 출현을 기다리지 않고도 알 수 있습니다. 이 胡賊의 장기는 튼튼한 갑옷과 鐵馬를 갖춘 병력으로 야전에서 용맹스럽다는 점입니다. 지난해 홀온과 싸울 때의 일을 북도의 백성으로서 견문한 사람이라면 모두 다 두려워하면서 숨을 죽였으니, 이야기가 노추에 미치면 노추를 마치 호랑이처럼 두려워합니다.

④ 만약 노추(누르하치)가 남쪽으로 내려와서 땅을 점거하는 환난이 생긴다면, 우리의 오합지졸과 지치고 노둔한 말을 가지고는 참으로 그들의 칼날을 당해내기가 어렵습니다. 그러나 성곽의 공격은 그들의 장기가 아니니, 성벽과 해자(연못)를 수리하고 군량을 저축하며 放砲의 기술을 연마하고 활쏘기와 칼 쓰기를 익힌 다음에, 적이 쳐들어올 경우에는 성문을 닫고 지키면서 그들과 싸우지 않을 일입니다. 그러다가 적이 물러가면 둔전을 가꾸고 병사와 전마를 훈련시키기를 마치 옛날 李牧이 변경에 있었을 때처럼 한다면, 비록 기세등등한 오랑캐라 할지라도 우리를 어찌하지 못할 것입니다. 또 우리에게 대비함이 있다는 사실을 알게 된 이상에는 흉측한 계획도 또한 저절로 수그러들 것입니다. 다만 생각건대 본도의 형세는 胡虜와 경계가 맞닿아 있거니와, 병사를 머물러 두면서 적을 제어할 장소는 서쪽으로 별해에서부터 동쪽으로 서수라에 이르기까지 1,000여 리입니다. 그 사이에 산과 골짜기가 험악하고 좁아서 말이나 병사가 덤벼들기에 곤란

한 곳을 제외하고 방어를 하기에 긴요한 장소도 또한 수십여 개의 성곽 이
하로 내려가지 않습니다. 본도의 병사 수효는 원래 1만 명이 안 되는데 또
당번을 나누어서 교대를 하니, 한 차례의 당번에 투입되는 군병 수효가 매
우 적어서 엉성하기가 마치 새벽녘의 별과 같습니다. 어찌 거대한 적을 감
당해내기를 기대하겠습니까. (중략)

⑤ 지금 버티고 있는 적은 이미 니탕개와 같은 적과 비교할 바가 아닙니
다. 반면에 본도의 인민들은 흩어졌고 물력은 빈약하며 민심은 이반했고
기강은 무너졌으니, 이는 지난날에 비해 열에 여덟이나 아홉이 줄어든 정
도일 뿐만이 아닙니다. 그리고 조정에서 생각해주는 정도도 또한 현격하게
지난날에 미치지 못합니다. 이에 본도의 사세가 어찌 위태롭고 급박하지
않겠습니까. 변방의 실정을 진달하지 않을 수 없기에 藩胡의 일을 계기로
아뢰었습니다. 한 번 치계하면 조정에서는 황급히 서두르면서 비로소 군병
을 첨가하고 군량을 운송하는 일을 의논하여 몇 달 동안 버틸 수 있게 조처
합니다. 그러나 급보가 없으면 도리어 북변의 사정을 느긋한 일로 여기고
다시 더 유의하지 않으면서 국경 수비에 마음을 두지 않습니다. (중략)

⑥ 신은 또 듣건대 이 적 노추(누르하치)는 번호를 掠取하고 홀온을 攻
取한 뒤로 兵勢가 성대해졌는데, 나날이 일삼아 병마를 훈련하고 병기를
제작한다고 합니다. 참으로 이 말과 같다면 적은 10배의 무리를 가지고 있
으면서도 오히려 이와 같이 병사를 훈련하고 무기를 준비하는 것입니다.
우리는 수천 명의 병졸도 없는데, 그나마 변경의 수자리 복무에 구애받고
또다시 요역으로 곤란을 당하고 있어서 병기의 수선과 병사의 훈련을 제대
로 할 수 없음이 지금과 같은 지경입니다. 후일에 전쟁을 하게 된다면, 피
아의 예리함과 노둔함, 강성함과 허약함은 싸워보지 않고도 헤아려 알 수
있습니다. (중략)

⑦ 삼가 바라옵건대 밝은 성상께서는 미리 싸우고 지키는 계책을 강구
하실 것이며, 임시방편의 대책으로써 근심 없애기를 보장한다고 하지 마시
고, 또한 눈앞에 경계할 일이 없으므로 세월을 보낼 수 있다고 여기지 마시
며, 이 노추(누르하치)를 잊지 마시고, 추호만큼의 소홀함도 없으시기 바
랍니다.10)

장만의 차자에는 奴酋(누르하치)에 대한 기술이 매우 구체적으로 기술되었는데 몇 가지로 구분된다. ①먼저 호적은 간간이 침입이 있었지만 기율이 없었으나 奴酋의 기세는 지난날과 크게 같지 않다는 전제하에, ②노추의 병력과 전비, 군량이 이미 풍족해져 위세가 몽골사막까지 떨쳐 어느 누구도 감히 詰問할 수 없고, 다른 부족을 합병하게 된다면 조선과의 전쟁이 불가피하다고 했다. 또 ③노추의 용병술은 보통 胡虜에 비해 매우 잔약하고, 튼튼한 갑옷과 鐵馬를 갖춰 야전에서 매우 용맹하여 호랑이처럼 두려워한다. 향후 ④노추가 남쪽으로 내려와 전쟁이 벌어지면 조선은 당해낼 수 없다. 특히 ⑤노추는 지난 니탕개와 같은 적과 비교할 바가 아니다. ⑥노추는 번호를 掠取하고 홀온을 攻取한 뒤로 兵勢가 성대해졌고, 나날이 병마를 훈련하고 병기를 제작한다. 후일 전쟁에서 피아간의 예리함과 노둔함, 강성함과 허약함은 싸워보지 않고도 짐작이 된다. 따라서 ⑦"노추를 잊지 말고", "미리 싸우고 지키는 계책을 강구"하여 추호만큼의 소홀함도 없도록 할 것을 건의했던 것이다.

이후에도 장만은 1608년 9월, 비변사에 북방 오랑캐가 가을에 쳐들어올 수 있으니, 오랑캐의 정황을 조사하고 북방의 방비를 엄격하게 진행해야 한다는 점을 보고했다.[11] 또 12월 19일에는 누르하치가 반드시 쳐들어올 것이라 예견하며 방비 계책을 촉구하였다. 비변사는 비교적 방어가 약한 서쪽 변방의 방비를 도모하고 화약과 무기 등을 넉넉히 보내도록 하고 방어군을 빨리 들여보낼 것을 재촉하였다.[12] 1609년 2월 14일에는 忽胡가 자주 百將의 관복을 달라고 요청하였는데 장만이 이를 엄하게 거절해야 한다고 치계하기도 하였다.[13] 장만은 홀호 등은 누르

10) 『낙서집』論北關民瘼 兼陳機務箚.
11) 『광해군일기』 20권, 1년 9월 기해.
12) 『광해군일기』 23권, 1년 12월 병인.

하치와 사이가 좋지 않아 조선에 속한다고 명분을 세웠으나 실상 이는
조선을 염탐하는 것이고, 홀호가 관복을 받고자 하는 목적은 의복 재료
를 구하기 위함이었음을 간파하고 반대하였던 것이다. 또 2월 15일에는
누루하치가 명나라와 틈이 생기고, 누르하치의 침략 가능성을 예견하
면서 계책을 마련해야 한다고도 했다.[14]

　또한 장만은 또 다른 보고를 통해 '老酋와 忽溫의 연계 사실과 小弄耳
(홀온 부족인)이 和好를 청했는데 이에 대한 대책을 보고하고 있다. 특히
장만은 이 상황이 老酋가 조선과 홀온을 이간질하여 발생했고, 이로 인
해 발생하는 여러 문제점을 지적하고 홀온의 和好를 허락해 노추의 흉
계에서 벗어날 것을 청했다.[15]

　이렇듯 장만의 거듭된 북방 정세에 보고에도 적절한 조치가 받아들
여지지 않자 장만은 신병을 이유로 사직을 청했다. 그러나 광해군은
1610년 윤3월 22일, 사직을 청하는 장만에게 "북쪽에 우환이 많은 지금,
방백의 중요한 직임을 경솔히 교체할 수 없다. 의논하여 처리해야 할
일이니 경은 사직하지 말고 마음을 다해 직무를 살피는 것으로 회유하
라."며 허락하지 않았다.[16]

　1611년 12월 22일, 장만은 동지의금부사로 임명되었다.[17] 오랜 외직
생활을 마감하고 중앙으로 들어오게 되었다. 그리고 1610년 11월 8일,
장만은 여진족 지역의 산천을 그린 지도를 바치며 "신이 북쪽 국경지대
에서 4년 동안 근무하면서 호지의 산천을 직접 다니며 두루 살펴보지는
못했습니다만, 늘 우리 나라의 언어를 알면서 老忽에게 사로잡혀 간 藩

13) 『광해군일기』 25권, 2년 2월 경신.
14) 『광해군일기』 25권, 2년 2월 신유.
15) 『낙서집』 請許忽溫和箚.
16) 『광해군일기』 27권, 2년 윤 3월 정묘.
17) 『광해군일기』 36권, 2년 12월 계사.

胡에 의지하여, 일을 아는 邊將으로 하여금 거리의 원근과 산천의 형세 및 부락의 이름 등을 상세히 묻게 하고, 宿將과 老卒이 귀로 듣고 눈으로 본 것을 참고로 하여, 더러 높은 곳에 올라가 그 지점을 확인하기도 하면서 호지에 관한 작은 지도를 만들었습니다. 그 사이에 혹 잘못되고 어긋나는 부분이 있다 하더라도 대체로 볼 때 엇비슷하게는 되었을 것이니 그 대략적인 형세를 알기에는 또한 충분하다 할 것인데, 우리 조종께서 列鎭을 배치하여 사전에 대비하신 계책 역시 명료하게 알아 볼 수가 있겠기에 감히 이렇게 바쳐 올려 조용할 때 보시도록 하는 바입니다."18)라고 했다. 이에 광해군은 "아뢴 사연을 보고 지도를 살피면서 나라를 걱정하는 그대의 정성을 가상하게 생각하였다. 이 지도를 옆에 놔두고 유념해 보도록 하겠다."고 하였다.

또 11월 18일에도 북방 정세에 대해 구체적인 내용을 보고했는데, 그 내용은 누르하치의 치세가 날로 커지고 있어 매우 걱정스러움을 피력하면서, 이에 대비하여 성곽을 수축했고, 육진의 군병은 6백 명 정도이나 男丁이 종성과 온성에는 3백, 4백 명이 있고 경원과 경성 중에는 1백여의 人戶어 충원이 가능하다, 도내에 삼수군은 1만 3천여 명쯤으로 무학까지 합치면 1만 5천여 명 정도이며, 유사시 南關의 군사 1만여 명도 동원이 가능하다는 점 등이다.19)

이렇듯 여진 지역의 지도 제작이나 북방 정세를 구체적으로 보고는 적진에 대한 면밀한 조사와 상황 파악이 이루어진 뒤에 가능한 것이기에 장만의 국방 전문가로서의 능력을 잘 드러나는 사례이다.

이런 능력이 인정되어 장만은 1611년 1월 22일에 다시 평안병사로 나가게 되었다.20) 평안도, 함경도의 국경 지역의 중요성이 어느 시기보다

---

18)『광해군일기』35권, 2년 11월 기유.
19)『광해군일기』35권, 2년 11월 기미.

중요해졌던 시기였기 때문이다. 1611년 2월 9일, 광해군은 평안감사 장만에게 "서쪽 변방의 위급한 일을 경에게 모두 위임하니, 경은 가서 성심껏 수행하여 국력을 튼튼히 하도록 하라, 병기를 수선하고 적을 막는 책무에 있어서는 경이 때를 보아가며 잘 대응하는 데에 달려 있으니, 내가 낱낱이 말하지 않겠다."라고 하며 '戎器, 甲冑, 鉤戟, 枝槍, 鏜鈀, 鳥銃, 弓子, 長箭, 片箭' 등의 각종 병기를 내렸다.[21]

  이는 광해군의 장만에 대한 신임이 각별했음을 알 수 있다. 실제 광해군은 재위 기간중 각종 화기를 전담할 『화기도감』를 설치하여 적극적으로 화기를 생산하는 등 국방 강화에 주력하기도 하였다. 그러던 중 조선은 외교적으로 중요한 선택을 요구받는 상황이 나타났다. 1618년, 더욱 강성해진 누르하치의 건주여진이 명나라 변경을 침탈하자 명나라가 조선에 원병의 파병을 요청했던 것이다. 이와 관련하여 조선 내부에서는 원병 문제로 뜨거운 논쟁이 벌어졌다. 1618년 6월 13일, 장만은 비변사 당상의 자격으로 광해군에게 조선 군대의 파병 등의 문제를 적극 건의하였다.

  이 敵은 명나라와 爭端을 일으켰는데, 북쪽으로는 이와 같이 기회를 엿보고 있고 서쪽으로는 遼左의 大兵(명군)이 있습니다. 이 적이 병력이 비록 사납고 강하다 해도, 어찌 內地(조선쪽)로 깊숙이 들어와서 남의 나라를 치려다가 앞뒤로 상대방의 공격을 받아 스스로 패멸하려는 쪽을 택할 수가 있겠습니까? 이는 다만 수백 명의 군사로 우리나라의 국경을 겁주고 견제하는 계책을 씀으로써 우리나라로 하여금 군대를 발동시켜 명나라를 원조하지 못하게 하자는 데 불과한 것입니다. 적이 우리나라의 내지로 깊숙이 진병하지 못하는 이상에는 경성에서 먼저 군사를 움직인다는 것은 또한 너무 이른 처사입니다.[22]

20) 『광해군일기』 37권, 3년 1월 신유.
21) 『광해군일기』 38권, 3년 2월 기묘.

장만은 당시 정세를 판단 컨데 후금은 조선을 공격하려는 것이 아니고 조선이 명나라를 원조하지 못하게 하는 의도가 있기에 '후금이 조선을 침공하지 않은 상태에서 조선이 먼저 서울에서 군사를 일으키는 것은 이르다.'고 반대했다. 이후에도 파병 문제에 대해 많은 의견이 견지되었으며, 광해군도 신하들과 의견이 맞지 않자 안질을 핑계로 회의를 피하기도 했다.[23)]

1618년 6월 28일, 마침내 광해군은 파병을 결정하고 "대신이 요동을 건너 들어가는 것은 일의 체모가 지극히 중하니, 내 생각으로는 단지 체찰부사 장만과 도원수 강홍립이 군대를 이끄는 것으로 하고 무장으로는 우치적을 써서 보내는 것이 좋겠다. 그리고 편비 및 중군은 체찰사와 원수로 하여금 굳세고 생각이 깊은 당상 무신을 엄선하여 선봉으로 정하고, 捍後將과 斥候將 역시 당상, 당하 무신을 엄선하여 보내는 것이 좋겠다. 평안병사 및 방어사·조방장은 들여보내지 말고 그들로 하여금 철저히 강변을 지키게 하여 허술해지는 걱정이 없도록 해야 할 것이다."[24)] 라고 체찰부사 장만과 도원수 강홍립에게 군대를 이끌게 하였다. 자신의 측근이면서 후금과 언어 소통이 가능한 강홍립과 북방 정세 파악과 북방 근무 경험이 풍부한 장만을 적임자라고 판단한 것이다.

그리하여 1619년 2월, 장만은 가지 못하고, 도원수 강홍립, 부원수 김경서가 중심이 된 조선의 1만여 원병은 압록강을 건넜다. 심하전투에 파병된 조선군의 편제는 포수 3500명 사수 3500명, 살수 3000명 등 보병 위주의 삼수병으로 편성되었다.[25)] 삼수병의 전술적 운영은 적이

22) 『낙서집』 陳機務因請停繕修役箚.
23) 『광해군일기』 129권, 10년 6월 정축.
24) 『광해군일기』 129권, 10년 6월 을유.
25) 『광해군일기』 권130, 10년 7월 경인.

100보 이내로 접근했을 때 포수가 먼저 일제사격 또는 輪放을 가한 뒤 후퇴한다. 아울러 사수와 화전을 단 당파수도 사격을 한다. 이후 후방의 살수가 전방으로 이동하여 교전을 벌인 후 후퇴하고, 조총과 활이 재차 일제 사격을 한다. 이어 대기하던 살수가 적과 교전을 벌이며 적을 후방으로 유인, 함께 공격을 가하는 순으로 운용된다.

그림 1. 심하전투에서 조선군과 후금군의 전투 장면(『충렬록』, 「擺車對賊圖」)

3월 2일, 심하에서 조선군은 후금의 군대와 조우했으나 조선군은 조총에 지나치게 의존한 나머지 후금의 鐵騎 앞에 무너졌다.[26] 전투에서

---

26) 이민환은 『建州聞見錄』에서 "조총은 평원과 평탄한 땅에서 결코 철기와 승리를 다툴 수 있는 기계가 아니다."라고 했으나 이는 조총의 기능상의 한계점만 언급한 것으로 조총의 전술적 운용을 고려치 않은 평가라 판단된다. 유럽의 경우 조총의 한계점을 극복하기 위해 일종의 탄막을 형성하는 일제사격전술이 도입되었고, 이 전술을 위해 포수들은 명중률을 중시하는 개별적인 사격훈련이 아닌 신속한 탄막을 형성하기 위한 집체훈련이 이루어졌다. 조선도 임진왜란을 전후하여 조총 연속사격술의 개념을 이미 인지하고 있고, 이후 輪放이란 조총의 연속사격술을 도입되기에 이른다.

패배한 강홍립과 김경서는 3월 5일, 興京에서 누르하치에게 투항한다. 이 투항은 후금의 정치적 충돌을 피하기 위하여 광해군이 미리 강홍립에게 向背를 보아 투항을 하라는 지시를 했기 때문이라는 견해도 있다.[27]

심하전투의 패전 보고를 접한 광해군은 장만을 도체찰부사로 삼아 관서로 나가 대응토록 했다. 이에 장만은 패전으로 공포에 질려있는 군사들을 진정시켰다. 창성을 거점 삼아 행영을 옮겨 군사력를 증강하고, 물자를 운반해 군사들에게 공급해 변방을 안정시켰다.[28] 그해 10월, 장만은 군정 상소를 통해 조선의 自强의 중요성과 오랑캐의 和好 전술에 결코 넘어가서는 안된다는 점을 강조하기도 하였다.[29] 한편 광해군은 4월 2일, 누르하치가 서신을 보내 화친을 도모하자고 하자 장만에게 어찌 답해야할지를 물었고[30], 누르하치에게 보내는 답신에 장만의 차자의 뜻을 첨입하라고 했으며,[31] 8월 16일에는 장만에게 서쪽 북방 변경의 상황이 날이 갈수록 더욱 위급해지고 있으니 속히 의주로 가 한시바삐 계책을 세워 대처하도록 하였다.[32] 이런 점 등은 광해군과 장만 사이에 북방정세에 인식과 신뢰가 형성되었음을 보여주는 사례이다.

3. 장만장군의 국방전략

장만 장군은 16~17세기에 걸쳐 중앙 조정의 문관으로서 또 한편으론 외방의 관원으로서 많은 활약을 했다. 비록 문관이었지만, 실무적 능

27) 한명기, 『광해군』, 역사비평사, 2000.
28) 『遲川集』 19권, 장만행장; 『낙서집』 5권, 부록, 장만행장.
29) 「낙서집」 2권, 辭副體察使兼論軍政箚.
30) 『광해군일기』 139권, 11년 4월 무오.
31) 『광해군일기』 139권, 11년 4월 병인.
32) 『광해군일기』 143권, 11년 8월 병인.

력, 특히 지방관으로서의 능력과 변방 지역 방어에 탁월한 능력을 인정받아 지방의 관찰사와 병조판서 등의 요직을 두루 거쳤다. 장만 장군의 능력은 그 겪은 전쟁의 경험을 토대로 이루어진 것으로 일본과 후금(청)이라는 강력한 외세에 직면했던 시기에 조선의 안정과 평화를 위해 헌신했다는 점에서 의미가 있다.

선조에서 광해군 인조에 이르는 시기는 임진왜란과 병자호란으로 특히 국경 지역의 방어에 대한 문제가 국가의 최대 쟁점으로 떠오른 시기였다. 이 시기 장만은 함경도관찰사, 평안병사, 도체찰사 등 북방의 최고 책임자 임무를 맡으면서 북방의 정세를 세밀히 보고하고 이에 대한 대책을 세웠다. 특히 광해군 시기 15년간은 여진족이 세운 후금의 침입이 가시화되고 실제 후금과의 전투도 수행되던 시기로서, 이 시기에 장만은 광해군의 각별한 신임을 받아 광해군의 국방 정책과 외교 정책의 수립에 있어서 최고의 일선 실무자로 활약했다. 따라서 그의 국방전략을 좀 더 세부적으로 살펴보기로 한다.

1) 對 여진 전술 모색

임진왜란 이전 조선군은 전통적인 장기인 궁시를 적극 활용하는 기병전술을 주로 구사하였다. 이는 건국 이래 가장 큰 적이라 할 수 있는 여진족의 기병에 대항하기 위함이었다. 당시 조선은 기병과 보병을 동일한 비중으로 편성하고, 기병의 3/5는 사수, 2/5는 창수로 편성했다.[33] 이런 기병 중심의 편제와 궁시 위주의 조선군 전술은 16세기 중엽까지 나름 효과를 보았다.[34]

---

33) 병장설·『진법』, 국방부전사편찬위원회, 1983.
34) 박제광, 「임진왜란 이후 조선의 무기와 전술 변화」, 『조선을 지켜낸 힘, 그 내면을 톺아보다』, 경희대학교박물관, 2012.

그러나 임진왜란을 겪으면서 변화할 수밖에 없었다. 임진왜란 이전까지의 조·명·일 삼국 가운데 있어서 무기체계의 발달에 있어서는 명나라에 버금가는 상황이라고 자처해 오던 조선은 전쟁의 발발과 함께 일본군의 조총을 이용한 보병전술에 연패를 했기 때문이다. 이후 조선은 전쟁 경험을 토대로 일본과 명나라의 새로운 화기를 도입함과 동시에 이에 적합한 군사의 편제와 새로운 전술을 적극 모색했다. 그리하여 명나라의 절강병법이 도입되었는데, 이는 임진왜란을 겪으면서 명군의 절강병법이 일본군의 조총과 검술 공격에 효과적으로 대처할 수 있는 전술로 인식되었기 때문이다. 따라서 조선군 전술은 이전의 기병전술에서 급속히 보병 중심전술로 전환되었다. 이후 1594년(선조 27) 2월에 어엿한 군영으로 훈련도감은 정식으로 발족하고, 조선군의 전술은 종래의 궁시 위주에서 포(조총)·살(창검) 위주로 바뀌게 되었으며[35], 조총을 포함한 각종 화기의 개발도 활발히 이루어졌다.

이와 관련하여 충청도 관찰사로 재임하던 장만은 "전쟁 때 쓸 長技로 砲[火器]와 射[弓矢]보다 더 나은 것이 없습니다. 일찍이 李時發이 본도의 御史가 되었을 때 훈련시킨 砲手가 많지 않은 것이 아닌데 束伍가 이미 파하였으므로 산만하여 기율이 없어졌으니 진실로 애석하기 그지없습니다. 신이 본도에 도임한 뒤 편의대로 거두어 모아 급한 일에 대비하려 하는데 반드시 教師가 있어야 교련할 수 있겠습니다. 도감의 포수 가운데 뛰어난 사람[善手] 1~2인을 가려 데리고 가는 것이 어떻겠습니까?[36]"라고 장계를 올렸다. 이 장계는 장만이 충청도 관찰사에 임명되어 下直하는 시점에 올린 것으로 충청도 순안어사 이시발이 조련했던 속오군이 흩어지면서 포수 역시 확보하기 어려워졌기에 "군사훈련"을

---

35) 『선조실록』 권53, 27년 7월 기묘; 권57, 27년 11월 계사.
36) 『선조실록』 123권, 33년 3월 경오.

위해 훈련도감의 잘 훈련된 포수를 교사로 대동하고 가겠다고 요청한 것이다. 일본군의 재침 위협이 고조되는 가운데 군사훈련을 서둘러야 했던 조선의 입장에서 충청도의 군사를 다시 조직하여 교련시킬 필요가 있었기에 장만은 이러한 임무를 가지고 충실히 수행했음을 보여준다.

그러나 절강병법은 보병 위주의 부대 구성과 적에 대한 방어 등 다양하고 탄력적인 부대 운용에 한계도 있어 뛰어난 기동력을 지닌 여진의 기병을 상대하는 데는 한계가 있었다. 특히 임진왜란 이후 새로운 북방의 위협세력으로 대두하고 있던 건주여진의 침략 가능성에 대비해야 했다. 이에 戰車를 중심으로 보병과 기병을 통합한 전법인 '車騎步 통합전법'을 수록한 명나라 『연병실기』[37]를 조선에 맞게 재구성한 『연병지남』[38]을 편찬하여 대응하고자 했다. 이와 관련하여 장만은 전차전을 염두에 둔 인조에게 전차의 운용상의 어려움을 들어 전차전에 반대 의사를 피력하기도 했다.[39]

三疊陣은 조선군의 전통적인 장기인 궁시와 화기를 함께 운용하는 전술이다. 맨 앞 열에서 포수(조총)가 적과 대치하고 그 뒤에 사수(궁시)을 배치한 다음, 그 내부에 기병과 살수를 배치하여 여진의 기병에 대응하는 전투 대형이다. 이는 조총이 사거리와 관통력은 뛰어나지만, 재장전과 발사 속도의 측면에서 활보다 취약해 사격후 재장전시 쇄도하는 기병의 공격에 대처하기 위해서이다. 무엇보다 대여진 전술에서 포수

---

37) 명나라 장수 戚繼光이 편찬한 병서로서 중국 북방 몽골족의 기병 전술에 대응하기 위해 전차와 기병, 보병 등을 활용한 전술을 담고 있다. 임진왜란 중 조선에 원병으로 참전한 명나라 군에 의해 조선에 전해져 이후 조선에서 크게 활용되었다. 『연병실기』는 1593년 『기효신서』가 조선에 입수된 이후 여러 중국 병서와 함께 입수되었고 17세기 초 북방 여진족의 위협이 증가하자 이에 대처하기 위한 전술 체계를 확립하는 데 많은 영향을 끼쳤다. 조선에서는 『연병실기』를 바탕으로 韓嶠가 『練兵指南』을 편찬하였는데, 이는 『기효신서』에 바탕을 둔 기존의 병서에 비해 진일보한 것이었다.
38) 1612년(광해군 4년) 韓嶠가 지은 군사의 조련법과 전차의 제작법에 관해 기술한 병서.
39) 『인조실록』 1권, 1년 4월 신사.

가 중심을 이룬 것은 조총의 관통력 때문이다. 이는 앞서 제시한 1621년
심하전투 상황이 담긴 「파진대적도」에도 그대로 드러난다.

　이와 관련하여 유성룡40)과 윤근수41)의 언급이 있었지만 장만도 '성
벽과 해자(연못)를 수리하고 군량을 저축하며 放砲의 기술을 연마하고
활쏘기와 칼 쓰기를 익힌 다음에, 적이 쳐들어올 경우에는 성문을 닫고
지키면서 그들과 싸워야 한다'고 주장했다.42)

　따라서 조선군은 조총으로 여진족의 철갑을 관통할 수 있고, 그 위에
『연병지남』의 전차 중심 전법을 구사한다면, 야전에서도 충분히 기병
의 일제 돌격을 원거리에서 제압할 수 있다고 판단했다. 이는 비변사의
장계에서도 드러난다. 당시 비변사는 나아가 거마작으로 기병을 막는
방책을 설치하고, 병사들은 壯緻甲·掩心甲의 보호 갑옷을 갖추어 입게
한 다음, 조총을 중심으로 삼지창·장창·환도 등의 단병기로 무장한 살
수를 함께 운용하면 평지의 야전에서도 후금의 기병대를 제압할 수 있
을 것으로 기대하고 있었던 것이다.43)

---

40) 북쪽 오랑캐는 (중략) 병졸들이 모두 鐵甲을 입었고, 말도 갑옷을 입혔기 때문에 화살로
　는 이에 상처를 줄 수 없으므로, 만약 화기가 아니면 이를 제압할 수 없다.(『군문등록』,
　1595년 11월 26일.)

41) 오랑캐가 두려워하는 것은 오직 砲라고 합니다. 평안도의 상하 강변에 많은 포수를
　보내어서 각 보루를 지키며 이 오랑캐의 진로를 방해하도록 하되, 오랑캐가 만약 강을
　건널 경우, 평원을 내달려서 수많은 기병으로 일제히 돌격하는 것이 그들의 장기인
　만큼, 우리가 적을 방어하는 방도에 있어서는 그 장기는 피하고 성을 쌓아 수비를 하고
　있다가 오랑캐가 성에 접근해 올 것 같으면, 일제히 총포를 쏘아서 그 예봉을 꺾어야
　합니다. 그러면 鐵騎로써 성을 포위하는 것은 그들의 단점이므로 혹 승리를 거둘 수도
　있을 것입니다.(『광해군일기』 7권, 광해 즉위년 8월 정묘)

42) 『낙서집』 論北關民瘼 兼陳機務箚.

43) 이 奴賊이 野戰에 특장이 있음은 견고한 갑옷과 빠른 말이 있기 때문입니다. 그러나
　구릉이 험한 곳에서는 말이 달릴 수 없어 우리나라의 銃劍과 弓矢로도 족히 제어할
　수 있습니다. 반드시 조총·화약·장창·삼지창·환도·拒馬柞·長短甲掩心 등의 물건이
　있어야 모두 족히 쓰일 수 있으며, 그 제조에 있어 정밀하고 견고해야 때에 임하여
　사용하지 못할 우려가 없게 됩니다. 곧 該曹로 하여금 먼저 兩西 군기의 수와 종목

당시 장만도 비변사의 유사당상이었다. 이와 관련하여 장만은 이미 충청도 관찰사 시절에 포수 확보를 위해 훈련도감의 잘 훈련된 포수를 교사로 대동하고 가겠다고 요청해 포수 양성을 적극 추진했던 사실이 있다. 이렇듯 조총의 보급과 포수의 양성이 충실히 확대되어 1618년(광해군 10) 후반기에 이르면 전국 8도에 걸쳐 수천 명의 포수가 확보되기에 이르러 서북지역인 평안도와 황해도로 이들을 배치하는 방안이 고려되었다. 그 결과 1619년 명나라가 후금의 요동 공격에 대응하기 위해 조선 포수의 파병을 요청했던 것이다.[44]

2) 병력 자원

당시 불안한 북방 정세로 인해 군사력의 증강이 필요하다는 것은 누구나 동감하는 사안이었지만, 이를 위해서는 군사적 자원을 동원할 수 있는 체제 전반의 역량이 뒷받침 되어야만 가능한 일이다. 군역 자원의 확보, 정예병의 확보와 육성, 공략이 어려운 견고한 요새의 구축, 군량과 화포의 충분한 비축, 군마의 육성 등을 구체적으로 실현하기 위해서는 당대의 정치·사회·경제·문화적 여건이 마련되어야 하기 때문이다.

1619년의 深河 전투는 당시 조선과 후금의 질적 군사력 격차를 여실히 보여준 사건이었다. 파병 자체를 반대한 광해군은 물론이고, 조종 신료 대부분이 조선군의 우세를 예견하지 않았지만 그럼에도 불구하고 전력의 열세가 그대로 드러났다. 인조대에도 후금과의 무력충돌에 대

및 각 당해 군기의 유무와 다소, 그 사용 가능 여부를 조사하게 하여 예리하지 못한 경우에는 하삼도 각 영에 비축된 최고급 군기를 적당량 덜어내어 먼저 각 도에 지시하여 정돈하게 하고, 다음에 京官을 파견, 점검하여 필요할 때 軍前에 운송, 응용하도록 하는 것이 타당합니다.(『비변사등록』 2책, 광해군 10년 윤4월 19일.)
44) 『광해군일기』 130권, 10년 7월 경인.

비한 여러 방책이 논의되었지만 조선군의 우세를 예견한 신료는 거의
없었다. 이에 도원수 장만을 비롯한 이괄, 정충신 등 많은 무장들은 野
戰에서의 정면 대결보다 守城과 방어에 치중해야 한다고 했다.45) 이렇
듯 인조대의 병력 자원은 매우 열악하여 "(적이) 온다면 비록 韓信이 다
시 살아나고 諸葛孔明이 다시 일어난다 해도 우리나라의 人心과 兵力
으로는 절대로 막아낼 수 없는 형편"46)이라고 말하며 후금과의 무력충
돌을 회피하고자 한 광해군대와 다름이 없었다.

　이는 정묘호란이 끝난 뒤 1627년(인조 5) 7월, 이귀가 軍務 개혁의 箚
子를 올리면서 조선군과 후금군의 장단점을 비교한 데서도 드러난
다.47) 당시 조선군은 전투 의지, 공수성전 능력, 근접전 능력, 갑옷과
군마의 구비 여부, 군량 보급, 정보 수집 능력 등 전반적인 측면에서
열세에 있었다. 이 점에 대해서는 심하전투에서 참여했다가 귀환한 이
민환도 지적하였다. 이민환은 후금에 대한 방어책으로 군사 정예화, 변
방 군사의 육성, 무기 정예화, 무예 장려, 산성 수축, 군마 육성 등을
건의하기도 했다.48)

　특히 조선군의 군사력은 양적, 질적 측면에서 후금군에 비해 확실한
우위를 점하지 못했다. 총 병력수는 많다고 하겠지만 주요 방어거점의
병력 수를 보면 우위를 점하지 못했다. 조선은 이를 하삼도의 병력 동원
등을 통해 보완하려 했지만 이동과 보급에 많은 시간과 비용이 소모되
는 약점이 있었던 것이다.

　이와 관련하여 장만은 전라도관찰사 시절부터 지역의 군량 확보와 정병

---

45) 『인조실록』 1권, 1년 4월 신유.
46) 『광해군일기』 176권, 14년 4월 신사.
47) 이귀, 『李忠定公章疏』 권8, 陳軍務畵一箚 丁卯七月初八日.
48) 이민환, 『자암집』 권6, 잡저 建州聞見錄.

양성 등에 힘을 기울였다.[49) 그 결과 1만 석의 군량 마련, 정예한 기병 5백명 양성, 무학을 강조하여 인재 1천명을 양성하는 등 구체적인 성과들을 거두었다. 이는 1605년 6월, 전라도를 방문했던 어사 민여임이 "관찰사 장만이 마음을 다해 직무를 수행, 군량을 거의 만여 석이나 마련하였고 精勇한 기병 5백여 명을 선발하여 항상 더욱 撫恤하여 양성하고 있으며 武學에 있어서는 더욱 열심히 훈련시켜 이미 實才 1천여 명을 길러 뒷날 유사시에 사용하려 하고 있다."[50)고 보고하고 있는데서 알 수 있다.

특히 장만은 1618년 8~9월경으로 추정되는 시기에 올린 '입위할 군병을 마련하는 데 대한 계사(磨鍊入衛軍兵啓)'가 있는데, 그 내용에 의하면 병조에서 양남의 병졸 1만 명과 공홍도·강원도의 병졸 6천 명을 調發하도록 했는데, 이를 위해서는 병졸 1만 명 당 1개월 군량이 4천여 석인데 비축분이 없다. 따라서 4도의 1만 6천명을 나누어서 3起로 만든 다음 제1기 4천명은 각도 병사·방어사가, 제2기 6천명은 각도 우후와 조방장, 제3기 6천명은 도내 職秩이 높은 수령이 영솔하여 오게 한다고 했다. 따라서 금번에는 충청도, 전라도, 경상우도, 강원도 4도의 마병과 보병 4천 명을 우선 마련했음을 보고하고 있다.[51)

인조 즉위후 도원수 장만은 인조를 접견한 자리에서 후금을 토벌하기 위해서는 5만~10만의 병력이 있어야 가능하다고 보고했다.[52) 반면 안주목사 정충신은 후금군의 병력을 9만여 명 정도로 추산하고, 10여만의 精兵이 있어야 요동 수복이 가능하다고 주장했다.[53) 그러나 정묘호란 전후 조선이 동원 가능한 병력은 서북지역을 포함하여 대략 10만

49) 『선조실록』 180권, 37년 10월 병인.
50) 『선조실록』 188권, 38년 6월 병인.
51) 『낙서집』 磨鍊入衛軍兵啓.
52) 『인조실록』 1권, 1년 4월 12일(신미).
53) 『인조실록』 권5, 2년 3월 14일(무진).

정도였고, 이들 상당수는 군량 및 훈련 부족으로 전투력을 발휘하기 힘든 상태였다.[54] 이처럼 인조대에도 잘 조련된 정예 병력의 부족을 인식하면서, 특히 서북 변경과 강화도·남한산성 등지의 군사 거점을 방어하는 병력의 증강을 위해 노력하였다. 그러나 軍役 기피로 인한 병역 자원의 부족과 이로 인한 전투력의 질적 저하라는 조선군의 고질적 문제는 인조대에도 쉽게 개선되지 않았다.

한편 1624년(인조 2년) 벌어진 이괄의 난은 후금 방어의 주력을 소모시키는 결과를 초래하였다. 당시 이괄의 군사는 영호남에 모집한 12,000명인데 조련을 통해 기예가 매우 숙련되었고, 항왜 및 휘하 심복 병사가 700여 騎에 달할 정도였다.[55] 따라서 이들이 반란에 가담함으로써 서북지역의 戰力 손실은 불가피했고, 이후 정묘호란의 방어에도 적지 않은 영향을 주었다.

이후 조정은 수도권 방어를 강화하기 위해 扈衛廳과 御營廳의 병력을 각각 1천 명 수준으로 증원하고, 경기 일대의 병력을 재편하여 총 병력 2만 명 규모의 摠戎廳을 신설하였다.[56] 이에 따라 1623년(인조 1년) 6,500명 정도였던 수도권 일대의 방어 병력이 정묘호란 직전에는 4배 정도로 증원되어 2만 5천 명에 달하였다. 그러나 이괄의 난 이전 3만여 명에 달했던 서북 지역의 방어병력은, 정묘호란 직전까지도 이전 수준을 회복하지 못하고 1만 6천 명 수준을 유지하는 데 그쳤다.

한편 조선은 병력 자원의 확보하고 부세제도를 정비하기 위해 호패법의 실시와 군적 정리 방안을 논의했으나 계속 미뤄지고 시행되지 못하였다. 이때 병조판서에 임명된 장만은 "호패법이 시행되기를 기다려서 나라

---

54) 『인조실록』 권2, 1년 5월 6일(을미).
55) 『忠定公張晚行狀』.
56) 유재성, 『병자호란사』, 국방부전사편찬위원회, 1986, 29~33쪽 참조.

에 三軍을 설치함이 마땅하온데, 士族을 騎兵으로 삼고, 良丁을 正甲으로
삼으며, 賤丁을 三手兵으로 삼는다면, 아마도 백성들이 동요하지 않게
되고 군병의 숫자도 늘리게 될 것입니다." 하여 시행에 찬성하기도 했다.

3) 군량 확보

동서고금을 막론하고 군수물자의 원활한 조달과 보급은 전쟁의 승패
를 결정짓는 가장 중요한 요소 중의 하나이다. 특히 군량은 중요 군수물
자이다. 따라서 유성룡도 전쟁 수행의 가장 핵심 요소로 糧餉, 軍兵,
城池, 器機 등을 들었다.[57] 그러나 조선의 경우 군량 조달과 운반은 백
성들에게 고역이고, 명·일본과 같이 상인들이 군수물자의 조달에 참여
하는 시스템이 없었다.

광해군대 명의 파병 요청시 조선이 적극적으로 응하지 못했던 이유
중의 하나도 군량이라 할 수 있다. 실제 심하전투에 참여한 조선군이
군량과 건초를 적절히 공급받지 못해 많은 어려움을 겪었기 때문이다.[58]

군량은 養兵과 함께 사회 전반의 생산력·행정력과 밀접하게 관련되
어 있다. 후금과의 긴장이 고조되던 광해군대(1608~1623)와 인조대
(1623~1649)는 전란의 피해로 경제가 완전히 회복되지 않은 시기였다.
따라서 군량의 원활한 조달을 더욱 기대하기 어려웠다.[59]

임진왜란 발발 이전 150~170만여 결 사이를 오고 가던 전국의 田結은
종전후 30만결로 급감했는데, 이 상황은 숙종대에 이르러서야 130만결

---

57) 유성룡, 『징비록』권16, 군문등록 1596년 6월 20일.
58) 『광해군일기』권137, 11년 2월 27일(신사); 권137, 11년 2월 29일(계미); 권138, 11년
   3월 2일(을유)
59) 이태진, 「Ⅳ.자연재해·전란의 피해와 농업의 복구」, 『한국사 30-조선중기의 정치와
   경제』, 국사편찬위원회, 2002, 302~338쪽.

수준으로 회복되었다. 또 16세기 말 1,000만여 명 정도였던 인구는 종전 이후 700만 명선까지 떨어졌다. 상황이 이러하여 광해군~인조대의 국가의 1년 수입이 비용을 감당하지 못해 적자 재정상황이 빈번히 발생했다.

국가 재정의 불안은 군량의 확보에 가장 직접적인 영향을 미친다. 유성룡의 「時務箚子」에 의하면 당시 1만명의 병사를 1년간 유지하기 위해 필요한 군량은 4만 4천석 이다[60]. 따라서 5만명 병사를 유지하기 위해서는 22만 석의 군량이 필요한 것이다. 그런데 인조대의 실록 기사를 보면 養兵과 관련한 군량을 공급하기 어렵다는 기사를 심심치 않게 보인다.[61] 또 정묘호란 당시 조선군이 군량의 부족으로 인해 정상적인 전투 수행에 차질을 빚은 점도 있었다. 후금군에 비해 우위를 점하지 못했던 각 방어처의 부족한 병력도 문제지만, 이에 대한 군량 보급도 원활하지 못했던 것이다. 한강과 임진강 방어에 동원된 병력은 군량 부족으로 전투 이전에 이미 붕괴 조짐을 있었고[62], 강화도도 군량 부족으로 집결해 있던 1만의 병력 중 어영군과 하삼도의 사냥 포수를 제외한 나머지 병력은 다시 돌려보내야만 하는 상황이 연출되었다.[63] 이는 군사력 증강이 국가 재정의 확대 없이는 근본적으로 해결될 수 없다는 것을 보여준다.

장만도 군량 문제를 해결하기 위해 고심한 흔적이 보인다. 1619년 심하전투 이후 변경 방어를 맡은 장만은 흩어진 병사들을 수습하고, 절도사의 영문을 창성으로 옮겨 군병을 더 보충하고 군량을 잇따라 보급하여 적의 공격에 대비하였다.[64] 당시 각 지역에서 올라온 병력들이 5일치의 양식만 지니고 왔기에 營建都監의 쌀 2천여 석을 대출하여 풀어주

60) 유성룡, 『근폭집』, 갑오 4월 「陳時務箚」, "蓋一萬名一年之糧 內四萬四千石".
61) 『인조실록』 권2, 1년 6월 12일(신미); 권7, 2년 12월 22일(임인).
62) 『인조실록』 권15, 5년 2월 22일(기미).
63) 『인조실록』 권15, 5년 3월 28일(을미).
64) 『낙서집』.

고 解氷하는 즉시 각 도로 갚도록 하자는 보고65)를 올리기도 했다.

4) 삼수군 조련

장만은 삼수병의 근간이 되는 포수의 양성에도 관심이 높았다. 삼수
병제는 임진왜란 전투 경험을 토대로 군사력을 증강시키기 위해 도입된
체제로 조총을 쏘는 포수, 활을 쏘는 사수, 창검술을 하는 살수로 구성
된다. 삼수병은 속오법에 의해 편성되었으며, 임진왜란 이후 중앙군의
핵심군대로 자리 잡았다. 그러나 훈련도감의 삼수병 체제는 1607년(선
조 40년) 유명무실한 모습으로 전락하게 된다. 삼수병들이 군사훈련을
게을리 하였고66). 지방의 삼수병은 役이 있는 농민들로 무기조차 제대
로 갖추어지지 않았고, 技藝가 미숙하여 군대다운 위용을 갖추지 못하
는 실정이었다.67) 그럼에도 불구하고 광해군대까지도 중앙군에서 훈련
이 된 군사는 三手軍 뿐이었다.68) 이후 인조대에 이르러는 훈련도감에
서 정식으로 기병대가 편성되었으며 기존의 삼수병과 같이 운영되는 등
변화가 있었다.69) 그리하여 이후 삼수병은 훈련도감만이 아니라 전국
각지의 진영에 배치하는 군사들의 주종을 이루었다. 임진왜란으로 조
총을 비롯한 개인 화기의 중요성이 부각된 것과 함께 기병보다는 운영
비가 적게 드는 삼수병이 국가 차원에서도 유리하였다고 볼 수 있다.

이와 관련하여 장만은 1600년(선조 33년) 선조에게 "전쟁 때 쓸 장기로
는 砲射보다 더 나은 것이 없습니다. 일찍이 이시발이 본도의 어사가

---

65) 『낙서집』 磨鍊兵糧啓.
66) 『선조실록』 210권, 40년 4월 을사.
67) 『선조실록』 216권, 40년 9월 병진.
68) 『광해군일기』 39권, 3년 3월 정묘.
69) 『인조실록』 29권, 12년 5월 기해.

되었을 때에 훈련시킨 砲手가 많지 않은 것이 아닌데 束伍가 이미 파하였으므로 산만하여 紀律이 없어졌으니 진실로 애석하기 그지없습니다. 신이 본도에 도임한 뒤 편의대로 거두어 모아 급한 일에 대비하려 하는데 반드시 敎師가 있어야 교련할 수 있겠습니다. 훈련도감의 포수 가운데 善手 1~2인을 가려 데리고 가는 것이 어떻겠습니까?"70)라고 건의했다. 여기서 砲射는 포수와 사수로 삼수병의 두 병종을 의미한다. 따라서 포수가 많지 않고 제대로 훈련이 되어 있지 않기에 포수 양성을 위해 훈련도감의 선수를 데려가려 했던 것이다.

이후 1610년에 장만이 북변 상황을 보고하며, 도내 삼수병이 1만 3천여 명쯤 된다는 보고71)도 있었고, 1611년에는 "근래에 조련하는 군사는 오직 난리 후에 결속한 三手軍 뿐입니다. (중략) 정군으로서 삼수군에 들어간 자는 모두 본적으로 돌려보내어 항상 조련을 시키고 삼수군의 결원은 얻는 대로 보충"72)하게 해달라는 내용도 있다. 1619년에는 비변사가 장만의 요청에 따라 出身·武學과 포수·사수 등 모두 1천 4백 명을 엄선하여 서쪽 지방의 수비를 보충73)했다는 기록도 있는 것으로 보아 장만은 포수의 양성을 통한 삼수병 체제를 정착시키기 위해 적극적으로 노력했음을 짐작할 수 있다.

실제 장만은 "만약 노추(누르하치)가 남쪽으로 내려와서 땅을 점거하는 환난이 생긴다면, 우리의 오합지졸과 지치고 노둔한 말을 가지고는 참으로 그들의 칼날을 당해내기가 어렵습니다. 그러나 성곽의 공격은 그들의 장기가 아니니, 성벽과 해자(연못)를 수리하고 군량을 저축하며

---

70) 『선조실록』 123권, 33년 3월 경오.
71) 『광해군일기』 35권, 광해 2년 11월 기미.
72) 『광해군일기』 39권, 3년 3월 정묘.
73) 『광해군일기』 142권, 11년 7월 갑진.

放砲의 기술을 연마하고 활쏘기와 칼 쓰기를 익힌 다음에, 적이 쳐들어
올 경우에는 성문을 닫고 지키면서 그들과 싸우지 않을 일입니다. 그러
다가 적이 물러가면 屯田을 가꾸고 병사와 전마를 훈련시키기를 마치
옛날 李牧(전국시대 趙나라의 장수)이 변경에 있었을 때처럼 한다면, 비록
기세등등한 오랑캐라 할지라도 우리를 어찌하지 못할 것입니다.ᐟ74)라
고 삼수병을 통한 대여진 전술에 자신감을 지니고 있음을 알 수 있다.

5) 방어전략 수립

임진왜란 이전의 조선의 방어전략은 국방력의 핵심을 국경에 두는 '국
경 중심 방어전략'이었다. 이에 북방의 방어는 여진족의 침입을 막기
위해 길게 연결된 국경지역의 진보를 중심으로 이루어졌다. 이러한 전략
은 200년간 큰 변화 없이 유지되었다. 그러나 16세기 후반, 임진왜란을
통해 문제점이 드러났다. '국경 중심 방어전략' 자체의 문제라기 보다는
200년간 별다른 위기 없이 평화가 유지되면서 병농일치에 기반한 군사운
영체계가 방군수포제의 등장으로 무력화되고, 민폐를 이유로 전국 각지
에 설치되었던 관방시설 관리가 소홀히 되어 퇴락한 데 원인이 있었다.

임진왜란 이후에도 '국경 중심 방어전략'은 유지되었으나 도성이 함
락되는 경험을 되풀이하지 않기 위해 도성 주변의 군사력을 강화해야
한다는 인식이 나타났다.75) 남한산성 축성76)이나 유성룡의 북한산성
축성 건의77), 수원의 독산성, 금천의 衿芝山, 인천의 산성을 축조·보강
하자는 논의 등이 그것이다.78) 이를 통해 진보의 증설이나 성곽의 수축

---

74) 『낙서집』論北關民瘼兼陳機務箚.

75) 『만기요람』 군정4, 관방.

76) 이현희, 「조선 남한축성 蠡測」, 『사총』 7, 고대사학회, 1962.

77) 『선조실록』 73권, 선조 29년 3월 경오.

이 어느 정도 이루어지긴 했지만 변방 방어를 포함한 방어체제는 점차 피폐해졌다. 이는 1610년의 압록강변 진보 현황과 군사수에도 드러난다. 당시 진보별 토병수가 수십 명에서 적게는 4~5명에 불과할 정도였으며, 내지에서 충원되는 입방군 조차 보유하지 못한 진보들도 상당수가 있었다. 기본적으로 국경지역을 연해서 일선형으로 펼쳐진 진보를 통한 수비할 곳은 많고, 군사 수는 적은 한계점을 지니고 있는 것이다. 더욱이 이들 진보는 소규모 적에 대비한 것으로 날로 강성해지고 있던 후금이 많은 병력으로 조직적인 침입해 올 경우 방어를 하기에는 무리였다.[79] 이 점은 장만의 장계에서도 그대로 드러난다.

한편 누르하치의 여진족 통합과 후금의 성장은 조선의 여진 전략에도 변화를 가져왔다. 그간 여진족은 함경도와 평안도의 변방에 넓게, 그리고 소규모로 분포했는데 이들이 통합되고 그 세력이 점차 서쪽의 명나라의 변경으로 이동함에 조선의 방어 중심도 함경도 보다는 평안도로 변할 수 밖에 없었다.[80] 아울러 그들은 주민과 그 재산을 약탈하는 수준에서 이제는 조선 국권을 위협할 정도로 커졌기 때문이다.

따라서 조선은 방어에 긴급하지 않은 진보는 大鎭에 통합할 필요가 있었고, 내지로 진출시 예상되는 주요 길목을 축차적으로 방어하는 새로운 전략이 구상해야 했다. 이에 1609년에 흉년임에도 내륙직로의 끝단인 창성과 삭주에 축성을 진행하고[81], 의주대로의 끝단에 위치한 의

---

78) 『만기요람』 군정4. 관방.

79) 권내현, 「17세기 전반 대청 긴장고조와 평안도 방비」, 『한국사학보』 13, 2002, 273쪽

80) 1610년(광해군 2) 요양성 공격을 시작으로 영안보, 청안보 등의 명나라 외곽거점이 함락되고 1618년(광해군 10)에는 무순이 함락되었는데 이는 그 이전까지 강계일대의 압록강 중·상류에서 조선과 접경하던 건주위의 세력이 압록강 하류 창성에까지 미치게 되었음을 의미한다.(『광해군일기』 30권, 10년 7월 술자)

81) 『광해군일기』 14권, 원년 3월 신묘.

주성도 개축하는 등 압록강 하류변 진보를 강화했다. 1621년에는 후금이 명의 요양성을 함락시키는 등 후금의 위협이 가시화되자 평양성과 안주성, 곽산의 능한산성을 수축하는 등 실제적인 종심 방어체제 구축도 추진하였다.[82]

또한 중앙군을 재편성하고 속오군 훈련을 담당하는 전담 영장제를 시행하여 지방군도 재정비했다. 특히 평안도 – 황해도 – 개성으로 이어지는 서북지역 방어에 중점을 두고 압록강변의 의주와 창성을 제1차 방어선, 영변·안주·평양을 내륙 거점방어 중심으로 하는 평안도 지역 방어전략을 수립하게 되었다.

인조는 1623년 즉위 직후부터 평안도의 상황에 관심이 많았던 것으로 보인다. 김신국을 통해 漢人의 침탈로 피해가 극심하며 인구의 반이 유망했다는 보고를 접하기도 했다.[83] 이후 4월 말, 광해군대 평안도병사를 지낸 장만과의 방어전략을 논의했다. 당시 장만은 평안도의 砲卒이 수천 명은 되고 황해도도 3천 명이며, 수령들을 통해 2천 명, 이시발이 모집한 別勝軍도 8천 명 등 총 1만 5천 명이 방어에 활용할 수 있다고 했다.[84] 특히 장만은 군사를 전장에서 활용하기 위해서는 3년 정도의 훈련기간이 필요하다고 했다. 또 방어전술과 관련하여 인조는 전차전도 염두에 두고 있었는데, 이에 대해 장만은 전차의 운행의 어려움을 들며 전차전에 반대 의사를 개진했다. 또 장만은 변방 중 방어할 만한 곳으로 창성과 벽동이 있고, 압록강 상류 쪽은 안전하지만 하류에 위치한 의주 등은 방어시설이 완비되지 못했음을 피력했다. 장만 외에도 평안도 방어의 문제점은 지속적으로 보고되었는데, 평안도의 중심 거점인 평양은 성의 규모에 비해

---

82) 『광해군일기』 169권, 13년 9월 병오.
83) 『인조실록』 1권, 1년 4월 기사.
84) 『인조실록』 1권, 1년 4월 신사.

병력은 못 미친다고 했고, 지방관들의 자질 문제도 거론되었다. 이에 인조는 한준겸을 도체찰사, 장만을 도원수로 삼아 평안도를 방어토록 하고 이를 위해 서북지역 수령들의 천거권도 부여했다.[85]

이를 통해 평안도 지역의 방어체제는 의주대로에 비해 험준하나 적의 신속한 진출이 예상되는 내륙직로에 대한 방비 강화로 나타났다. 내륙직로의 길목인 구성을 주목했으나 성곽 축조에 많은 시간이 소요되어 대신 영변을 중시했고, 더불어 의주대로와 내륙직로가 합쳐지는 안주의 방어시설을 강화하였다.[86] 또 안주 후방의 평양에 대해서도 평양성 중성의 축조와 수비군이 보강되는 등 어느 정도 윤곽을 갖추었다.[87]

그러나 1624년(인조 2)에 일어난 이괄의 난은 방어전략의 새로운 변수로 작용했다. 반란군을 진압한 이후 인조는 도원수 장만에게 평안도 상황을 보고받았다. 장만은 병영이 위치했던 영변은 황폐화되었으나, 평안도 전체가 무너지지는 않았다고 보고했다. 또 반란군의 이동 경로상의 官庫와 군기가 모두 없어진 상황이나, 민간의 마필을 빼앗기는 정도였다고 했다.[88] 이괄이 단기간에 신속히 남하했기 때문에 평안도 전체가 황폐화되는 데는 이르지 않았던 것으로 여겨진다. 그럼에도 불구하고 이괄이 入防한 군사와 본도에서 뽑은 장정들을 모두 이끌고 내려와 많은 병력들이 전사 또는 도망해 평안도 내의 군병의 수효가 급감하여 평안병영이 있던 영변은 더 이상 기능 수행이 어려워졌다. 또 군량 문제도 제기되었는데, 이 때 천 명이 넘는 假㺚이 귀순해 오면 식량 부족이 더욱 심화될 것이고, 자연스레 가달 또한 내지로 들어올 것으로 우려되

85) 권내현, 『조선후기 평안도 재정운영 연구』, 고려대 대학원 박사학위논문, 2003.
86) 『인조실록』 2권, 원년 8월 정해.
87) 『인조실록』 2권, 원년 11월 정사.
88) 『인조실록』 4권, 2년 2월 계축.

는[89] 등 지역 민심이 동요되는 상황이었다.

한편 이괄의 난 이후 조선은 호위군과 어영군의 증강, 경기군병을 통합한 총융청의 창설과 같은 중앙군을 강화하게 된다. 이는 도성 함락을 경험한 인조의 위협 인식이 왕실과 수도방어에 더욱 치중하게 된 것인데, 이에 유사시 국왕의 파천을 위한 보장처로서 남한산성 수축과 강화군의 증강도 동시에 추진되었다.[90] 평안도 방어가 여의치 않은 상황에서 날로 강성해지는 후금세력에 대비한 가장 현실적인 정권보장대책이라고도 할 수 있다.

아울러 피폐해진 평안도 방어체제의 복구도 추진했지만 인조는 청천강 북쪽의 실질적인 방어를 포기하고, 평안병영을 안주로 옮기는 등 청천강 이남에서 두 직로의 길목인 안주를 중심으로 방어하는 전략을 선택할 수밖에 없었다.[91]

이후 장만이 다시 평안도 일대의 방어책을 아뢰었다.[92] 이전부터 중요시되어 왔던 창성과 의주를 중시함은 물론, 별승군과 별초군을 각각 평양과 안주로 보내어 지키도록 할 것을 아뢰었다. 평안병사를 안주에 가서 주둔케 한 것이 그것이다.

안주를 중심으로 청천강선을 주방어선으로 삼은 전략은 적의 위협과 조선의 실정, 그리고 지형적 특성을 비추어 최선의 방책으로 평가되기도 하는데 영변~안주 사이의 청천강 유역은 병목지역으로 적이 한성을 향해 내려올 경우 반드시 통과해야 하므로 군사가 부족한 조선의 실정에서는 바른 선택이었다는 것이다.[93]

89) 권내현, 앞의 글(2003), 35쪽.
90) 『인조실록』 5권, 2년 3월 기미.
91) 『인조실록』 5권, 2년 3월 경오.
92) 권내현, 앞의 글(2003), 36쪽.
93) 노영구, 「조선후기 평안도 지역 내지 거점방어 체계」, 『한국문화』 34, 2004, 241쪽.

이와 관련하여 영조대의 송규빈은 『풍천유향』에서 "안주는 지역상 한 要害處가 된다. 이 때문에 저 지난 병인년(인조 4, 1626)에 영변에 있던 兵營을 안주로 移設하였는데, 이것은 매우 깊은 뜻이 있어서였다. 안주는 지역이 매우 중요하고 청천강은 또 안주성 밖에서 천연의 성벽을 이루고 있어, 과연 천연적으로 만들어진 요새라 할 것이다."[94]라고 높게 평가했다.

결국 인조대의 방어전략은 수도권 방어 강화와 예상 침입로에 방어 전력을 집중시키는 것으로 수정되어 의주대로와 내륙직로가 합쳐지는 안주를 중심으로 청천강 이남 지역 방어를 강화하는 방향으로 추진되었다. 이는 정묘호란 때에 후금군 주력의 침입로가 의주-용천-곽산-안주-평양이었고, 일부 병력이 창성을 공격하여 내륙직로를 견제했던 상황도 고려되었다.[95] 또 후금이 명과의 전쟁을 통해 다양한 공성 전술을 익히고 서양식 대형 화포인 홍이포 기술을 습득하여 대규모 화포부대를 운용함에 따라 조선은 그들의 공성전에 대한 대비책도 강구해야 했다. 따라서 대로상에 위치한 평지 읍성이 방어에 취약하다는 판단에서 안주성을 제외하고는 모두 인근 산성을 중심으로 방어거점을 옮겼다. 이렇듯 '산성 위주의 방어전략'으로 전환됨에 따라 서북지역의 방어 병력은 각각 지정된 산성으로 이동 배치되었다. 의주는 백마산성, 용천은 용골산성, 선천·곽산·정주는 능한산성, 평양은 자모산성, 황주는 장수산성을 입보처로 하여 들어가 지키게 하였다.

이후 1626년(인조4) 장만은 병조판서 겸 체찰사로서 호란을 예견하여 수차례 전쟁의 위협을 경고하였고 이에 대비한 국방정책 수립을 주장하였다. 그리고 1627년(인조5) 1월, 장만이 우려하던 상황이 현실로 닥쳐 정묘호란이 벌어졌다.

후금군은 35,000여 명으로 순식간에 의주를 점령하고, 1주일 후 청천강을 건너 안주로 내려왔다. 후금군은 산성 중심의 방어책을 세운 조선의 방어를 비웃기라도 하듯이 파죽지세의 진격을 했다.

후금의 전격적인 침략에 당황한 조선의 조정은 장만을 도체찰사로 삼고, 충청도, 전라도, 경상도의 근왕병을 모집하면서 황해도의 황주와 평산을 1차 방어선, 임진강을 최후의 방어선으로 삼았다.

이에 장만은 "적이 만일 대로를 따라 곧장 나온다면 형세상 반드시 중간에서 서로 만나게 될 터인데 단지 군관만을 대동하고 간다면 형세가 매우 위태롭게 될 것입니다. 청컨대 어영군 가운데서 정포 1백 명을 선발하고 개성부와 장단의 군병을 모조리 조발하여 갔으면 합니다."라고 청하면서[96] 또 "파주산성이 비록 보수가 완전하지는 못하나 그런대로 위급한 상황에 들어가 수비할 수는 있습니다. 장단·교하·적성 등 관청의 올봄 작미를 조속히 수봉하도록 하고 별장 한 사람을 정하여 파주 목사와 함께 협력하여 들어가 수비하도록 하소서."라고 하였다.[97] 이후 총융사로 하여금 경기의 군병 3천~4천 명을 조발하여 즉시 보내줄 것을 청했다.[98]

장만이 도체찰사로서 올린 장계는 1월 18일 벽제에서, 19일 파주를 지나 장단에서 숙박한 것, 21일 개성부에 도착하여 군병들을 점검한 것과 장단, 마전, 적성 등에 배치된 병력의 열악한 상황에 대한 보고였다.[99]

그러나 후금군은 8일 만에 안주성을 점령하고, 여세를 몰아 평양에 돌진했는데, 당시 평양에는 8천명이 있었지만 대부분 후금의 기세에 성

---

96) 『인조실록』 15권, 인조 5년 1월 을유.
97) 『인조실록』 15권, 인조 5년 1월 을유.
98) 『인조실록』 15권, 인조 5년 1월 을유.
99) 『낙서집』 권4, 「丁卯以都體察使出師時狀」.

을 버리고 도망쳤다. 결국 1월 24일, 평양성이 함락되었다.

후금의 신속한 공격에 인조는 1월 27일, 파천을 결정했으나 후금의
화의 제의가 들어왔다. 명나라와의 관계를 끊고 후금과 형제관계를 맺
자는 것이 골자였다. 격론을 벌인 끝에 후금 제안을 수용했다.

정묘호란 이후 장만은 패전의 책임을 지고 수차례에 걸쳐 탄핵되었
다. 장만이 4년간 도체찰사로 재직했으나 변방 방어가 제대로 이루어지
지 못했다는 것이 이유였다.[100] 장만에 대한 탄핵에 대해 인조는 "장만
에게는 진실로 싸울 군사가 없었는데 어찌 죄를 준단 말인가?"라고 했
지만 탄핵은 지속적으로 벌어져 장만은 부하들을 보호하기 위해서 유배
를 자청했다.

4. 맺음말

장만은 16~17세기 동아시아 격동기에 조선의 국방전략가이자 최일선
군사지휘관으로서 국토 방어의 일선에서 활약했다. 선조대로부터 광해
군을 거쳐 인조대에 이르기까지 관찰사, 병마절도사, 도원수, 체찰부사,
도체찰사, 병조판서 등 국방에 관련된 요직을 두루 맡아 수행했다.

이렇듯 장만이 정권의 부침에도 불구하고 요직을 맡을 수 있었던 것
은 일촉즉발의 긴장이 지속되는 북방의 국경 상황에 대처하기 위해서였
다. 당시 장만은 북방 정세에 능통했고, 국방 실무경험이 많아 국토방
위전략을 수립하는데 절대적으로 필요한 인재였다. 당시 장만의 역할
에 대해서는 『택당선생집』에 잘 드러난다.

---

100) 『승정원일기』 5책, 인조 5년 5월 12일.

국가가 임진년의 변란을 겪고 난 뒤로 남쪽으로는 왜구에 대비하고 서
쪽과 북쪽으로는 오랑캐를 방어하게 되었으므로, 선조 대왕께서 자나 깬
어질고 능력있는 신하들을 생각하고 있었고, 조정에 있는 문무의 신하들
역시 서로 다투어 刻苦勉勵하고 있었다. 이러한 때에 공이 일개 書生으로
외진 고을에서 떨쳐 일어나 임금의 知遇를 받게 되고 나서는, 외방으로 나
아가 한 方面의 중한 위임을 받고 수고스럽게 출입하면서 오직 조정의 명
에 따라 동분서주하게 되었는데, 공이 이르는 곳마다 군대를 정예화시키고
財穀을 풍부하게 비축하여 彊場에 아무런 탈이 없게끔 하였다.[101]

이런 장만이었기에 그가 1623년 4월 24일, 팔도도원수가 되어 관서
지역으로 나갈 때 인조는 최고의 예우를 했다. 당시 인조는 榻에서 내려
와 친히 尙方劍을 잡고 장만에게 하사하면서 "大將 이하로 명을 듣지
않는 자는 이 검으로 처치하라."고 하였다.[102]

이러한 내용은 『지천집』, 『연려실기술』, 『청장관전서』 등에서 보인
다. 『지천집』에는"인조께서 친히 서울 서쪽 교외에서 공의 수레를 밀어
주었는데, 공경·백관들이 모두 모시고 있었으므로, 그 威儀가 매우 성
대했다. 서울의 남녀들이 모두 뒤섞여 북적거리면서 구경하느라고 성
안은 텅 비어 사람이 없을 정도였다. 바야흐로 출발하려고 할 때 임금께
서 손수 상방검을 주었으니, 실로 역사상 없는 특별한 대우였다."고 나
와 있으며,[103] 『연려실기술』에도 "인조 계해년에 장만으로 8도도원수
를 삼고, 임금이 친히 西郊로 나가서 推轂의 예를 행하고, 임금이 榻에
서 내려가서 친히 상방검을 주고, 장사들에게 크게 물품을 하사하여 보
냈다."고 하여[104] 장만에 대한 인조의 특별한 예우를 언급하고 있다.

101) 『택당선생집』 별집 6권, 墓誌, 議政府右贊成玉城府院君張公.
102) 『인조실록』 1권, 인조 1년 4월 계미.
103) 『지천집』 원집 19권, 「장만행장」; 『낙서집』 5권, 부록 「장만행장」.

또한 이덕무는 인조가 장만에게 상방검을 내려 준 것에 두고 세종때 이후 수백년 이래 없던 일로 기록할 정도로 높게 평가했다.[105]

반면 장만은 관직에 그리 미련은 없었던 것 같다. 광해군의 노여움을 받자 미련없이 그만두고 통진으로 돌아갔고, 정묘호란 이후에도 미련 없이 유배를 자청했던 것이다. 이를 염두에 두었는지 최명길은 그의 행장에 "중년에 조강(祖江)의 상류에 집을 짓고서 스스로 '이호주인(梨湖主人)'이라고 하였다. 매양 관직에서 물러나면 곧 거기에 나아가 살았다. 비록 임금의 은혜로운 대우에 감격하여 감히 떨치고 돌아가지는 못했지만, 매년 춘추로 휴가를 얻으면, 언제나 배에 노래하는 기생을 싣고서 안개 낀 물결 위를 오르내리며 즐겼다."라고 기록했다.

또 1629년에 자신이 직접 쓴 春帖에도 잘 드러난다.

> 내 나이 예순 넷, 포의(布衣)로서 최고로 영달하였네.
> 전원으로 물러가는 것이 첫째 소원, 저 세상으로 돌아가는 것이 그 다음 소원이라네.
> 이 밖에 구하는 것 없나니, 신명이 내 마음 비춰 주리라.[106]

오늘날의 우리나라가 처한 한반도 상황도 결코 당시의 상황과 다르지 않기에 무엇보다도 강력한 외세에 직면했던 시기에 조선의 평화를 위해 헌신한 장만의 역할은 더욱 중요한 가치를 지닌다. 조선을 둘러싼 역동적인 국제정세에서 국가의 생존을 위해 노력한 장만과 같은 인물들에 대한 관심이 보다 커질 것을 기대한다.

---

104) 『연려실기술』 별집 8권, 官職典故.
105) 『청장관전서』 49권, 耳目口心書 2.
106) 『낙서집』 5권, 부록 「장만행장」.

정묘호란의 동인 재고

. . .

계승범

1. 머리말

정묘호란(1627)의 발발 이유에 대해서는 계해정변(인조반정, 1623)을 계기로 조선의 대외정책이 친명배금 노선으로 급변한 데 따른 후금의 군사적 대응이라는 해석이 한때 유행하였다. 10년 후에 재발한 병자호란에 대한 설명도 대동소이하다. 따라서 호란은 피할 수 있는 전쟁이었음에 주목하여, 인조정권을 비판하고 광해군의 외교정책을 높게 평가하는 추세가 이어졌다. 일제강점기에는 주로 이나바 이와키치(稻葉岩吉) 등이 이런 설명 틀을 생산하였고,[1] 해방 후에는 이병도가 이어받아 확산시켰다.[2] 이후 거의 모든 교과서와 개설서에서 이를 그대로 수용하다 보니, 대중에게도 각인되다시피 하였다. 그렇지만 이런 통설은 아마 그랬을 것이라는 추론에 불과하다. 정변(반정)을 계기로 조선의 외교 노선이 바뀌었다고 전제하면서도, 정작 구체적 논증은 없기 때문이다. 또한, 그렇다면 후금은 왜 조선 침공을 4년이나 미루다가 선전포고도 없

---

1) 田川孝三,「光海君の姜弘立に對する密旨問題に就て」,『史學會報』1, 京城帝大史學會, 1931; 稻葉岩吉,『光海君時代の滿鮮關係』, 大阪屋號書店, 1933, 242-261쪽; 洪熹,「廢主 光海君論」,『靑丘學叢』20, 1935 등 참조.

2) 이병도,「광해군의 대후금 정책」,『국사상의 제문제』1, 국사편찬위원회, 1959.

이 갑자기 실행에 옮겼는지에 대한 설명도 전혀 없다. 따라서 이런 통설에 대해서는 꼼꼼한 검토가 필요하다.

근래에는 호란의 주요 원인을 조선보다는 후금 쪽에서 찾는 움직임이 대세이다. 김종원에 따르면, 정묘호란은 후금 내부의 정치·사회경제적 요인이 복합적으로 작용한 결과였다. 그는 정치·군사적 요인으로 8旗 내부의 알력, 연정 체제로 분산된 권력을 홍타이지로 집중하려는 의도, 寧遠城 패배 이후 저하된 후금군의 사기 진작용 군사작전, 後顧의 毛文龍 제거, 모문룡을 지원하는 조선을 확실히 아우를 필요 등을 두루 꼽았다. 이 밖에도 요동지역 漢人의 반란과 도주로 인한 내부 소요 및 식량과 생필품 부족 등 후금의 사회경제적 형편도 중시하였다.[3] 김종원의 연구는 정묘호란의 원인 관련으로는 지금까지도 가장 종합적이고 상세하다.

이에 비해, 한명기는 정변(반정) 이후에도 조선의 외교정책 기조에 변화가 없었음을 강조하면서, 후금 내부의 경제적 곤경에 주목하였다. 특히 정묘호란이 후금의 만성적 식량부족 문제를 해결하기 위한 출병이었음을 강조하였다.[4] 하지만 정묘화약의 내용을 보면, 후금은 조선에게 식량을 요구하지 않았으며, 경제적 물품의 징발 대상도 주로 면포였다.[5] 오히려 후금은 조선에 명과의 관계를 끊으라는 정치·외교적 압박을 가하는 데 주력했다.[6] 목전의 식량 문제를 해결하기 위해 출병했다

---

3) 김종원, 「丁卯胡亂時의 후금의 출병동기」, 『동양사학연구』 12·13, 1978; 김종원, 『근세 동아시아관계사 연구』, 혜안, 1999, 59–85쪽.

4) 한명기, 『임진왜란과 한중관계』 역사비평사, 1999, 368쪽.

5) 『인조실록』 권15, 5년 2월 15일 임자.

6) 『인조실록』 권15, 5년 2월 2일 기해. 한편, 초기에 정묘호란 연구를 이끈 전해종과 김종원도 모두 정치·외교·군사적 이유를 출병의 제일 요인으로 꼽았다. 전해종, 『한중관계사 연구』, 일조각, 1970, 114–127쪽 및 김종원, 「정묘호란시의 후금의 출병동기」 참조.

면, 강화협상 과정에서 후금은 왜 조선에 다량의 식량을 요구하지 않았
을까? 요컨대, 식량부족 등의 경제적 곤경을 조선 침공의 주요 동인이
나 원인 내지 목적으로 보기는 힘들다.[7]

최근에 한명기는 정묘호란의 발발 이유를 종합적으로 재조명하였다.
그에 따르면, 평안도 앞바다의 椵島에 군영을 세우고 후금의 배후를 위
협하던 모문룡 제거가 침공의 핵심 이유였다. 배후의 불안요소를 제거
하려는 군사적 목적이었다는 것이다. 조선을 회유하여 화호 관계를 맺
고 경제적 이득을 취하는 것은 그 다음이었다면서,[8] 자신의 이전 견해
를 일부 수정하였다. 그런데 정녕 그랬다면, 압록강을 건넌 후금은 왜
가도 공략에 총력을 기울이지 않은 채 굳이 남진 속도를 늦추면서까지
조선과의 강화협상에 주력했는지 의문이다.[9] 특히 1621년 초 후금이
요동 전역을 장악하면서 후금 내부에는 선박에 능숙한 한인이 적지 않
았음을 고려할 때 더욱 그렇다. 따라서 이 견해에 대해서도 재검토가
필요하다.

---

7) 어떤 사건을 분석할 때 사용하는 동인, 동기, 명분, 목적, 이유, 원인, 배경 등의 단어
  에는 의미상 일정한 차이가 있다. '동인'과 '동기'는 사실상 동의어로, 어떤 일이나 행위
  를 불러일으킨 직접적인 계기를 뜻한다. '명분'은 어떤 일을 꾀하면서 내세우는 정당한
  구실의 의미로, 행위를 합리화하는 핑계이기도 하다. 이에 비해, '목적'은 그 사건을
  일으킴으로써 실제로 얻으려는 것이다. '이유'는 그 사건이 왜 발생했는지에 대한 해석
  이자 분석이며, '원인'의 뜻도 이와 대동소이하다. 다만 '원인'은 역사적 인과관계를
  강조한 면이 강하다. '배경'은 이 모든 의미를 내포하되, 어떤 일을 가능케 한 주변
  정황까지 망라한다. 엇비슷한 용어들을 이렇게 일일이 정의하는 이유는 이 글에서 재
  고하려는 대상이 바로 제목에도 노출한 '동인'이기 때문이다.
8) 한명기, 『정묘·병자호란과 동아시아』, 푸른역사, 2009, 46-57쪽.
9) 의주를 너무 쉽게 함락하다보니 가도 공략보다는 계속 남진했을 것이라는 견해가 있
  다.(劉家駒, 「天聰元年阿敏等伐朝鮮之役與金國朝鮮兄弟之盟」, 『食貨』 7-10, 1978)
  그러나 첫 전투 승리만으로 전쟁의 전체 목표를 일거에 바꿨다는 설명은 비상식적이
  다. 특히 아민이 남진 속도를 늦추면서까지 줄곧 조선과 강화하려 했음을 고려할 때,
  저런 설명은 설득력이 별로 없다.

이런 문제의식에 기초하여, 이 글에서는 누루하치가 부상의 후유증으로 죽고 홍타이지가 즉위한 지 불과 석 달 만에 선전포고도 없이 전광석화처럼 침공이 발생한 시점(타이밍)에 주목하고자 한다. 누르하치와는 달리, 처음부터 조선에 대한 강경노선을 선호하던 홍타이지의 즉위야말로 침공의 제일 동인일 수 있기 때문이다. 먼저 2장에서는 반정 후 침공까지 근 4년(1623~1626) 동안 조선과 후금의 관계가 어떠했는지 살핀다. 정변을 계기로 조선의 외교정책에 어떤 변화가 발생했는지 확인하기 위함이다. 이를 통해, 정변 후 조선의 외교 노선과 후금의 침공 사이에는 별다른 인과관계가 없었음을 확인할 것이다. 3장에서는 강화의 결과물로 등장한 정묘화약의 내용을 검토한다. 강화협상 과정에서 후금이 조선에 요구한 다양한 내용은 침공의 목적, 원인, 배경, 동인 등을 파악하기 좋은 결정적 자료임에도, 이런 분석이 그동안 충분하지는 않았다. 이를 통해, 정묘호란의 발발 동기 가운데 경제적 문제가 과연 어느 정도로 중요했는지 분석적으로 확인할 것이다. 이런 작업에 기초하여, 4장에서는 조선 공격에 부정적이던 누르하치가 죽고 처음부터 조선 공격을 주창하던 홍타이지가 새 칸으로 즉위한 시점에 중점을 두어 정묘호란의 핵심 동인을 파악할 것이다.

2. 반정 후 조선과 후금의 관계, 1623~1626

정변(반정)을 계기로 조선의 외교 노선이 친명배금으로 분명하게 바뀌었고, 그 결과 호란을 초래했다는 것이 종래의 통설이었다. 하지만 구체적인 연구에 기초했다기보다는 국내외 정황을 미루어 유추한 가설에 지나지 않는다. 오히려 정묘호란 발발의 책임이 마치 피해자인 조선

에 있는 것처럼 호도할 소지도 있다.[10) 이런 약점을 비집고 최근에는
정변 후에도 조선의 외교 노선은 광해군 대와 거의 같았다는 주장이 나
왔다.[11) 하지만 이런 주장에도 문제가 있다.

한명기는 인조 대의 외교 노선에서 "뚜렷한 排金의 기조를 볼 수 없
다."라고 확언하였다. 그 근거로 그는 ①광해군 때 후금에 보낸 국서와
거의 비슷한 내용의 대후금 정책을 비변사가 건의한 점, ②1624년에 모
문룡이 요청한 군량 4,000석을 완곡하게 거절한 것, ③모문룡이 조선인
향도나 군사를 요청하면 핑계를 대며 거절하되 정 어쩔 수 없으면 중국
인 복장을 입혀 보내자는 비변사의 건의, ④함경도까지 들어온 모문룡
군사들을 속히 퇴거하도록 종용한 점 등을 들었다. 이를 토대로, 그는
인조 초기 비변사의 정책을 "광해군이 취했던 기미책과도 같은 현상 유
지책"으로 파악했으며, "후금의 원한을 살 수 있는 사단은 극력 피하는
것이 당시 조선 집권층이 취한 대외정책의 뚜렷한 특징"이라고 해석하
였다. 특히 대명 노선과 관련하여 그는 정변 이후 인조정권의 대외정책
이 "친명 쪽으로 큰 가닥을 잡으면서도 대후금 정책의 경우에는 광해군
대의 그것과 별 차이가 없었다."라는 점을 강조하고, "명과의 관계를 더
강화하는 방향으로 전환된 것 이외에는 근본적으로 달라진 것이 없었
다."라고 이해하였다.[12)

그렇지만 정변(반정) 직후 인조정권이 취한 외교 노선의 본질을 파악
할 때, 조선이 후금과 긴장을 높이지 않으려 조심한 사실만 강조해서는
불충분하다. 후금이 가만히 있는데, 조선이 보란 듯이 모문룡 군대를
적극적으로 지원하고 스스로 호전적 태도를 보여 긴장을 고조시킬 이유

---

10) 오수창, 「청과의 외교실상과 병자호란」, 『한국사시민강좌』 36, 2005.
11) 한명기, 『임진왜란과 한중관계』, 353-406쪽.
12) 한명기, 『임진왜란과 한중관계』, 361-366쪽.

는 전혀 없었기 때문이다. 특히 조선이 취한 외교 노선의 성격을 규명하고자 할 때, 조선의 후금 정책에 초점을 두는 것은 부차적이다. 대명 외교 노선 곧 사대 정책의 변화 여부에 초점을 맞춰야 한다. 사대와 교린은 상호 대등한 가치가 아니라, 조선왕조 외교 노선의 무게 추는 절대적으로 사대에 있었기 때문이다. 교린은 어디까지나 사대의 틀 안에서 작동하던 부수적 정책에 지나지 않았다. 따라서 정변을 계기로 조선의 외교정책이 근본적으로 변했는지 여부를 논하기 위해서는 후금을 상대로 한 교린[기미]이 아니라 대명 사대에 어떤 변화가 있었는지 살피는 일이 급선무이다.

　광해군 대와 인조 대의 대명 외교정책은 매우 달랐다. 칙서를 들고 조선에 온 監軍御史의 징병 요구를 목전에서 일언지하로 거절한 광해군과는 달리,[13] 정변(반정) 후에는 인조의 책봉을 성사시키기 위해 명에게 거의 매달리다시피 하였다.[14] 또한, 모문룡으로 하여금 육지를 떠나 바다의 섬으로 들어가도록 누차 강력히 요구한 광해군과 그 모문룡의 요구에 순응하여 엄청난 물자를 꾸준히 공급한 인조정권의 태도는 광해군과 인조의 대명 외교 노선에 결정적인 차이가 있었음을 잘 보여준다. 정변을 계기로 조선은 반정의 명분에 맞게 명에 대한 사대 의리에 충실한 노선으로 다시 돌아온 것이다. 반정교서의 내용만 보아도 이는 자명하다.[15]

---

13) 계승범, 「광해군대 말엽(1621~1622) 외교 노선 논쟁의 실제와 그 성격」, 『역사학보』 193, 2007.
14) 한명기, 「조중관계의 관점에서 본 인조반정의 역사적 의미 – 明의 조선에 대한 '擬制的 지배력'과 관련하여」, 『남명학』 16, 2011.
15) 광해군의 죄악을 낱낱이 열거한 반정교서에서 가장 많은 지면을 할애한 내용이 바로 광해군의 背明 행위였다.(계승범, 「계해정변(인조반정)의 명분과 그 인식의 변화」, 『남명학연구』 26, 2008)

그렇다면 명과 후금이 서로 싸우는 상황에서, 조선의 인조정권은 어떻게 친명사대를 분명히 하면서도 배금 행위를 하지 않을 수 있었을까? 그것은 이 기간(1623~1626)에 후금이 조선에게 뚜렷한 적대 행위를 해오지 않았기 때문에 가능하였다. 당시 누르하치는 廣寧을 점령한 후 거의 모든 신경을 요서 지역 공략을 위해 서쪽 전선에 두고 있었으므로, 조선에는 어떤 압력도 가해오지 않았다. 이런 사정의 대강을 확인하기 위해, 광해군~인조 대 실록에서 후금 관련 기사 수의 추이와 내용을 추출하여 〈표〉로 만들었다.

〈표 1〉 『광해군일기』와 『인조실록』에 보이는 후금 관련 기사, 1613~1632[16]

시기 구분	서력	기사 수	주요 사건	비고
Ⓐ 광해군 5~9년	1613	4	7월 계축옥사 발발	접촉조차 없을 정도로 평온
	1614	8		
	1615	4		
	1616	8	1월 누르하치 후금 건국	
	1617	3		
Ⓑ 광해군 10~14년	1618	258	1월 후금의 요동 푸순 점령 4월 명의 조선군 징병 요구	명, 후금, 조선 사이의 전쟁 및 숨 가쁜 외교전
	1619	204	1619년 3월 사르허 전투 (明軍 궤멸), 포로처리 문제, 후금의 국서에 회신하는 문제, 조선감호론 문제 등으로 끝없는 논쟁	
	1620	51		
	1621	125	1~3월 후금의 요동 장악 7월 모문룡 등 요동 난민 평안도 난입 12월 후금의 林畔館·龍川·嘉山 침공	
	1622	103	5월 감군어사의 징병칙서를 광해군이 거절 5월 이후 온 조정이 庭請, 행정 마비	

16) 계승범, 「삼전도항복과 조선왕조의 국가정체성 문제」, 『조선시대사학보』 91, 2019. 다만 〈표〉의 내용을 대폭 보강하였다.

			10월 광해군의 우호적 국서 후금 전달 11월 모문룡의 가도 이주	
© 인조 1~4년	1623	20	3월 계해정변(인조반정)	평상적 상태 회복. 후금의 조선 압박행위 없음. 후금 은 요서 공략에 주력.
	1624	22		
	1625	24		
	1626	16	9월 누르하치 사망, 홍타이지 즉위	
⑩ 인조 5~6년	1627	424	1월 후금의 조선 침공(정묘호란)	침공과 강화협상으로 기사 수 폭증
	1628	93		

위 〈표 1〉에 따르면, 정변 후 ©시기 4년 동안의 기사 수는 연평균 20개 정도이다. 이는 외교 문제가 불거지기 전인 Ⓐ시기에 비하면 다소 많지만, 외교 노선 논쟁이 치열하던 광해군 대 Ⓑ시기에 비하면 현저하게 적은 수치다. 이점은 Ⓑ시기에는 후금의 압력 및 그로 인한 사대와 교린의 충돌이 극심했던 반면에, 공교롭게도 정변 직후 ©시기에는 후금의 압박이 전혀 없었으므로 사대와 교린이 충돌할 일도 없었음을 여실히 보여 준다.[17]

---

17) 조선과의 우호관계 유지를 전쟁보다 더 선호한 누루하치 치세 때 조선은 사대와 교린을 어느 정도 절충할 수 있었다. 1619년 深河의 패전 이후에 광해군과 신료들이 사사건건 충돌하면서도 피차간에 미흡하나마 절충안을 만들어낼 수 있었던 것은 바로 이런 배경 때문이었다. 그러나 監軍御使가 황제의 칙서를 가지고 와서 국왕의 목전에서 징병을 요구하고, 후금은 후금대로 毛文龍의 존재 때문에 조선을 크게 불신하면서 심각한 압력을 가해오던 1622년에는 그러한 절충의 여지가 거의 사라져버렸다. 양자택일 외에는 제3의 돌파구가 없었기 때문이다. 그 결과, 광해군과 신료들은 타협점을 찾지 못하고 극한 대립으로 치달았고, 문무백관의 전면적인 파업에 따른 조정의 행정 마비 상태는 6개월 넘게 이어졌다. 그렇지만 광해군이 신료들의 반대를 뿌리치고 마침내 "後金國汗殿下"로 시작하는 우호적 국서를 후금에 보낸 1622년 10월 및 광해군의 압박에 못이긴 모문룡이 무리를 이끌고 철산 앞바다의 한 섬으로 옮겨간 11월을 계기로 조선과 후금 사이의 긴장은 현저하게 완화되었다. 이런 형세는 정묘호란 발생 직전인 1626년 12월까지 그대로 이어졌다. 이에 대해서는 계승범, 『조선시대 해외파병과 한중관계』, 175-211쪽에 상세하다.

특히 이 시기 후금 관련 기사는 숫자상으로도 격감했지만, 그 내용도 대개 변방 장수들이 후금의 동태를 보고하는 일상적 내용이 주종을 이루는 점에서 더욱 그렇다. 실제로, ⓒ시기에 후금은 조선에 단 한 통의 국서도 보내지 않았다.[18] 이점은 외교 노선 논쟁이 치열하던 ⑧시기에 명과 후금 사이에서 분명히 택일하라는 고압적인 내용의 국서를 누르하치가 무려 열 번 가까이 보내며 조선을 압박하던 상황과 극명한 대조를 보인다. 이점은 정변(반정) 이후 ⓒ시기에 공교롭게도 조선은 사대와 교린이 충돌하는 외교 노선 문제로 고민할 일이 없었음을 의미한다.

이런 상황에서는 어느 누가 조선의 권력을 잡았을지라도 후금에 대해 먼저 적대적일 이유가 전혀 없었다. 따라서 이런 국제환경을 무시한 채 단지 인조정권이 후금에 적대 행위를 하지 않았다는 이유만으로 당시의 대외 노선이 광해군 때와 같았다고 말할 수는 없다. 재위 말엽에 광해군은 징병 칙서를 감군어사의 목전에서 대놓고 거절함으로써, 친명사대 자체를 공개적으로 거부했기 때문이다. 정변 후 인조정권이 가장 먼저 한 일은 광해군이 그처럼 훼손시킨 친명사대를 본래의 모습으로 되돌린 것이다.

교린보다 사대를 훨씬 더 우선시한 조선 사회에서 대명 노선이 바뀌었다면, 이는 곧 조선의 외교 노선이 바뀌었다는 뜻이다. 정변을 계기로 조선의 외교정책은 근본적으로 바뀌었으며, 그 핵심은 강력한 친명사대로의 복귀였다. 인조정권이 후금에 대해서 현상 유지를 추구한 것은 그것이 이 기본 노선에 저촉되지 않았던 당시 국제정세 '덕분'이었다. 따라서 대명 노선이 이미 분명하게 바뀐 상황에서 후금 정책에 큰

18) 여러 자료에 기초하여 입관 전 조선과 청(후금) 사이에 오고 간 편지들만 따로 모은 張存武·葉泉宏 편, 『淸入關前與朝鮮往來國書彙編 1619~1643』(臺北: 國史館, 2000)에도 ⓒ시기에는 아무런 자료가 없다.

변화가 없었음을 강조하는 것은 별 의미가 없다. 이점이 바로 광해군과 인조정권의 외교 노선 사이의 근본적인 차이이자, 국제환경의 결정적 차이였다.

요컨대, 인조정권의 외교 노선은 광해군 대 비변사를 중심으로 한 신료들의 외교 노선과 같았다. ⑧시기에 외교 노선을 놓고 조정이 논쟁으로 휩싸인 것은 국왕[광해군]과 비변사[신료]의 견해가 정면으로 출동했기 때문이다. 따라서 인조 대의 노선이 광해군 대의 그것과 같다고 말하려면, 그 비교 대상이 광해군 대 국왕의 노선인지 아니면 비변사의 노선인지 분명하게 구분해야 한다. 그렇지 않으면, 광해군 대 어떤 노선과 같았다는 것인지 애매하기 때문이다.

결국, 정변을 계기로 조선의 외교 노선은 결정적으로 바뀌었다. 배금을 드러내지는 않았으나, 강력한 친명으로 회귀한 것은 분명했다. 조선에 대한 후금의 압박도 거의 없었다. 양국 사이의 긴장이 완전히 풀리지는 않았지만, 겉으로는 평상적 관계를 유지할 수 있었다. 그런데 바로 이런 상황에서 후금은 아무런 선전포고조차 없이 갑자기 조선을 침공하였다. 따라서 정묘호란의 발발과 인조정권의 외교 노선 사이에서는 직접적인 인과관계를 찾기 어렵다.

3. 정묘화약의 내용으로 본 침공 목적

정묘호란의 원인 가운데 하나로 후금 내부의 경제적 문제를 꼽는 것은 현재 정설이라 해도 과언이 아니다. 그렇지만 조선으로부터 경제적 주요 물품을 확보하겠다는 후금의 의도가 과연 어느 정도로 침공의 주요 동인으로 작용했는가에 대해서는 재고의 여지가 많다. 정녕 경제적

궁핍을 해결하기 위해 침공을 감행했다면, 강화협상 과정에서 세폐의 종류나 수량과 관련하여 후금은 조선을 강하게 압박했어야 합당하다. 하지만 후금은 그런 태도를 별로 보이지 않았다. 따라서 이번에는 정묘화약을[19] 체결하기까지 후금이 주로 무엇을 얻고자 조선을 채근했는지, 특히 어디에 우선순위를 두었는지 살펴보자.

후금은 침공을 개시하고 압록강을 건너 남진을 시작하자마자 조선 조정에 화친 의사를 수차례 전하였다. 일정 거리를 남진하여 주요 성읍을 점령할 때면 으레 진군을 잠시 멈춘 채 서신을 보내 '정벌'의 명분을 밝히고 화친 조건을 제시하였다. 조선은 화친에 소극적이었으나, 후금의 군사적 압력 앞에 오래 버티지 못하고 강화협상에 임하였다. 조선 조정은 이런 사정을 명나라에 上奏하면서, 침공 직후부터 후금이 조선에 요구한 내용을 순서대로 잘 정리하였다. 그것을 요약하면 다음과 같다.

> 定州에서 보낸 글: 우리는 서로 원한이 없는데 조선은 왜 南朝[명]를 도와 우리[후금]를 치려는가? 조선은 모문룡을 치기는커녕 그에게 양식과 마초를 공급하면서 돕는다. 신유년(1621)에 우리가 모문룡을 잡으려 압록강을 건너되 조선 관민은 전혀 건드리지 않았음에도 조선에서는 아직 감사의 말 한마디 없다. 오히려 요동 난민이 모문룡에게 붙도록 조장한다. 우리 先汗[누르하치]이 돌아가셨을 때 남조도 사신을 보내 조문하고 새 칸[홍타이지]의 즉위를 축하했는데, 조선은 전혀 그러지 않았다. 이 때문에 거병했으니, 속히 죄를 인정하고 강화를 맺자.

> 安州에서 보낸 글: 우리 군대가 곧장 한양까지 쳐들어가기를 바라는가? 우리 군대가 잠시 안주에 머무르겠지만, 만약 강화를 위한 差官이 오지 않

---

19) 정묘화약의 형식과 성격은 사실상 맹약이었다. 이에 대해서는 남호현, 「조청관계의 초기 형성단계에서 '盟約'의 역할 – 정묘호란기 조선과 후금의 강화과정을 중심으로」, 『조선시대사학보』 78, 2016 참조.

으면 다시 진군할 것이다.

   평양에서 보낸 글: 우리 두 나라 사이에는 원한이 없다면서 어찌 남조에
는 은혜를 갚으면서, 왜 우리가 베푼 은혜는 잊는가? 심지어 기미년(1619)에
조선이 군대를 내어 우리를 쳤으니, 과연 누가 누구를 저버린 셈인가? 지금
이라도 속히 사람을 들여보내 강화하라. 그러면 서둘러 돌아갈 것이다.

   中和에서 보낸 글: 진심으로 강화를 바란다면 남조를 섬길 일이 아니라
교통을 끊어야 한다. 만약 남조가 꾸짖을지라도 우리가 가까이 있으니 두
려울 게 무엇인가? 하늘에 맹세하고 영원한 형제의 나라가 되어 함께 태평
을 누려야 하리라. 그러니 속히 대신을 보내어 우호를 정하자.[20]

   조선이 화친을 결정하기까지 후금이 개전 초부터 조선을 압박하며
강조한 내용은 이처럼 모두 정치·외교적 내용이었다. 물론 개전 초기에
공격자 측에서 침공의 정당성을 공표하려던 성격의 서신이므로, 이것
만으로 후금의 침공 동인을 속단할 수는 없다. 동서고금을 막론하고 전
쟁 초기에는 거병 이유를 그럴듯한 명분으로 윤색하여 천명하기 마련이
기 때문이다. 아무리 경제적 목적이 강했을지라도, 그것은 차후 전개할
강화협상을 통해 드러내는 것이 역사에서 매우 일반적이다. 그렇다면
양국이 실제로 강화 조건을 조율하는 협상 중에 후금은 경제 문제를 어
느 정도로 중시하였을까?
   조선 조정이 마침내 화친을 수락하자, 본격적인 협상의 막이 올랐다.
협상 테이블에 올라온 안건 중에는 화친을 위해 조선이 후금에 제공할
예물의 종류와 수량도 들어있었다. 몇 차례 조율을 거친 주요 내용은

---

20) 『인조실록』 16권 5년 4월 1일 정유(6). 괄호 안 숫자는 같은 날짜에 나오는 기사의
    순서를 가리킨다. 아울러, 『淸太宗實錄』 卷2 天聰 원년 3월 14일 신사(1)의 기사 내용
    도 다소 차이는 있으나, 후금이 조선에 요구한 주요 내용은 대개 일치한다.

다음과 같다.

ⓐ 木綿 40,000필, 綿紬 4,000필, 布 4,000필, 소 4,000마리 등등21)

ⓑ 목면 15,000필, 면주 200필, 白苧布 250필, 虎皮 60장, 鹿皮 40장,
倭刀 8자루, 鞍具馬 1필22)

ⓐ는 아민이 조선에 통고한 주요 세폐 내역이며, ⓑ는 협상과 조율을
거쳐 조선이 실제로 전달한 내용이다. 이 둘을 비교해보면, 애초 후금
이 요구한 품목과 수량을 조선 측에서 협상을 통해 대거 낮췄음을 알
수 있다. 또한, 실제로 제공한 물품 중에서도 일본도와 안구마는 국가
와 국가 사이의 정식 공물이기보다는 개인에게 제공하는 선물의 성격이
강하다. 호랑이 가죽이나 사슴 가죽도 그 수량을 고려하면, 역시 선물
의 성격이 짙다. 이로써 보면, 후금은 목면 15,000필 외에 명주 200필과
흰 모시 250필 정도의 경제적 가치를 받아내는 데 만족하고 화친에 응
한 셈이다.

그렇다면 당시 후금에서 목면 15,000필은 어느 정도 가치였을까? 홍
타이지가 즉위하던 1626년 무렵 요동을 포함한 후금에서 말은 1필에 대
략 은 300냥, 소는 100냥, 명주 같은 비단은 1필에 150냥, 포는 1필에
9냥의 가치를 지녔다. 이는 예전의 정상가격보다 몇 배 또는 열 배 이상
폭등한 시세였다.23) 무명의 가치가 대개 명주보다는 훨씬 저렴하고 일
반 베보다는 다소 비싼 점을 감안하여 ⓑ의 첫 세 가지 품목의 가치를
은으로 환산하면, 대략 20만 냥을 조금 상회할 것 같다. 이것을 말로

---

21) 『인조실록』 15권 5년 2월 9일 병오(5).

22) 『인조실록』 15권 5년 2월 15일 임자(9).

23) 劉小萌, 이훈·이선애·김선민 옮김, 『여진 부락에서 만주 국가로』, 푸른역사, 2013,
385-386쪽.

다시 환산하면 700마리 정도에 해당한다.

그런데 15세기 초만 해도 명나라는 으레 조선에서 貢馬를 수백 수천 필씩 공출하였다. 조선이 보낸 말의 값을 쳐주기는 했지만, 당시 명나라가 조선에서 가져간 말의 규모를 짐작하기에 충분하다. 이에 비추어 볼 때, 후금이 고작 말 700마리 이상의 경제적 가치를 조선에서 가져간다고 해서, 후금의 경제 사정이 얼마나 호전될지는 심히 의문이다.[24] 은의 수량으로만 보아도, 광해군 때나 인조 집권 초기 명나라 칙사에게 조선 조정은 흔히 뇌물을 공여했는데, 수만 냥은 기본이었다. 따라서 20여만 냥의 은으로 당시 후금의 경제적 곤경을 해결하려 했다면, 어불성설이다.

이런 점은 당시 홍타이지가 명의 요서 지역 사령관 袁崇煥에게 강화 협상을 제시하면서 요구한 세폐의 수량과 비교할 때 더욱 두드러진다. 조선이 아민 군영으로 ⓑ의 물품을 실어 보낸 날은 (1627년) 2월 15일이었다. 따라서 이 사실을 전하는 보고는 심양의 홍타이지에게 늦어도 20일쯤에는 이미 도착했음이 분명하다. 그러자 홍타이지는 바로 23일에 원숭환에게 서신을 보내면서 화평의 조건으로 금과 은 수백만 냥 외에도 다량의 공물을 요구하였다. 이때 명이 실제로 후금에 제공한 내용은 금 100,000냥, 은 1,000,000냥, 명주 1,000,000필, 삼베 10,000,000필 등이었다. 이후로도 교역의 형태로 매년 금 100,000냥, 은 100,000냥, 명주 100,000필, 삼베 300,000필 등이 명에서 후금으로 들어갔다.[25]

---

24) 참고로, 정묘호란에 동원한 후금 병력은 36,000명이었고, 모두 기병이었다.(유재성, 『병자호란사』, 국방부전사편찬위원회, 1986, 48–49쪽) 전투에 나가는 기병이 보통 두어 마리의 말을 여분으로 끌고 가는 점을 고려하면, 침공 당시 후금 군대는 대략 10만 마리 규모의 말을 보유했을 것이다. 따라서 맹약을 체결하면서 후금이 조선에서 말 700마리 정도의 경제적 가치를 받은 사실은 경제적 목적으로 침공한 것이 아님을 강하게 시사한다.

25) Frederic Wakeman, Jr., *The Great Enterprise: The Manchu Reconstruction of*

이런 액수에 비하면, 사실상 동시기에 후금이 조선에서 전리품으로 가져간 경제적 가치는 차라리 무의미했다고 보는 편이 타당하다.

　기존연구들은 1620년대 중반 후금의 경제적 곤경이 심한 점에만 주목하여 정묘호란의 경제적 목적을 강조한 면이 있다. 그러나 실제 세폐의 규모를 보면, 홍타이지가 갑자기 조선을 침공한 이유가 과연 자국의 경제적 문제를 풀기 위함이었는지 매우 의심스럽다. 정묘호란 이전 1620년대 후금 내부의 경제 사정이 어려웠던 것은 사실이지만, 단지 그런 이유만으로 경제 문제를 곧바로 정묘호란의 목적이나 동인으로 치부할 수는 없다.

　혹시 후금은 조선과 맹약을 체결한 후에 개시 무역을 통해 조선으로부터 경제적 물품을 조달하려 하지는 않았을까? 정묘호란의 목적 가운데 하나가 경제 문제 해결이었을지라도, 그것을 일방적 수탈이 아닌 변경 무역의 형태로 일부 벌충하려 했을 수도 있다. 그렇다면 개시를 둘러싼 조선과 후금의 협상 추이는 어떠했을까? 후금은 얼마나 촉급하게 개시를 압박하였으며, 어느 정도 규모의 경제적 교역을 추진하였을까?

　조선은 후금과 교역을 전혀 원하지 않았으므로, 개시 문제는 후금이 주도권을 쥐고 조선을 다그치는 양상을 보였다. 그렇지만 경제 문제 때문에 조선을 침공했다고는 보기 어려울 정도로 시일을 지체하였다. 후금의 개시 요구는 후금이 철수한 후에 시작하였으나, 조선의 미온적인 태도로 인해 진척은 지지부진하였다. 후금이 조선을 다그치면서 압력을 가하기 시작한 때는 10월 무렵이었다. 맹약을 체결하고 7개월이나 지난 시점이다. 그래도 조선이 미온적 태도로 일관하자, 후금은 일방적으로 개시 날짜를 통고하는 등 점차 고압적으로 나왔다.[26] 신료들은 개

Imperial Order in Seventeenth-Century China, Vol. I (Berkeley: University of California Press, 1985), pp. 83-85.

시를 계속 미루다가는 화를 자초할지 모르니, 이제는 후금의 개시 요구에 응할 수밖에 없다는 쪽으로 의견을 펼쳤다.[27] 척화파의 화신으로 알려진 金尙憲조차도 개시가 부득이함을 인정할 정도였다.[28]

그런데 이런 상황에서 국왕 인조의 발언에 주목할 필요가 있다. 그의 논지는 봄과 가을에 개시를 여는 것은 그런대로 무방하겠지만, 상인들이 관서 지역으로 몰리면서 일본과의 교역에 차질에 생긴다면 새로운 화근이 되지 않을까, 라는 걱정이었다.[29] 개시로 인한 조선의 경제적 유출을 걱정하기보다는 일본과의 관계 악화를 더 우려한 것이다. 이는 후금과 정식으로 교역하더라도 그것이 조선에 대한 심각한 수준의 경제 수탈과는 거리가 있었음을 시사한다.

또한, 후금이 조선에 쌀의 교역을 요구하기는 했지만, 현재 기록을 통해 확인이 가능한 첫 개시 때의 수량은 약 5,000석 정도였다.[30] 그렇다면 당시 5천 석의 가치는 어느 정도였을까? 정묘호란 발발 직전까지 조선이 모문룡에게 공급한 쌀은 침공 직전인 1626년 상반기에만 벌써 10만 석이었다. 동시기에 평안도와 황해도에서 貢稅로 국가에서 확보한 쌀은 관노비의 신공 11만 석을 포함하여 대략 18만 석이었다.[31] 兩西 지역에서 징수한 수량 가운데 절반 이상을 모문룡에게 제공한 셈이다. 그렇다면 이때 조선이 개시를 통해 후금에 제공한 쌀 5천 석의 중요성은 지극히 낮았음을 알 수 있다. 또한, 정축약조(1637) 이후 청이 조선에서 군량을 5만 석이나 10만 석 단위로 징발한 데 비하면, 이때 5천 석은

26) 『인조실록』 권17 5년 10월 28일 신유(2).
27) 『인조실록』 권17 5년 11월 2일 을축(3).
28) 『인조실록』 권17 5년 12월 25일 무오(4).
29) 『인조실록』 권17 5년 11월 2일 을축(3).
30) 『인조실록』 권18 6년 2월 1일 계사(1).
31) 『인조실록』 권13 4년 윤6월 15일(2).

솔직히 국가 대 국가 사이의 무역으로 보기 힘들 정도로 소량이었다. 따라서 이 정도의 수량으로 과연 후금의 식량 사정을 얼마나 개선할 수 있었을지 의문이다. 심지어, 개시에서 후금이 가장 관심을 둔 품목은 식량보다는 大緞과 潞洲紬와 같은 중국산 비단이었다.[32]

이렇듯, 후금과 조선의 국경무역은 맹약을 체결하고도 1년이 지나도록 지지부진하였다. 개시를 당장 실천해야 한다는 후금의 압박이 있었지만, 조선의 이런저런 핑계를 후금은 대체로 수용하는 편이었다. 특히 첫 개시를 통해 후금으로 들어간 물량은 승패가 분명히 갈린 전쟁을 막 끝낸 국가 간의 무역(일방적 공출)으로 보기 어려울 정도로 극히 소량이었다.

요컨대, 후금이 조선에서 가져간 경제적 가치는 맹약에 따른 예물의 성격이 강했을 뿐, 후금의 경제 사정을 호전시킬 만한 수량은 전혀 아니었다. 따라서 정묘호란의 발발 요인 중에서 후금 내부의 경제 문제를 강조할 근거는 사실상 없다. 특히 식량 문제가 협상 과정에 일언반구조차 등장하지 않은 사실을 간과하면 곤란하다. 후금 내부의 경제 사정이 나빴다고 해서 그것을 곧바로 침공의 동인으로 볼 근거는 없다는 것이다.

정묘호란의 발발 배경을 종합적으로 살핀 것으로는 지금까지도 전해종과 김종원의 연구가 으뜸이다. 그런데 전해종에 따르면, 협상의 최대 현안은 정치·외교적 사안이었다. 조선과 명의 전통관계를 어디까지 용인할 것인가로 줄다리기가 이어졌다. 이뿐만 아니라, 화친을 맹약의 방식으로 천명하는 문제도 매우 첨예한 쟁점이었다. 이 맹약 방식이 협상의 최대 난제였다. 세폐나 개시와 같은 경제적 사안은 상대적으로 매우

32) 『인조실록』 권18 6년 5월 28일 무자. 정묘호란 직후 개시를 위한 교섭과 현황에 대해서는 정성일, 「丁卯胡亂과 朝鮮의 貿易政策 – 1629년 日本國王使의 上京과 관련하여」, 『사학연구』 49, 1995 참조.

소홀히 다루었다.[33] 정묘호란의 출병 동기 가운데 하나로 경제 문제를 최초로 지적한 김종원도 협상의 중요한 현안을 정치·외교와 맹약 문제에 치중하여 설명하였다.[34] 이럴 수밖에 없는 이유는 자명하다. 협상 과정을 거쳐 맹약에 제시한 내용이 거의 다 정치·외교·군사적 사안이었기 때문이다.

실제로, 아민을 출정시키면서 홍타이지는

> "… 조선은 여러 해 동안 우리나라에 죄를 얻었다. 이치로는 마땅히 성토해야 한다. 그렇지만 이번 일(의 목적)이 오로지 조선을 치는 것만은 아니다. 명의 모문룡은 저 바다의 섬을 가까이하며 (그것을) 의지해 미쳐 날뛴다. (심지어) 우리 叛民까지 받아들인다. 그러니, (이제) 군사를 정돈하여 가서 정벌하라. 만약 조선(까지)도 취할 수 있다면, 모두 취하라. …"[35]

라고 명함으로써, 원정군 사령관 아민에게 구체적 임무를 부여하였다. 그 임무가 바로 침공의 원인이자 목적임은 자명하다. 침공의 이유를 이렇게 명시한 사료는 사실상 이것이 거의 유일하다. 따라서 홍타이지 쪽에서 보더라도, 정치·외교·군사적 이유로 침공을 단행했음은 자명하다.

그런데 위 사료에서 조선을 취한다는 의미는 정확히 무엇일까? 도성인 한양을 점령하고 조선을 완전히 정복하는 것일까? 그렇지는 않다. 압록강을 건너 침공을 시작한 후 아민이 보인 태도는 조선의 완전 정복을 목표로 삼은 장수로는 도저히 볼 수 없을 정도로 진군 속도를 지체했

---

33) 전해종, 『한중관계사 연구』, 123–130쪽.
34) 김종원, 『근세 동아시아관계사 연구』, 96–102쪽.
35) 『淸太宗實錄』卷2 天聰 원년 1월 8일 병자(1). "丙子命大貝勒阿敏 … 朝鮮屢世獲罪我國 理宜聲討 然此行非專伐朝鮮也 明毛文龍 近彼海島 倚恃披猖 納我叛民 故整旅徂征 若朝鮮可取 則並取之 …"

다. 심지어 처음부터 줄곧 조선 국왕과의 화친을 거듭 요구했다. 이는 당시 후금이 조선을 침공하여 조선을 취한다는 의미가 조선을 후금의 맹약체제 안으로 끌어들이는 데 있었음을 강하게 시사한다. 明秩序 하에서 명나라의 오랜 '혈맹'이던 조선을 후금의 맹약체제로 끌어올 수만 있다면, 갓 등극한 홍타이지의 혁혁한 공훈이 될 것이 자명하였다. 이런 점을 고려할 때, 개전하자마자 줄기차게 조선을 몰아치며 빠르게 남하하기보다는 왜 집요하게 화친을 요구하며 지체했는지, 협상 과정의 최대 걸림돌이 왜 하필 화친의 방식[맹약]이었는지 쉽게 이해할 수 있다. 협상 과정 때나 맹약을 체결한 후에도 조선에 대한 경제적 수탈이 '의외로' 미미했던 이유 또한 쉽게 이해할 수 있다.

이렇듯, 맹약 체결을 통해 명과 조선의 관계를 끊고 모문룡을 제거하는 것이 침공의 핵심 원인이자 목적임은 앞의 사료를 통해 확인하였다. 그렇지만 그것을 침공의 직접 동인으로 보기는 어렵다. 왜냐하면, 명과 조선의 돈독한 관계는 이미 천하가 다 알던 사실로, 1620년대 중엽에 이르러 특별히 문제가 된 사안은 아니기 때문이다. 모문룡 건도 마찬가지다. 모문룡이 조선 영토 안에 군영을 설치하고 후금의 배후를 위협하기 시작한 때는 1621년 여름이었다. 1622년 가을에 본영을 섬으로 옮긴 후로도, 모문룡의 존재는 후금의 골칫거리가 되기에 충분했다. 그렇지만 이 역시 이미 5년 이상 이어진 현상이지, 1626년에 이르러 갑자기 심각해졌다고 볼 근거는 전혀 없다. 결국, 경제 문제를 포함하여 정치·외교·군사적 사안은 이미 5년 이상 또는 10년 이상 만성화한 정황이었으므로, 정묘호란의 전체 배경일 수는 있어도 침공을 직접 추동한 동인으로 간주하기는 어렵다.

4. 누르하치와 홍타이지의 조선 정책

그렇다면 정묘호란은 왜 하필 1627년 정초에 발발하였을까? 홍타이지가 침공을 단행한 직접 동기는 무엇이었을까? 침공 직전에 후금 내부에는 무슨 일이 있었을까? 정치·외교·군사·경제 등의 문제는 이미 누르하치 치세 때부터 만성화되어 있던 요인이었다. 따라서 후금이 조선을 침공한 동인은 그 이상의 다른 데서 찾을 필요가 있다. 여기서 중요한 점은 조선을 아우를 필요가 분명했음에도 누르하치는 조선 원정을 실행에 옮기지 않은 사실이다. 그러다가, 그가 죽고 칸이 바뀐 지 불과 석 달 만에 후금은 전격적으로 조선을 침공하였다. 따라서 정묘호란의 직접 동인은 아무래도 누루하치의 죽음(1626.9.30.)과 홍타이지의 등극에서 찾을 필요가 있다.

누르하치가 1616년 정초에 후금 건국을 선언한 이래 후금은 명나라에 대한 7대 恨을 푼다는 명분으로 1618년 초부터 요동 공략을 시작하였다. 이때부터 후금은 서쪽의 명과 남쪽의 조선을 동시에 상대해야 하는 형국에 처하였다. 1619년 3월 명과 조선의 대규모 연합병력이 후금 원정에 나선 사실은 후금이 당면한 '앞뒤 두 개의 전선' 문제가 심각했음을 잘 보여준다. 이때부터 후금 지도부는 명과의 전면전을 앞두고 조선을 어떻게 대할지를 놓고 의견대립이 이어졌다. 누르하치의 장자인 貴盈哥가 조선에 대해 온건 노선을 주장한 데 비해, 홍타이지는 강경 일변도였다.

조·명 연합군을 물리친 후 누르하치는 조선과 속히 화친하고 나서 본격적으로 요동 공략에 나설 생각이었다. 하지만 누르하치의 화친 요구 서신에 조선 조정이 선뜻 회신하지 않자, 조선 정책을 놓고 후금 지도부는 분열하였다. 포로로 잡혔다가 탈출하여 돌아온 현령 黃德韺 등은 공초에서 후금의 갖가지 사정을 전하였다. 그 가운데 조선에 우호적

인 藩胡에게서 들었다면서

> "… 노추는 아들과 사위가 매우 많은데, 장수로 삼은 자도 셋입니다. 3자 洪大時는 늘 부친에게 우리나라를 침범하자고 권합니다. 장자 貴永介는 매번 이르기를 '사방에서 적을 맞으면 (저들이 우리에게) 원한으로 갚을 (일이) 심히 많을 것이다. 그렇다면 (그런 방책은) 스스로 지키는 이치가 아니다.'라고 하면서, 힘을 다해 화친을 주장하고 (나라의) 안전을 힘써 요구합니다. (하지만 이는) 우리나라를 사랑해서가 아닙니다. 사실은 자기 (나라)를 소중히 여깁니다. …"36)

라고 하여, 조선 정책을 놓고 후금 내부의 의견이 팽팽히 맞서는 정황을 진술하였다. 이런 상황에서 누르하치는 번번이 장자의 의견을 채택했으며, 조선 국왕 광해군으로부터 우호적 내용의 회신을 국서 형식으로 받아내는 데 우선순위를 두었다. 실제로, 누르하치는 근 2년 가까이 거듭 회신을 독촉하고 기다리며 강한 인내심을 보였다. 마침내 1622년 10월 광해군이 "後金國汗殿下"로 시작하는 우호적인 국서를 보내오자 크게 만족하였고, 이때부터 모든 군사력을 서쪽으로 집결시켜 요서 지역 공략에 집중하였다.37) 광해군의 회신을 계기로, 후금은 조선에 대한 외교적 압력을 모두 중단한 것이다. 이로써 보면, 앞서 〈표〉를 통해 확인했듯이, 인조정권 초기 약 4년(1623~1626) 동안 후금과 조선 사이에 아무런 외교 현안 없이 군사적 긴장이 현저하게 완화된 이유를 보다 명쾌하게 이해할 수 있다.

---

36) 『광해군일기』 중초본 147권 11년 12월 17일 병인(5). "… 奴酋子壻甚多 其爲將者三人 第三子洪大時 常勸其父 欲犯我國 其長子菊貴永介 則每以四面受敵 讎怨甚多 則大非 自保之理 極力主和 務要安全 非愛我也 實自愛也 …"
37) 광해군의 회신을 받기까지 후금과 조선 사이에 고조되던 긴장 국면에 대해서는 계승범, 「광해군대 말엽(1621~1622) 외교 노선 논쟁의 실제와 그 성격」에 상세하다.

후금 지도부 내의 이런 대립 구도는 또 다른 조선군 포로 李民寏이 기록한 『柵中日錄』을 통해서도 확인할 수 있다. 그는 당시 조선을 대하는 후금 지도부 내의 분위기에 대하여

> "奴酋의 여러 아들은 모두 이르기를, '조선은 명나라에 대하여 부자지간과 같다고 스스로 말합니다. 또한, (이번 조선 차관의 방문 때) 신표도 없었습니다. 서로 화친하려 하지 않음을 알 수 있습니다. (그러니 조선군 포로) 장졸들을 모두 죽이느니만 못합니다. (우리가) 요동을 쳐서 (점령하고) 나면, (조선이 과연) 의지할 데가 어디이겠습니까?'라고 하였다. (그러자) 貴盈哥가 신표가 없다는 이유로 그 장졸들을 죽이기는 불가하다고 운운하였다. …"38)

라고 기록하였다. 위 사료에 보이는 노추의 여러 아들이 누군지는 정확하지 않지만, 앞서 살핀 황덕영의 공초 내용과 함께 보자면, 조선에 대한 강경 정책을 주장한 그룹의 리더가 홍타이지였을 정황을 어렵지 않게 간파할 수 있다.

그런데 조선 정책을 놓고 형성된 이런 대립 형국에서 누르하치는 결국에는 귀영가의 의견을 채택하곤 하였다. 조선군 포로 중 일부가 여진인 여인을 살해하거나 강간하고 도주했을 때에도 누르하치는 진노하여 조선군 포로를 모두 죽이려 하였으나, 400여 명을 처형하는 선에서 마무리하였다. 이것도 귀영가의 적극적인 만류를 상당히 수용한 결과였다.39)

후방의 몽골과 조선을 확실하게 제어하지 못한 상황에서 후금이 명

---

38) 『紫巖集』 권5 19쪽 (6월 초2일). "奴酋諸子 皆以爲 朝鮮之於南朝 自爲有同父子 且無信物 其不慾相和可知 不如盡殺其將士 破遼之後 何所恃乎 貴盈哥曰 不可以其無信物 而殺其將士也云云 …" 한편, 몇 년 전에 『책중일록』의 역주본이 나왔다. (이민환 지음, 중세사료강독회 옮김, 『책중일록』, 서해문집, 2014)

39) 『紫巖集』 권5 16쪽 (3월 23일). 참고로, 강홍립이 이끌고 투항한 조선군 포로는 약 4,000명이었다. 따라서 이때 포로 중 약 10%가 처형당한 셈이다.

나라와 전면전을 치르는 일이 어려움은 자명하였다. 이는 누르하치도 익히 알던 문제였다. 內顧의 근심 때문이었다.40) 그렇지만 1621년 후금 이 요동을 장악하고 廣寧까지 점령한 상황에서 어디에 우선순위를 둘지를 놓고 의견이 갈라졌다. 이미 요서 지역에 전선이 형성된 상황에서는 後顧의 우려를 없애기 위해 군대를 일부 돌려서 조선을 치는 일도 섣불리 감행하기는 어려웠다. 또한, 요동에 대한 후금의 지배력이 아직 완전하지 않은 상태에서 지속적인 영토 확장에 대한 내부 반발도 만만치 않았다. 누르하치가 계속 西進을 독려한 데 반해, 다수의 버일러(beiles)와 암반(ambans)은 전쟁을 멈추고 고향으로 돌아가는 쪽을 선호했기 때문이다.41) 심양, 요양, 광녕 등 주요 거점을 비교적 빠르게 장악한 후에도, 후금이 그 여세를 몰아 파죽지세로 산해관까지 진군하지 못한 이유 가운데 하나는 바로 후금 내부의 의견대립 때문이었다.

이런 정황은 영원성 공격에서 패배한 후 후금 지도부 안에 팽만한 패인 분석 기류를 통해서도 읽을 수 있다.

> "병인년[1626년] 3월에 劉學成이 아뢰며 이르기를 '… 이에 칸께서 廣寧을 취한 이래 보병과 기병 (모두) 3년간 (제대로) 싸우지 않았습니다. 장수는 태만해지고 병사는 싸울 마음이 없어졌습니다. 게다가 수레와 사다리 및 등나무 방패는 썩거나 상해버렸습니다. (전투용) 기계는 날카로움이 없습니다. (그런데도) 칸께서 寧遠(城)을 아주 쉽게 여기셨으니, 하늘이 칸에게 괴로움을 내린 것입니다. …"42)

40) 『滿洲實錄』 卷7 天命 7년 3월(2). "是月 帝集諸王大臣 議曰 皇天見祐 將遼東地方 付與我等 然遼陽城大 且多年傾圮 東南有朝鮮 西北有蒙古 二國俱未服 若釋此而征明國 難免內顧之憂 …"

41) Gertraude Roth Li, *The Rise of the Early Manchu State: A Portrait Drawn from Manchu Sources to 1936*, Doctoral Dissertation (Cambridge: Harvard University, 1975), pp. 44-46.

위의 자료는 뜻밖의 패전과 누르하치의 중상으로 후금 내부의 성토 분위기가 거센 상황에서 나온 발언이라 그 해석에 조심할 필요는 있다. 그래도 광녕 점령 후 3년간 후금이 西進을 위한 적극적인 전투를 별로 전개하지 않았음을 보여주기에는 충분하다. 이런 점도 후금 지도부가 의견을 통일하지 못한 채 우왕좌왕한 정황을 에둘러 보여준다.

문제는 이런 진퇴양난의 처지에서 누루하치가 조선 원정을 계속 하위순위로 둔 데 비해, 홍타이지는 애초의 강경노선을 견지한 점이다. 조선을 어떤 식으로든 확실하게 복속시켜야 하는 데에는 모두 동의하였으나, 그 타이밍에서 누르하치와 홍타이지는 엇갈렸다. 앞서 제시한 사료를 통해 확인했듯이, 홍타이지는 조선부터 확실하게 제압해야 서쪽으로 군사를 집중하여 명나라와 전면전을 벌일 수 있다는 생각 일변도였다. 이에 비해, 누르하치는 이미 서부 전선에서 명나라와 대치중인데도 후방의 조선을 공격한다면 조선의 反金 태도도 분명해질 것이고, 그렇다면 앞뒤로 두 개의 전선을 갖는 꼴이니 후금에게 유리할 것이 없다는 생각이었다. 그래서 조선의 우호적 회신을 받기 위해 2년이나 인내심을 발휘한 것이다. 이점이 누르하치와 홍타이지가 품은 조선 정책의 결정적 차이였다.

후금이 요동을 장악한 1621년 봄 이래 형성된 이런 형세는 정묘호란 발발 직전까지 그대로 이어졌다. 이는 누르하치 때나 홍타이지 때나 국내외 정세에 특별한 차이가 없었음을 의미한다. 그러함에도, 누르하치가 죽고 홍타이지가 등극한 지 불과 석 달 만에 후금은 일언반구의 최후통첩이나 선전포고조차 없이 갑자기 조선을 침공하였다. 그렇다면 후금

---

42) 『滿文老檔』 71冊, 天命 11년 3월 19일. "丙寅年三月十九日 劉學成奏稱 … 乃汗自取廣寧以來 馬步之兵 三年不戰 主將怠惰 兵無戰心也 兼之 車梯籐牌朽壞 器械無鋒 及汗視寧遠甚易 故天降勞苦於汗也 …"

의 조선 침공 동인은 무엇이겠는가? 그것은 조선에 대한 강경론자인 홍
타이지가 후금의 새로운 칸으로 등극했기 때문으로 봐야 타당할 것이다.

　실제로, 앞의 〈표〉에서 제시한 ⓒ시기에 후금 관련 기사 수는 급감했
으나, 정묘호란 발발 약 두 달 전에 평안감사 尹暄의 보고를 보면, 평소
와는 다른 이상기류를 감지할 수 있다.

> "… 명나라 장수 徐孤臣(이 전해온) 말입니다. 적장 劉愛塔은 開原 사람
> 인데 이른 나이에 (후금에) 잡혀간 자입니다. (그가) 豭子 李氏에게 언문으
> 로 쓴 글을 휴대하여 내보내 이르기를, '奴酋가 죽은 후 4자 黑還勃烈이
> 이어받았다. (그가) 분부하기를 먼저 江東[조선]을 빼앗음으로써 (우리의)
> 근본 걱정을 제거하고, 그다음으로 山海關과 寧遠 등의 성을 침범하라.'고
> 운운하였습니다.[43]

　이 내용은 누루하치가 죽고 그 아들 홍타이지가 뒤를 이었으니, 이제
먼저 조선을 쳐서 근심을 없애고 나서 산해관과 영원 등지를 공격할 것
이라는 매우 귀중한 첩보였다. 요서를 방어하던 명나라 장수들은 이미
홍타이지의 대외 노선을 간파하고 있었던 셈이다. 이 사료를 통해, 누
루하치가 죽고 홍타이지가 즉위한 그 자체만으로도 후금의 조선 침공
확률이 급격하게 높아졌음을 생생하게 알 수 있다.

　누르하치는 죽기 전에 후계자를 지명하지 않았다. 정치적 이유로 장
자 귀영가를 제거했지만, 그렇다고 홍타이지를 낙점하지도 않았다. 연
정 체제를 유지하던 후금의 사정을 고려할 때, 비교적 상당한 전제권력
을 누리던 누르하치의 이런 죽음은 홍타이지의 즉위 직후 권력이 의외

---

43) 『인조실록』 14권 4년 10월 24일 계해(1). "平安監司尹暄馳啓曰 唐將徐孤臣言 賊將劉
　愛塔 開原之人 而早年被擄者也 使豭子李姓者 持諺書出送曰 奴酋死後 第四子黑還勃
　烈承襲 分付 先搶江東 以除根本之憂 次犯山海關寧遠等城云"

로 허약했음을 시사해준다. 숱한 계승 투쟁을 다 이기고 즉위했을지라도, 홍타이지는 무소불위의 권력을 행사하기는커녕 자신의 즉위를 위해 여러 버일러들을 설득해야 했다. 그는 자신의 군사력 외에도 버일러들의 합의에 따라 즉위한 것이다.[44]

그런데 후금 지도부의 주요 인물들은 누르하치와 홍타이지 사이에 수년간 형성되었던 조선 정책의 차이를 잘 알고 있었다. 그들은 홍타이지가 새로운 칸으로서 무엇을 새롭게 보여줄지 주시하였다. 조선에 대한 우려 등 정치·외교·군사적 정황은 홍타이지가 즉위하기 오래전부터 이미 후금이 직면한 '만성적' 환경이었다. 그렇다면 누르하치가 죽고 홍타이지가 즉위한 점이야말로 침공의 핵심 동인이지 않을까?

홍타이지 편에서 그의 즉위를 바라보자. 누르하치가 비교적 전제권을 행사한 데 비해,[45] ①홍타이지는 즉위 초기에 연정 체제를 유지할 수밖에 없었다. ②명나라와의 전쟁에서는 최근 유의미하게 얻은 것도 없었다. 오히려 손실이 훨씬 더 컸다. 이에 따라 ③후금 군대의 사기는 바닥까지 떨어졌고, 오랜 전쟁에 대한 명분도 상당히 상실한 상태였다. 가장 중요한 것은 ④홍타이지 자신이 오래전부터 조선 원정을 강력히 주장한 주체였다는 사실이다. 바로 이런 점들이야말로 새로 즉위한 홍타이지가 해결해야 할 급선무였다. 그것을 단기간에 성공해야, 내부의 동요를 수습하기 쉬웠을 것이다. 또한, 홍타이지를 중심으로 형성된 새 지도부의 이해관계도 대동소이했을 것을 충분히 짐작할 수 있다. 각론에서는 이견이 분분했을지라도, 누르하치 사후 새롭게 부상한 권력집

---

44) 홍타이지의 즉위 전후 후금 내부의 권력 관계에 대해서는 송미령, 「천총연간(1627-1636) 지배체제의 확립과정과 조선정책」, 『중국사연구』 54, 2008 참조. 이 논문에 따르면, 조선 원정에 나선 후금군 내부의 의견도 일치하지 않는 경우가 많았다.

45) Gertraude Roth Li, *The Rise of the Early Manchu State*, pp.46-55.

단으로서는 후금 내부의 문제를 외부와의 긴장고조 내지는 전쟁이라는 '이벤트'를 통해 해소할 방안을 공유할 필요성이 있었기 때문이다.46) 어차피 같은 배를 탄 새 지도부였기 때문이다.

정묘호란의 급작스러운 발발은 바로 홍타이지의 즉위 그 자체가 핵심 동인이었다. 즉위 초기의 어수선한 정국을 일거에 돌파할 수 있는 최선책은 자신이 이전부터 줄곧 주창해온 조선 원정뿐이었다. 조선을 자신의 맹약질서 안으로 끌어들이지 못한다면, 홍타이지는 누르하치와 어떤 차별화도 취하기 힘들었다. 이런 상황에서 그가 원한 실현 가능한 전리품은 두 가지였다. 앞서 살핀 『청태종실록』 기사에 명시했듯이, 모문룡을 확실히 제거하거나 조선을 취하거나 둘 중 하나였다.

전통적인 조공·책봉 관계에 기초한 明秩序 하에서 명나라와 '혈맹관계'를 과시하던 조선을 위압하여 후금이 주도한 맹약체제로 끌어들일 수만 있다면, 그것도 별다른 출혈 없이 할 수만 있다면, 그것이야말로 새 칸 홍타이지에게는 천군만마와도 같은 혁혁한 공적일 것이었다. 후금의 고질적 후환인 조선을 아우른 데 이어, 이런 공적을 내세워 홍타이지는 ①기존의 연정 체제를 자신을 중심으로 재편하기 쉬웠을 것이다. 또한, ②정치·외교적으로 조선이라는 전리품을 자랑하고, ③후금의 군대가 여전히 강력함을 증명하며, 특히 이제 ④후금의 주인이 누르하치에서 자신으로 바뀌었음을 분명히 보여줄 수 있었다. 홍타이지를 추대한 바일러들도 이런 이해관계를 대체로 공유하였다. 요컨대, 후금의 군주 교체라는 중차대한 사실을 소홀히 한 채 정묘호란의 발발 동인을 다른 데서 찾는 접근법은 지양할 필요가 있다.

---

46) 이 문장의 내용은 심사의견서의 한 코멘트를 필자가 적극적으로 수용한 것이다. 이름 모를 심사자에게 이 지면을 통해 감사의 마음을 전한다.

5. 맺음말

이 글에서는 정묘호란의 발발 배경을 再考 형식으로 살피되, 동인에 초점을 맞췄다. 어떤 사건을 분석할 때 사용하는 동인, 동기, 명분, 목적, 이유, 원인, 배경 등의 단어에는 의미상 일정한 차이가 있다. 동인과 동기는 사실상 동의어로, 어떤 일을 불러일으킨 직접적인 계기를 의미한다. 명분은 어떤 일을 꾀하면서 내세우는 정당한 구실의 의미로, 행위를 합리화하는 핑계이기도 하다. 이에 비해, 목적은 그 사건을 일으킴으로써 실제로 지향하는 것, 곧 얻으려는 것이다. 이유는 그 사건이 왜 발생했는지에 대한 해석이자 분석이다. 원인의 뜻도 이와 대동소이하되, 역사적 인과관계를 강조한 차이가 있다. 배경은 이 모든 의미를 내포하되, 어떤 일을 가능케 한 주변 정황까지 망라한다. 엇비슷한 용어들을 이렇게 일일이 정의하는 이유는 이런 용어의 의미를 구체적으로 제시하고 정묘호란의 발발을 탐구한 기존연구가 거의 없기 때문이다. 그러다 보니, 단순한 명분에 가까운 모문룡 제거를 침공의 최대 목적으로 파악하거나, 소소한 주변적 배경에 지나지 않는 경제 문제를 침공의 주요 원인으로 설명하는 등 일부 혼란을 초래한 면이 있다.

이런 문제의식으로, 이 연구에서는 먼저 정묘호란의 발발 이유로 학계에 한때 정설처럼 유행한 조선의 외교 노선 변화 문제를 재검토하였다. 이를 통해, 계해정변(인조반정)을 계기로 조선의 외교 노선이 예전의 친명사대로 분명히 변했으나, 후금의 조선 침공과는 아무런 인과관계가 없음을 확인하였다. 다음으로는, 정묘화약의 내용을 통해 침공의 원인이나 목적 등 제반 배경을 추출하는 방법으로 기존연구를 재검토하였다. 그 결과, 1620년대 중반 후금이 겪던 경제 문제와 정묘호란 사이에는 사실상 연관성이 없음을 논증하였다. 맹약의 체결이나 이후의 개시

무역을 통해 후금이 조선에서 가져간 경제적 가치는 무시해도 좋을 정도로 미미하였기 때문이다.

강화협상 과정에 보이는 최대 현안은 거의 다 정치·외교·군사적 사안이었다. 즉 침공의 원인과 목적은 바로 조선을 明秩序라는 우산 밖으로 끌어내어 후금의 맹약체제 안으로 유인하는 것이었는데, 전쟁 추이와 강화의 내용은 바로 후금이 애초 의도한 목적을 달성했음을 여실히 보여준다. 그렇지만 이 역시 침공의 동인으로 보기는 어렵다. 왜냐하면, 그런 정치·외교·군사적 상황은 이미 누르하치 치세부터 만성화되어 있던 요인이었지, 홍타이지가 즉위할 무렵에 갑자기 부상한 새로운 사정은 아니었기 때문이다.

그렇다면 정묘호란은 왜 누르하치가 죽고 홍타이지가 즉위한 지 불과 석 달 만에 갑자기 전광석화처럼 발발하였을까? 이 글에서는 누르하치와 홍타이지의 조선 정책이 처음부터 달랐음에 주목하였다. 후금이 요동을 공격하기 시작한 1618년 봄부터 홍타이지가 즉위한 1626년 가을까지 9년 가까이 후금 지도부는 조선 정책을 놓고 양립하였다. 서쪽에서 명나라와 장기전을 치르는 상황에서 후방의 조선을 어떻게 처리할지에 대한 전략 차이 때문이었다. 征明戰에 총력을 기울이기 위해서는 후방의 조선을 먼저 정복해야 한다는 강경론은 홍타이지가 이끌었다. 이에 비해, 누르하치는 조선 정복의 필요성은 인정하되 두 개의 전선을 동시에 형성하는 것은 불리하다는 이유로 조선 공격을 주저하였다. 조선의 우호적 회신을 2년 가까이 기다리는 강한 인내심까지 보였다. 실제로, 1622년 가을 조선 국왕 광해군이 마침내 우호적인 국서를 보내오자 누르하치는 크게 만족하였고, 이후로는 조선을 괴롭히지 않았다.

이 논문의 결론은 이런 누르하치가 죽고 강경파 홍타이지가 즉위한 사건, 곧 후금의 군주 교체가 정묘호란의 직접 동인이었다는 것이다.

전략상 조선을 먼저 쳐야 한다고 줄곧 주장한 홍타이지에게는 조선 침공이야말로 이제 후금의 칸이 바뀌었음을 안팎으로 분명히 각인시키는 군사작전이었다. 또한, 명나라의 '혈맹'이던 조선을 후금의 맹약체제 안으로 불러들인 일은 누르하치도 하지 못하던 것을 자신이 즉위하자마자 단번에 성취한 혁혁한 전과이자 쾌거였다. 조선에 대한 군사작전과 맹약 체결을 통해 홍타이지는 자신의 전략이 옳았음을 만천하에 증명한 것이다. 요컨대, 정묘호란의 핵심 동인은 조선에 비교적 우호적이던 누르하치가 죽고 초지일관 강경론을 펴던 홍타이지가 즉위한, 즉 후금의 칸이 바뀌었기 때문으로 파악해야 할 것이다.

낙서(洛西) 장만(張晩)의 상소문 연구

...

신두환

1. 문제의 제기

나라에 큰 공을 세우고도 역사 속에 묻혀가던 洛西 張晩(1566~1629)을 다시 역사 속에 등장시킨 것은 정조 임금이었다.

정조는 "초야의 器局을 가진 인사를 장차 어떻게 조정에 나아오게 할수 있겠는가. 옛날에 '충신은 반드시 효자에게서 구한다.' 하였고 또 '故家世族을 병풍과 울타리로 삼는다.' 하였다. 玉은 스스로 자랑하지 아니하고 오직 사람이 이것을 알아줄 뿐이니, 어찌 有司의 죄인 동시에 조정의 책임이 아니겠는가."라고 하면서 故家世族으로서 진실로 천거할만한 자가 있으면 모두 천거하라고 하였다. 그러면서 경연에서 말하던 끝에 옥성부원군 張晩이 병든 몸으로 공훈을 세운 일을 말하였다.[1] "옥성부원군이 병든 몸으로 수레를 타고서 적을 토벌하고 충의를 분발하여 공훈을 세웠으므로 부녀자나 어린아이들도 오늘날까지 그 이름을 외고 있다. 나는 당일의 여러 신하 중에 옥성부원군을 으뜸으로 삼아야 할 것으로 여긴다고 하였다.[2]

---

1) 『정조실록』 47권, 정조 21년 정사(1797) 12월 20일(을묘).
2) 『정조실록』 47권, 정조 21년(1797) 12월 26일 조항 참조.

장만이 역사에 공을 세운 것이 이와 같았고, 정조가 특별히 관심을 가지고 대우하려던 故家世族 중에 장만이 으뜸으로 꼽히는 것을 생생하게 볼 수 있었다.

張晩(1566~1629)이 살았던 시기는 전쟁과 당쟁으로 얼룩진 대혼란기였다. 그는 임진왜란이 일어나기 한해 전인 1591년에 출사하여 임진왜란의 전쟁의 참상을 직접 목도하고 겪었으며, 국가의 존망을 다투는 누란의 위기 속에서 나라를 구하기 위해 분골쇄신하였다. 전쟁 중에는 중요 관직을 두루 거치며 유성룡, 권율, 이원익 등 기라성 같은 선배 관료들과 함께 조정에서 전장을 논하며 청춘을 불태웠고, 전후에는 국체를 안정시키기 위해 세자책봉과 왕후의 고명을 받으러 두 차례나 사신으로 파견되어 명나라를 다녀오기도 했다. 충청도, 전라도, 함경도, 평안도, 경상도 관찰사를 지내면서 전쟁으로 얼룩진 민심을 수습하고 안정시키는 데 총력을 기울였던 우국애민의 경륜가였다.

조선에는 학자와 문인으로 공명을 드러내려는 이들은 많으나 전장을 누비며 한 시대를 경위한 經綸家는 적다. 당대 대부분의 학자들은 성리학의 학설과 사마천의 장구를 철습하는 이들이요. 그렇지 않으면 대의명분을 구실로 삼아 다소 허명을 추구하는 비루하고 고지식한 경향을 나타내는 무리들이 대부분이었다. 난리를 당하여 직접 전쟁에 참가해 보지도 않고 大義名分을 위하여 함부로 강경한 태도로 부르짖는 이들과 그렇지 않으면 仁義와 실속 없는 말로 국방의 대본을 삼으려 하는 우원하고 무모한 경륜가는 얼마든지 있었다. 그러나 국체의 존망을 걱정하며 변방의 방백으로 국가의 위기 앞에 직접 전쟁에 참가하여 국가의 정치를 가장 합리적으로 계획적으로 잘해 가자는 경륜가는 희귀하다.

조선의 임진왜란 때 문신으로 등용되어 조정에서 누란의 위기 속에서 전란을 수습하고 전후를 복구하며 유성룡, 권율, 이원익 이항복 등

기라성과 같은 대신들과 전장의 상황을 논하며 우국애민의 충성심으로
착실히 쌓은 경륜을 바탕으로 전란 이후 광해군과 인조의 조정에 우뚝
선 이는 忠定公 張晩이 있었다.

광해군의 폭정, 심하전투, 인조반정, 이괄의 난, 정묘호란 등 明淸교
체기 조선이 큰 혼란을 당하였을 때 북방을 가장 잘 알고 전장의 상황을
가장 잘 파악하고 직시했던 당대 조선 최고의 경륜가는 누구였던가? 이
당시 병중에도 수레를 타고 전장에 나가 공을 세운 낙서 장만을 제 일인
으로 꼽지 않을 수 없다.

李宜顯은 『洛西集』序에서 다음과 같이 장만을 평했다. "내가 일찍이
우리나라의 故事를 즐겨 읽었는데, 처음에는 공의 책략에 탄복했고 중
간에는 경의 지조에 탄복했고, 마지막에는 또 공께서 현저히 의리를 세
움으로써 일반인들의 윤리를 바로잡도록 기여하신 데 대해 존경심을 느
꼈다."라고 하였다.

세상에서는 그를 조선의 제갈량. 조선의 염파장군으로 불렀다. 문장
가들은 그를 평가하면서 한신, 장자방, 곽분양, 이목, 범중엄, 한기 등
에 비견하였다. 명청교체기 조선의 명장. 팔도도원수 문무를 겸비한 영
웅호걸. 누란의 위기 속에 나라를 구한 忠臣, 護國干城 등으로 평가받
았다.

그가 이 혼란기를 겪으면서 올렸던 상소문 들은 관각문학의 정수로
서 조선왕조실록 속에 거대하게 자리 잡고 있다. 그가 남긴 문집에는
상소문으로 보이는 주의류는 疏 12편, 箚 32편, 啓辭 7편, 議 8,편 狀啓
1편 도합 60편이 있다.

낙서 장만의 상소문에는 한 시대를 경륜한 위대한 관료이자, 한 시대
관각의 문장으로 불의의 무리들에게 호령한 대장군의 위엄이 갖추어져
있으며 우리 역사상 중요한 관각문학의 한 줄기를 점유하고 있어 우리

한문학사 상 관각문학의 입장에서 함부로 간과할 수 없는 정황이 있다. 그럼에도 불구하고 장만에 대한 지금까지 연구는 논문 한 편이 전부이다.[3]

본고에서는 선행연구를 바탕으로 역사 속에 묻혀있던 장만의 상소문을 연구하여 그의 국체를 보존하기 위해 헌신한 정치적 활약상과 상소문의 관각문학적 위상을 올바로 세우고 그의 상소문 안에 함의된 우국애민의 선비의식을 도출하여 그 역사적 의의를 규명해 보고자 한다.

2. 장만의 생애와 상소문의 시대적 배경

선조에서 인조까지 이어지는 임진왜란, 정유재란, 심하전투, 인조반정, 이괄의 난, 정묘호란 등 국가의 존망을 다투는 전란을 통해 망국일보 직전의 상황까지 몰렸던 조선은 내정의 혼란으로 국력이 급속도로 약화된 명나라와 여진족의 지도자 누르하치가 세운 신흥강국 후금 사이에서 갈피를 잡지 못하고 있었다. 이시기 위기의 순간 곳곳에 나타나 혼란 속에 국체를 안정시키며 전란의 복구와 명청교체기에 북방을 부지런히 오가며 호국의 간성으로 활약한 장만의 공은 조선왕조실록에 상세하게 기록되어 있다.

장만의 상소문을 고찰하기 위해서는 장만의 생애와 관직생활에 대한 선행 고찰이 필요하다. 張晩(1566, 명종21~1629, 인조7)의 자는 好古, 호는 洛西. 시호는 忠定. 본관은 仁同이다. 인동 장씨는 고려 초 三重大匡 神虎衛上將軍을 지낸 張金用을 始祖로 하고 있다. 또한 張桂를 시조로 하는 張桂 계열의 인동 장씨가 있는데, 고려 충렬왕 31년에 登科하여

---

3) 신병주, 「文武兼全의 인물 張晩, 그 시대와 활동」, 『조선시대사학보』 64권, 조선시대사학회, 2013, 5~43쪽.

藝文館大提學에 이르고 玉山君에 봉해졌다. 張桂는 太師公의 후손이며 인동현의 남쪽 拔英田에 터를 잡아 인동을 본관으로 정하였다는 설도 있다. 시조 장금용의 13세손인 張伯은 고려 우왕 때 太常卿으로 門下侍中都僉議密直使였다. 京派 혹은 太常卿派라고 한다. 그의 아들이 張智이고, 이 분이 곧 고조이시다. 그의 아들 忠佐衛司猛 증 이조판서 張哲堅은 증조이고 증조모는 陽城李氏로 李著의 딸이다. 할아버지는 議政府舍人 張季文이고, 贈議政府左贊成이다. 아버지는 沔川郡守 張麒禎이며, 贈純忠積德秉義補祚功臣, 議政府領議政이고, 어머니는 白川趙氏로 趙光琛의 딸이며 贈貞敬夫人이다.

公은 명종 21년 1566년 10월 14일 태어날 때 꿈에 북두칠성이 조 부인의 침소를 비추었다. 잠에서 깨어 물었더니 탄생이 이미 탄생했다. 장만은 대대로 벼슬이 끊이지 않는 명문 집안에서 태어났다. 9세에 천연두에 걸려 숨이 끊어졌는데 집안사람 꿈에 한 장부가 장만을 잡아가려고 하여 근방에 어떤 노인이 저지하며 말하기를 "이 아이는 귀인이다. 마땅히 세상에 큰 공을 세울 것이다."라고 하였다. 말을 그치자마자 장만이 소생하였다. 성장하여서는 총명하고 준수하였고 학업이 일찍 이루어져 1589년, 선조 22년, 24세에 생원시와 진사시에 합격하였다.[4]

1591년, 26세, 별시 문과에 병과로 급제, 성균관·승문원의 벼슬을 거쳐 예문관검열이 되었다. 1592년 4월 임진왜란이 일어났다.

택당 이식은 "내가 나름대로 살펴보건대, 국가가 임진년의 변란을 겪고 난 뒤로 남쪽으로는 왜구에 대비하고 서쪽과 북쪽으로는 오랑캐를 방어하게 되었으므로, 선조 임금께서 자나 깨나 어질고 능력 있는 신하들을 생각하고 있었고, 조정에 있는 문무의 신하들 역시 서로 걱정하고

4) 李植, 『澤堂集』澤堂先生別集 卷之六, 墓誌, 〈議政府右贊成玉城府院君張公[晚] 墓誌銘 幷序〉.

있었다.

이러한 때에 공이 일개 서생으로 외진 고을에서 떨쳐 일어나 임금의 인정을 받게 되고 나서는, 외방으로 나아가 중한 위임을 받고 수고스럽게 출입하면서 오직 조정의 명에 따라 동분서주하게 되었다. 공이 이르는 곳마다 군대를 정예화시키고 군량을 풍부하게 비축하여 국경에 아무런 탈이 없게끔 하였다."라고 하였다.[5]

1594년 29세, 6월에 부친상을 당했다. 1596년 31세, 삼년상을 마치고 나서 관례에 따라 典牲署主簿로 승진했다. 전쟁 중에 형조 좌랑, 예조 좌랑이 되었다. 1597년 32세, 정유재란이 일어나 국가는 다시 존망을 다투는 누란의 위기 속으로 빠져들어 갔다. 이시기 사간원 정언, 지평, 성균관 전적, 세자시강원 사서가 되었다. 1598년 33세 때에는 鳳山 郡守가 되었다.

계곡 장유는 그의 신도비명에서 "봉산군은 西關의 번화한 길목에 해당되는 곳으로 그 무렵 중국 군대가 왜적을 정벌하느라 한창 왕래하고 있었는데, 대접하는 것이 조금 소홀하기라도 하면 왕왕 군수를 결박하고 욕을 보이기도 하였으므로 많이들 산골짜기에 숨어 몸을 피하곤 하였다. 그런데 공이 부임하고 나서는 방편을 써서 접응하며 활달하고 여유 있는 마음으로 그들을 대하였으므로 오는 자들마다 모두 그 성의에 만족하면서 감사하는 뜻을 표하고 떠나갔다. 그리하여 사방의 경내가 안온해지면서 고을을 잘 다스리기로 도내에서 첫손가락에 꼽혔는데, 이 일이 위에 보고되자 통정대부로 품계가 올라가는 포상을 받고 승정원 동부승지에 임명되었다."라고 하였다.[6]

---

5) 李植, 『澤堂集』 澤堂先生別集 卷之六, 墓誌, 〈議政府右贊成玉城府院君張公[晩] 墓誌銘 幷序〉.

6) 『계곡선생집』 제13권, 碑銘 9首, 〈竭誠奮威出氣效力振武功臣輔國崇祿大夫行議政府

1599년 34에 通政大夫에 오르고 동부승지에 승진되었다. 1600년 35
세, 특별히 嘉善大夫에 오르고, 좌승지, 충청도 관찰사가 되었다. 충청
도관찰사로 나가서 전후복구에 혼신을 다하였다. 다시 조정에 들어와
1601년 36세 6월, 도승지가 되었다. 8월에는 호조 참판이 되었고, 10월
에는 대사간이 되었다. 이어 1602년부터 1603년 사이에 왕후의 誥命奏
請副使와 世子冊封奏請副使로서 두 차례 명나라에 다녀왔다. 1603년
7월, 38세 형조 참판이 되었고, 8월에 전라도 관찰사가 되었다. 1606
41세 10월에, 병조참판이 되었다.

1607년 4월 42세, 호조 참판이 되었고 윤6월, 함경도 관찰사가 되었
다. 특히, 함경도관찰사 때에는 누르하치의 침입을 경고해 방어책을 세
우도록 상소한 것이 많았다. 1608년 광해군이 등장하여 임진왜란의 전
후복구에 치중하였다. 광해군은 내부적으로 왕권을 강화하고 전후 회
복 사업을 통해 민생을 되살리려 했다. 광해군은 장만을 총애하며 전후
복구의 선봉장으로 삼았다. 1610년(광해군 2) 동지중추부사로 오랑캐 지
역의 산천지도를 그려 바쳤다. 이것은 중요한 것으로 후일의 국방의 대
비에 많은 도움이 되었다.

1611년 46세 2월, 이항복의 건의로 평안도병마절도사로 나가 關西民
들이 편리하도록 군제를 개혁하고, 옛 四郡六鎭의 땅을 회복하였다.

1612년 2월, 모친상을 당했다. 1614년 5월, 경상도 관찰사가 되었다.
1615년 50세 7월, 호조참판 겸 동지의금부사가 되었다. 1616년 당시 대
북파의 전횡을 힐책하고 이이첨 일파의 농간으로 海州 牧使 崔沂가 誣
獄으로 잡혀왔을 때 만났다 하여 李貴, 姜絪과 함께 삭탈관직 되었다.
1618년에 다시 형조판서가 된다. 1619(광해군 11)년 54세 6월, 명나라가

右贊成玉城府院君張公神道碑銘 병서〉.

군사력을 총동원하여 명나라의 존폐의 운명을 걸고 후금과 한판 전쟁을 벌인다. 이것이 유명한 사르후(深河)전투이다. 광해군은 외부적으로는 명과 후금 사이에서 명민한 실리외교를 펼치며 양다리 전략을 세워 강홍립을 요동에 파병하였다가 오랑캐에게 敗戰했다는 소식이 전해지자 존명배청사상으로 팽배해 있던 사림들은 명나라에 의리를 저버렸다고 들끓기 시작했다. 이시기 도체찰부사가 되어 關西에 나간다. 서쪽 국경이 동요되자 이의 무마에 힘썼으며, 왕명으로 贊畫使 李時發과 함께 대후금정책을 협의하였다.

1621년에 崇政大夫에 오르고 병조판서에 임명되었다. 1622년 57세, 공명정대한 공사처리가 도리어 權奸들의 시기를 받자 벼슬을 포기할 각오로 萬言疏를 올려 시정을 극론하다가 광해군의 노여움을 사서 병을 칭탁하고 통진으로 물러갔다.

> 風波에 놀란 沙工 배 팔아 말을 사니,
> 九折羊腸이 물도곤 어려왜라.
> 이 후란 배도 말도 말고 밭 갈기나 하리라.   -張晩-

이 시조를 『海東小樂府』에서는 다음과 같이 악부시로 한역하였다.

> 풍파에 겁먹고 육지 산길로 돌아오니
> 구절양장 호랑이때 고래보다 무서워라
> 이제부턴 말도 말고 배도 말고
> 아름다운 산골에 묻혀 농사나 지으리라
> 喫驚風波旱路歸, 羊腹豹虎險於鯨
> 從今非馬非船葉, 紅杏村深暮雨耕

이 시조에서 보듯 혼란한 시대를 어렵게 보낸 정객이 어지러운 정국에서 벗어나 산림에 은거하여 한가롭게 살아가려는 吏隱의 정취가 엿보이는 작품이다.

광해군을 보필하던 대북파 신료들이 권력을 공고히 하기 위해 잦은 정쟁과 옥사를 일으키고, 임금에게 영창대군의 사사, 인목대비의 폐출 등 전통적인 유교 규범에 반하는 행위를 부추김으로써 정적들에게 반정의 명분을 세워주는 우를 범하고 말았다. 인조반정을 도모할 때 여러 의론이 모두, "玉城 張晩이 아니면 안 될 것이다." 하였는데, 그 사위인 정승 崔鳴吉은 "장인은 늙고 병들어 일을 감당하지 못할 것이다." 하였다. 장만이 이 말을 듣고, "내 사위가 나를 잘 안다. 내가 어찌 차마 섬기던 임금을 갈아내는 하수자가 되겠는가." 하였으며, 정충신은, "張玉城의 갑자년 공로는 어찌 칭할 바가 있으리오 만 반정에 참여하지 않았던 것은 곧 그의 훌륭한 일이다." 하였다.7)

1623년 58세, 인조반정으로 새 왕이 등극하자 八道兵馬都元帥가 되어 관서에 나아갔다. 이때 인조는 몸소 수레바퀴를 밀어주는 禮를 행하고 손수 寶劍을 잡고서 탑전을 내려와 장만에게 수여하는 동시에 將士들에게 큰 상을 내린 뒤 길을 떠나보내었다. 원수부를 평양에 두고 후금의 침입에 대비하였다.

1624년(인조 2) 59세 1월, 병을 조리하라는 배려로 평안 병사를 겸임하게 된다. 그러나 2월에 李适이 반란을 일으키자 각지의 관군과 의병을 모집해 평양에서 출발하여 이를 진압하였다.

1625년 60세, 12월, 昌寧 縣監 趙溰과 호남 유생 潘錫命 등이 탄핵하자, 상소하여 체차시켜 줄 것을 청하였다. 난을 초기에 막지 못했다 하

---

7) 이익, 『성호사설』 제17권, 人事門, 〈鄭忠信〉 조항 참조.

여 양사에서 탄핵하기도 하였다. 전장 속에서 창도 한 번 안 잡아 본채 정권야욕에 눈이 먼 우원한 관료들의 당파 싸움은 비열하기 짝이 없었다. 장만은 참 많이도 이들의 공격에 시달렸다. 그러나 이 전공으로 振武功臣 1등에 책록되었고 이어 우찬성에 임명되고 팔도도체찰사로 개성유수를 겸했으며, 輔國崇祿大夫에 올라 玉城府院君에 봉해졌다. 장만은 "내가 어떻게 하다가 이 지위에까지 오르게 되었는가. 오직 빨리 물러나야만 큰 재앙을 받는 일이 없게 될 것이다."라고 하였다. 그리고 는 祖江 상류에 집을 짓고 스스로 梨湖主人이라고 부르면서, 휴가를 얻을 때마다 이곳에 와 거주하며 항상 謝傅의 東山[8]의 뜻을 이루어 보려고 하였는데, 어려운 시대 상황 때문에 결국은 그 소원대로 되지 못하고 말았다.

그 뒤 병을 구실로 풍덕에 있는 별장으로 내려갔으나 1626년 61세에 왕의 준책을 받고 다시 조정에 들어와 병조판서로 도체찰사를 겸하였다. 延安 府使 南以興을 도성에 머무르게 하여 위급할 때 조발하자고 건의하다. 역적의 공초에 이름이 나왔다 하여 상소하여 대죄하였다.

그러나 1627년 62세 1월 정묘호란이 일어나자 開城府와 長湍의 군병을 조발하여 坡州山城에서 수비할 것을 청하였다. 2월, 개성부에 주둔하였으며, 3월, 풍병이 들어 체차되었다. 후금군을 막지 못한 죄로 관작을 삭탈당하고 延安에 初配, 扶餘로 改配되었다가 11월에 방환되어 앞서 세운 공으로 용서받고 복관되었다. 그러나 장만은 그동안 피로가 누적된 결과 병을 얻고 말았는데, 괄의 난에는 병든 몸을 수레에 싣고 치달리는 바람에 왼쪽 눈의 視力까지 잃게 되었으며, 이번에 재차 거친 들판에서 지내는 동안에 병환이 더욱 심각해지게 되었으므로, 모든 일

---

8) 謝傅는 東晉의 名臣인 謝安인데, 그의 贈職이 太傅이므로 이렇게 부른다. 그는 出仕하기 전 東山에 은거하면서 기생을 데리고 산천을 유람하며 풍류를 즐겼다 한다.

을 사양하고 두문불출하는 몸이 되었다. 장만의 초상화에는 한쪽 눈이 가려진 상태로 그려진 것을 발견할 수 있다.

그의 나이 64세 1629년 봄, 〈春帖〉에는 이런 시를 쓰고 있다.

> 내 나이 벌써 예순네 살
> 포의로 일어나 부귀영화는 극에 달했다
> 첫 번째 소원은 물러나 전원으로 돌아가는 것
> 그다음 소원은 편안히 눈을 감는 것
> 이 밖에는 달리 원하는 것 없으니
> 신명이시여 이 마음을 굽어 살피소서
> 吾年六十四, 布衣榮已極
> 上願退田園, 次願歸冥漠
> 此外無所求, 神明照心曲

이 시는 혼란한 시대 관료로서 두루 관직을 거치면서 죽음까지 초월하여 달관의 경지에 이른 그의 인생관을 엿볼 수 있는 시로 그의 생애 연구에 시사하는 바가 많다. 그는 과연 64세인 1629년 11월 15일, 파란만장한 일기로 漢陽 盤松里에서 세상을 떠났다.

그의 종사관이었던 澤堂 李植은 다음과 같이 기록하고 있다. "숭정(崇禎) 기사년(1629, 인조 7) 겨울에 振武의 元勳인 옥성부원군 장만이 漢城 盤松坊 저택에 병들어 눕자, 상이 太醫를 보내 진찰하게 하고 내복약을 계속 대주게 했으며, 날마다 掖庭의 감사를 파견하여 병세를 자세히 물어보게 하였다." 그러다가 11월 모일에 결국 일어나지 못하게 되자, 상이 애도하며 조회를 중지하고 7일 동안 素饌을 하였다. 그리고 中官을 보내 조문하고 예관에게 제사를 지내 주도록 하였으며, 염습에서부터 장례에 이르기까지 모든 기물을 유사가 마련해 주도록 하였다.

이듬해 2월 갑인 일에 풍덕군 기촌 선산의 언덕 좌측에 안장하였다. 그러고 나서 7년이 지난 뒤인 을해년에 특별히 영의정을 추증하고 忠定의 시호를 내렸다.

그의 사위인 우참찬 최명길이 門下의 諸公과 상의하기를, "공의 사적은 나라의 역사책에 기록되어 있다. 따라서 壙中의 기록은 의당 질박하고 솔직하면서 할 말만 하는 사람에게 맡겨 공의 겸손한 덕성에 걸맞게 해야 할 것이다." 하고는, 옛날 공의 從事官이었던 나에게 공의 행장을 가지고 와서 대략적인 내용을 서술하고 묘지명을 짓게 하였다.[9]

그는 탁월한 경륜가로 문무를 겸비하고 재략이 뛰어났던 보기 드문 영웅호걸이었다. 1730년 玄孫 張普顯 등이 活字로 문집인『낙서집』을 印行하였다. 그의 삶은 그의 사위 최명길의 말대로 왕조실록에 상세하게 기록되어 있으며, 그가 전장을 누비며 소차를 올렸던 상소문들이 즐비하게 조선왕조실록을 장식하고 있다. 1747년 玉城祠에 봉안되었다.

임진왜란 이후 문장으로는 한학사대가인 월사 이정구, 상촌 신흠, 계곡 장유, 택당 이식이 있었다. 당대 상소문의 최대 대가로는 최명길이 있었는데 그는 바로 장만의 사위였다. 장만은 이들과 함께 관각에서 문장을 다투었고 모두들 장만과는 아주 친한 사이였다.

3. 장만의 상소에 나타난 국체의식

정조는 '상소는 관각의 나침반이다.'라고 하였다. 이렇듯 상소문은 관각문학의 정수였다. 상소문은 한문고전산문의 중요한 장르였다. 상소

---

9) 李植,『澤堂集』澤堂先生別集 卷之六, 墓誌,〈議政府右贊成玉城府院君張公[晩] 墓誌銘 幷序〉.

문은 정치문학의 성격으로 당대 최고의 현실인식과 치밀한 관각문학의 정수를 볼 수 있는 글이다. 상소문은 오랜 역사를 두고 계승 발전되어온 장르로 장중하고, 사실적이며 전아한 문체를 구사해야 한다는 문예미학적인 성격을 지니고 있다. 상소문에는 당대 사회의 다양한 문제가 제기되고 이를 해결하려는 우국애민의식과 선비들의 현실대응논리가 생생하게 들어 있다. 고전산문 중에 최고의 현실인식과 정치한 '문장강화'의 정수를 볼 수 있는 프로파간다 성격의 글이 상소문이다.10)

徐師曾은 "奏疏는 奏, 奏疏, 奏對, 奏啓, 奏狀, 奏箚, 封事, 彈射, 등과 같은 의미로 보면서, 임금과 신하 사이의 論이나 諫하는 것을 총칭하며 아뢰거나 다스리는 문장으로 그 명칭은 일정하지 않다. 그러므로 奏疏의 명칭으로써 포괄한다"고 했다.11)

조선시대에는 諫官 등이 주로 임금에게 정사를 간하기 위해 올리던 글을 上疏라 하고 의견서나 품의서는 上奏라 하여 疏와 奏를 구분하였다. 『동문선』에서는 奏議와 箚子를 구분했다. 奏議는 金后稷의 上眞平王書, 薛聰의 諷王書 등에서 출발하여 33편이 실려 있으며, 그 명칭은 上書, 書, 陳書, 戒書, 請疏, 請狀, 請書, 議狀, 論疏 등으로 쓰이고 있고, 箚子는 12편이 실려있는데 모두 제목 끝에 箚子라고 되어 있다.12) 따라서 장만이 올렸던 상소, 차자, 계, 임금에게 올린 의견까지도 상소라고 통칭하여도 큰 잘못은 없다고 생각된다. '啓'는 전쟁이나 급한 상황을 임금께 보고하는 글이다. 이것은 상소라고 해도 무방하다. 상소란 무엇인가? 신하가 임금에게 올리는 말과 대책과 문을 통틀어 하는 疏通

---

10) 신두환, 「상소문의 문예미학 탐색」, 『한국한문학연구』, 제33집, 한국한문학회, 2004, 235-263쪽.
11) 徐師曾, 『文體明辨序說』, 「奏疏」: "(奏・奏疏・奏對・奏啓・奏狀・奏箚・封事・彈射)按 奏疏者, 君臣論諫之總名也. 奏御之文, 其名不一, 故以奏疏括之也."
12) 『東文選』 52-56권, 「奏議」 참조.

의 언로이다.

　장만의 저술은 외증손인 崔錫鼎(1646~1715)이 裒輯하여 산정하였으나 다 마치지 못하였다. 그 후 族玄孫 張普顯이 저자의 증손 張世光과 함께 家藏草稿를 바탕으로 蒐集하고「西行贈言」과「西征錄」등 關係記錄과 함께 編次하여 天地人 3책으로 만들었다. 이것을 장보현이 조카 大將軍 張鵬翼(1646~1735)에게 주어 1730년에 활자로 인행하게 하였다.(초간본) 이 본은 고려대학교 중앙도서관(華山D1-A1566)에 소장되어 있다. 본 논문의 저본은 저자의 족현손 장보현 등이 1730년에 활자로 인행한 초간본으로 고려대학교 중앙도서관장본이다.

　다른 문집과 달리 그의 문집에는 상소가 많이 실려 있는 것이 특징이다. 그의 문집 중의 반은 소차이다 권2~3은 疏(12), 箚(32)인데, 주로 지방관으로 재직할 때 지역의 상황을 아뢴 것, 國事에 대해 조목조목 건의한 것, 함경 감사·평안 감사·부체찰사·병조 판서 등을 사직하는 상소 등이다. 〈論胡書答送事宜仍陳所懷箚〉는 胡酋의 서신에 대한 답서를 논하면서 自强의 중요성 등 소회를 아뢴 것이고, 〈元帥出師時條陳箚〉는 仁祖反正 후 올린 15조의 차자로 紀綱을 세울 것, 士習을 바르게 할 것, 사치를 금할 것, 軍律을 엄히 할 것, 戚里를 멀리할 것 등을 아뢴 것이다. 〈請免尹毅立緣坐箚〉는 李适의 난에 연루된 尹仁發의 三寸叔父라 하여 연좌죄를 받은 尹毅立의 사면을 청한 것이다. 권4는 啓辭(7), 議(8), 狀啓(1)이다. 계사는 대부분 군병과 병량을 마련했다고 보고하는 내용이다. 〈請別將鄭忠信除肅謝仍爲帶去啓〉는 별장 정충신이 手足에 병이 있어 움직임이 자유롭지 못하니 숙배하지 않고 데리고 가게 해 주기를 청한 것이다. 〈中江開市事回答議〉는 중강개시를 설치하는 일에 대해 논의한 것이다. 〈江都保障便否議〉는 江華는 長江이 가로막혀 있는 험지이고, 馬兵이 쉽게 건널 수 없고, 남북이 호응할 수 있는 곳이라는 등 강도의 유리한 지형 상황을 말한 것이다. 〈丁卯以都體察使出師時狀〉은 정묘호란때 군병을 이끌고 경유하는 곳의 상황, 군병 모집 현황 등을 아뢴 것이다. 이외에도 조선왕조실록에는 장만의 疏箚와 致啓가 상세하게 실려 있다.13)

그의 상소문은 제가들로부터 공정하고 객관적인 우국애민의 문장이라는 평가를 받았고, 그의 사람됨과 관료적인 태도는 후세의 사람들이 추앙하고 사모하는 전범이 되었다.

장만의 상소문에는 명청교체기 혼란한 정치적 문제를 타결하고, 임금을 바르게 보좌하며. 국가의 안위를 걱정하고 국토를 보호하려는 특별한 국체의식으로 태평성세를 열어가는 강직한 실천정신인 선비의식이 함의되어 있었다.

1) 임진왜란과 선조시대의 상소 분석

낙서 장만은 임진왜란이 일어나기 1년 전인 선조 24년인 1591년 26세로 별시 문과에 합격한다. 선조 26년인 임진왜란 이듬해 1593년에 승문원 정자, 예문관 검열이 되었다. 1594년에 예문관 검열로 처음 왕조실록에 등장한다.14) 선조는 임진왜란 중의 시사에 대해 묻는다. 장만은 이 자리에 예문관 검열로 참가하여 여러 중신들과 함께 정사에 참여하고 있었다. 유성룡, 권율, 이원익 이항복 등 기라성 같은 대신들과 함께 조정에서 국가 대사를 논하고 임금에게 의견을 올리고 국정을 안정시켜 가는 우국애민의 문장이 조선왕조실록에 등재되어 있다.

1596년에는 예문관 대교 장만과 검열 유경종 등이 섭정의 부당함에

---

13) 『낙서집』(한국문집총간), 〈해제〉 참조.
14) 『선조실록』 51권, 선조 27년(1594) 5월 26일 조항 참조.

대해 조정에서 선조 임금께 아뢰었다.[15] 이렇듯 장만은 임진왜란 중에
관료로서 혼란 속에 국가와 체제의 안정을 걱정하는 국체의식을 강하게
지니고 있었다. 장만은 유성룡, 이순신, 이원익, 권율, 이항복 등 선배
정치인들이 어떻게 임진왜란 속에 국체를 안정시켜 가는지를 하나하나
조정에서 직접 목도해 가며 함께 전후 복구의 길을 위해 관료의 길을
가고 있었다.

장만은 선조 30년(1597) 32세 때 사간원 정언으로 아뢰기를, "상번 군
사를 제명하여 스스로 차지한 사건에는 훈련도감도 들어 있습니다. 신
은 일찍이 본 도감의 군사 담당 郎廳으로서 신의 담당 임무가 군사를
뽑아 보내는 일은 아니었습니다. 그러나 이름이 같은 관아에 있으면서
함께 논박을 당했으니 어찌 신의 소관이 아니라고 핑계 대고 뻔뻔스레
언관의 자리에 있으며 마치 아무 죄도 없는 자인 양 다른 사람의 잘못을
바로잡을 수 있겠습니까. 신을 파직시켜 주소서." 하니, 사직하지 말라
고 답하였다. 물러가 물론을 기다렸다.[16]

장만에게는 임진왜란 시절 여러 임무가 주어져 있었다. 그는 벼슬에
연연하는 인물이 아니었다. 자기의 임무에 책임질 줄 아는 소신 있는
젊은 인재였다. 여기서는 장만의 조정에 임하는 자세와 관료로서의 책
임감을 엿볼 수 있다. 1597년 1월 일본은 군사를 총동원해 화의를 깨고
다시 쳐들어 왔다. 이 정유재란에 장만은 정언으로 내수사의 노비들을
군사에 보충할 것을 건의하였다. 內奴의 문제는 임금을 보호하는 데 치
중된 국력을 전장으로 내보내자는 논리로 쉬운 문제는 아니었다. 장만
은 거침없이 상소하고 여의치 않으면 사직을 청했다.

정언 장만이 와서 아뢰었다. "북도의 방비가 매우 허술한데 난리를

---

15) 『선조실록』 51권, 선조 29년(1596) 윤8월 1일 조항 참조.
16) 『선조실록』 86권, 선조 30년(1597) 3월 12일 조항 참조.

겪은 뒤로는 파괴됨이 더욱 심합니다. 그러나 국력이 왜를 방비하는 데
고갈되어 북방에 대해서는 한 가지 일도 마음을 쓸 겨를이 없어 본도의
정장마저 뽑아다가 남방으로 내려보냈습니다. 본도의 소식이 근래 우려
되므로 군사를 맡은 관원이, 길주 이북 아홉 고을의 內奴들을 모두 군사
에 보충하기를 청한 것은 진실로 부득이한 데서 나온 계책입니다. 변방
이 견고한 뒤에야 근본이 편안할 수 있는 것이니 어찌 그 身役의 有無를
따져 蓄梟의 요청을 허락하지 않을 수 있겠습니까? 내노를 방수에 보충
하기를 청한 公事를 해당 관료의 回啓에 따라 시행하게 하소서."17)라고
하였다.

변방이 튼튼해야 나라가 안정될 수 있다는 것을 임진왜란을 통해서
뼈저리게 깨달았다. 이제는 북방의 변방을 튼튼히 할 때였다. 전쟁 중
에 장만의 활약상은 눈부시게 드러나고 있었다. 사간원 정언 張晩이 와
서 아뢰기를, "북도의 內奴들을 국방에 투입하게 하시고, 李春蘭은 체
차시키소서."하니 선조임금께서 답하기를, "변방의 장군이란 자가 직무
에 삼가지 않아 형편없는 좀도둑들이 날뛰게 하였고, 현재 적의 공격이
없는데 법에도 없는 일을 멋대로 청하여 군사를 징발하여 들어가서 방
비하게 함으로써 백성을 침탈할 계획을 하였으니, 그 허물이 심하였다.
내노의 일은 윤허하지 않는다. 이춘란은 아뢴 대로 체직하고 공이 있는
다른 사람을 제수하라." 하였다.18)

정언 張晩이 와서 北道의 內奴들을 국방에 투입시킬 일을 아뢰니, 선
조께서 비답하시기를 "전에도 내노를 특별히 투입시킨 적이 있었는데,
邊將들이 별종의 사람들이라고 여겨 거리낌 없이 침탈하고, 내노 보기
를 關西에서 황해도 군사를 보는 정도일 뿐이 아니었다. 그러므로 이

---

17) 『선조실록』 86권, 선조 30년(1597) 3월 13일 조항 참조.
18) 『선조실록』 86권, 선조 30년(1597) 3월 14일, 조항 참조.

236 낙서 장만 연구

役을 한 번 치르고 난 내노들은 거의 다 파산하여 도산하였다. 그런데 별장이란 자들은 매양 이에 맛을 붙이고 있으니 그 정상이 매우 가증스럽다. 어찌 그들의 지나친 말을 따를 수 있겠는가? 천천히 형편을 보아가며 처리하겠다."[19]라고 하고 있다.

장만이 선조임금께 아뢰는 상소는 매일매일 전쟁을 점검하고 보완하는 일이었다. 이렇듯 장만은 전쟁 중에 선조 곁에서 함께 전란을 극복하기 위해 애쓰는 장면을 볼 수 있었다. 內奴는 궁궐 각사에 속하여 궁중의 공역이나 내구의 잡역 따위를 맡아보던 궁궐노비들이다. 장만은 이 내노들을 군사로 징발해야 한다는 논리를 펴고 있다. 이것은 임진왜란 중에 세운 장만의 공로로 볼 수 있다. 이렇듯 장만은 임진왜란 중에 직무에 태만한 변방의 장군들을 감독하여 내치고 올바른 인재들을 배치하려고 애썼으며 부족한 군량과 병사들을 보충하는데 분골쇄신하며 국체를 보존하기 위해 동분서주하고 있었다.

정언 장만이 아뢰기를, "알성시의 명이 내린 뒤로 온 나라의 臣民이 큰 기대를 걸고 그 성례를 우러러보려 하지 않는 자가 없습니다. 해당 관서에서 이미 8일로 날짜를 가려 정하였는데 이제 北兵의 親試 때문에 付標를 고치게 함으로써 막중한 예를 제때에 거행하지 못하도록 하였습니다."[20] 장만은 임금의 사사로운 일 때문에 국가 중요 행사인 알성시를 연기하는 일이 부당함을 임금께 상소하고 있다. 공사를 구분하여 정치를 안정시키려는 우국충정은 임금에게도 그 부당함을 직언하는 스타일이었다.

장만은 민생의 고달픔을 간파하였다. "근래 民力이 고갈되어 각도에서 진상물을 운송할 때에 그들의 고달픔이 갖가지어서 매우 불쌍하고 참담

---

19) 『선조실록』 86권, 선조 30년(1597) 3월 15일 조항 참조.
20) 『선조실록』 87권, 선조 30년(1597) 4월 2일 조항 참조.

합니다. 이번에 大駕가 남하하시게 되면 길이 더욱 멀어 운송이 더욱 고통스러울 것이니, 변통할 방도가 없어서는 안 됩니다." 이렇듯 장만은 민심을 중요시하며 백성들의 삶을 중요시하는 애민의식이 남달랐다.

이상으로 임진왜란과 장만의 소차들을 살펴보았다. 임진왜란은 1592년 4월에 시작되어 1598년 9월에 그 막을 내렸다. 전란 중에 올린 그의 소차에는 국체를 안정시키려는 우국충정이 넘쳐나고 있다.

장만은 임진왜란 후 전후 복구에 박차를 가하면서 충청도 관찰사로서 소차를 올리고 있다.

> 충청도 관찰사 張晩이 치계하기를 "공주 목사 金尙寯의 牒呈에 '임진왜란 이후로 文敎가 완전히 폐지되어 후생의 선비들을 양성할 방도가 없다. 지금은 각 고을마다 식량이 모자랄 때여서 식량을 주어 향교의 書齋에서 가르치기는 어렵겠으나 各官은 각 마을마다 학행이 어느 정도 있는 자라면 다소에 구애받지 말고 뽑아서 그들로 하여금 학도들을 권장하여 강습시키고 가르치게 하여 효과를 이루도록 해야 한다.' 하였다. 郡邑 가운데에는 공주는 큰 고을이니 전주나 나주의 예대로 提督을 차출하여 교양에 편리하게 하라.'고 하였습니다. 이를 상고해 보니 과연 인재 양성에 도움이 되겠습니다. 廟堂으로 하여금 의논해서 시행하도록 하소서." 하였는데, 예조에 계하하였다.[21]

장만은 전후 복구에 교육의 중요성을 간파하여 폐허가 된 교육기관들을 우선적으로 복구하기를 간언하고 있다.

> 충청도 관찰사 장만이 치계하기를, "충주목사 金順命의 첩정에 '변란 뒤에 학교가 폐지되어 강학을 하지 못하였다. 이 때문에 인심이 무식해져 예

---

21) 『선조실록』 131권, 선조 33년(1600) 11월 12일 조항 참조.

법을 모르므로 국가를 마치 남의 일처럼 관심없이 보고, 성현이 도대체 무
엇이냐고 천시하여 인류는 모두 금수가 되고 天理는 거의 사라지게 되었
다. 말이 여기에 이르니 나도 모르게 한심해진다. 본주는 聖廟를 중수하여
位版을 봉안하고 전례에 따라 교수를 차출하였다.'"22)

장만은 교육을 하지 않은 결과가 얼마나 엄청난 영향으로 사회에 나
타나는지를 간파하며 교육에 우선을 두고 전후 복구에 박차를 가하고
있었다.

충청도 관찰사 장만이 치계하였다. "水陸軍兵 중 代役이 채워지지 않으
면 늙어 죽더라도 오히려 군적에 올라 있는데 그 중에도 수군이 더 심하니,
전 체찰사 이원익이 장계한 뜻도 이 때문이었습니다. 조정에서 특별히 병
사와 수사로 하여금 그들 중 더욱 심하게 늙고 병든 자는 가려내어 대역이
없더라도 군역을 면제해 줌으로써 그들의 무궁한 원한을 풀어주소서."23)

장만은 임진왜란으로 억울한 사정에 빠진 백성들을 구제하는 데 중
점을 두고 전후복구에 치중하였다. 장만은 애민의식이 강했다. 그리하
여 그가 방백으로 나간 지방의 백성들로부터 그를 찬양하는 송덕비가
즐비하였다. 다음은 전라도 방백으로 나갔을 때 송덕비의 한 부분이다.

1605년 7월 전라 감사로 공이 처음 왔을 때 일체의 폐단을 고치어 백성
을 구원하는 것으로 힘써 자기는 간략히 하고 아래를 거느리니 명령하면
행하여지고 금하면 그쳤다. 성 갈퀴가 백 개나 되는 성을 수축함에 그의
익숙한 경험에 의해 역사하며 삼문의 세움은 저 영중에서 가져다가 써서
병기를 수선하며 관사를 경영하니 백성의 힘이 손실할 것이 없었다. 학문

---

22) 『선조실록』 134권, 선조 34년(1601) 2월 2일 조항 참조.
23) 『선조실록』 134권, 선조 34년(1601) 2월 23일 조항 참조.

을 일으키는데 부지런히 하여 땅을 옮겨 새로 문묘를 창건하며 글공부하는 선비를 대우하여 유풍을 진작시키니 거사비의 구상은 마땅히 도모하지 않아도 진실과 같으니 이른바 옛날의 덕을 베풀어 후세에 가지 영향을 끼친다는 것이다.24)

선조 40년 1607년 윤6월에는 함경도 관찰사로 나아간다. 그는 임무를 수행하던 중에 큰 병이 났다. 상소 〈謝遣醫齎藥來救疏〉는 함경도 관찰 나갔을 때 감기와 울화병으로 거의 목숨을 잃을 만큼 심한 병이 들었을 때 임금께서 의원과 약을 내려 구해 준 것에 대해 감사하는 상소이다. 장만은 감동하며 충성으로서 임금의 은혜에 보답할 것을 맹서한다. 임금이 그를 얼마나 중요시하고 아꼈는지를 엿볼 수 있었다. 장만은 전장을 누비고 북방의 방백으로 나아가 자주 병이 나서 죽을 지경에 이른 것이 한두 번이 아니었다. 그때마다 임금들은 약재와 의원을 파견하여 그를 치료해 주었다. 자기 몸을 돌보지 않고 전후를 복구하고 직접 성을 쌓고 관아를 수리하며 국방에 대비한 장만의 우국충정은 관료들을 감동시켰다.

이상으로 임진왜란 시기 장만의 疏箚에 대해 살펴보았다. 忠定公 洛西 張晚은 임진왜란 직전인 1591년 26세에 관직에 등용되어 1592년 임진왜란과 1597년 정유재란을 거치면서 유성룡, 권율, 이원익, 이항복 등 기라성 같은 조정 대신들과 함께 전장을 논하며 국체를 안정시키는 데 근면 성실하였다. 조정에서 논의한 그의 疏箚에는 우국애민의 국체의식이 넘쳐나고 있었다.

그는 임진왜란이 끝나고 초토화된 전후를 복구하는 선봉에 서서 충청도 관찰사를 필두로 전라도 감사를 거쳐서 함경도 관찰사로 나왔다. 여기까지가 선조임금 시절 장만이 올린 상소들을 분석한 것이다.

---

24) 〈湖南巡營去思碑〉 陰記 참조.

2) 광해군의 등장과 명청교체기 상소 분석

1608년 선조는 광해군에게 왕위를 물려주었다. 이 시기 학문적으로
는 퇴계와 율곡을 거치면서 성리학이 최고도의 수준에 이르렀으며, 한
학사대가 등이 활약하던 시대로 문장이 가장 성한 시대라고 할만했다.
조정에서는 광해군을 둘러싼 대북파의 전횡으로 당파 싸움이 극에 달하
였던 시기였다. 장만은 그대로 함경도 관찰사로 머물러 있었다. 광해군
은 정권을 잡자마자 임진왜란의 전후복구에 박차를 가했다. 이때부터
는 명청교체기로서 북방의 후금에 대한 방비책이 등장한다. 장만의 〈請
許忽溫和箚〉는 황해도 관찰사로 부임한 지 2년이 되는 1609년에 올린
것이다. 홀온(忽溫)은 홀라온(忽剌溫)을 가리킨다. 두만강 이북에 근거지
를 둔 야인으로 女眞이다, 魚皮㺚子라고도 한다. 선조 때 종성을 침범
하는 등 육진의 큰 골칫거리가 되었다. 나중에 누르하치의 건주 여진에
병합되었다. 누르하치와 홀온의 연합은 국가의 위협이 되므로 홀온과
화친을 하여 놓자는 것이다. 장만은 수차례 장계를 올려 북방의 정황을
보고하고 그 대비책에 대해 보고하고 있다.

'만약에 먼저 포용하여 선처하지 못하고 지나치게 거절하여 소란의
단서를 야기한다면 이는 적군을 하나 덧붙이는 격이며 바로 누르하치의
흉계에 빠지는 것이라고 주장하였다. 장만은 전세가 불리한 가운데도
전쟁을 주장하는 것은 무모한 짓으로 백성들을 도탄에 빠뜨리는 것으로
파악하였다. 그는 때로는 화친을 주장하는 지혜를 보였다. 명청교체기
동북아 정세를 파악하여 후금의 공격에 대비하자는 차자이다.

〈論北關民瘼兼陳機務箚〉는 광해군 즉위년 8월 16일에 올린 상소로
약 5천여 자가 넘는 장편 상소이다. 장만이 충청도와 전라도의 방백을
연달아 하고 함경도 관찰사로 와서 광해군 때도 그대로 재직하고 있었

다. 이 차자는 장편의 상소로서 장만은 명청교체기 북방에서 일어날 전쟁에 철저하게 대비하자는 국방에 대한 상소이다. 장만은 미래를 내다보고 차자를 올린 것이다. 이것이 그대로 비변사에서 논의되고 광해군 때 국방정책으로 이어졌다.

"함경도는 관동과 이어진 지역으로 곧 삼국 시대 신라의 경계입니다. 鄭夢周의 〈燕子樓記〉에서도 참고할 수 있거니와, 신라 성덕왕의 순수비도 아직 황초령에 남아 있어 사적이 분명합니다. 그러나 어떤 이는 고구려의 땅이었다고도 하는데, 이는 신라 중엽 이후로 고구려에 편입되었기 때문이 아니겠습니까. 이곳은 지대가 북쪽으로 아주 멀리 떨어져 있어서 기후가 몹시 춥고 토지가 척박한데다, 또 胡人의 부락과 강 하나만을 사이에 두고 있습니다."라고 하였다. 이것은 장만의 역사관과 국토관에 대한 인식을 볼 수 있는 장면이다.

장만은 이어서 "지금의 사세로 말한다면 지대가 누르하치의 소굴과 가까워서 우예·여연 일대에서 몰래 별해령으로 진출하여 함흥을 지레 공략할 경우, 참으로 관북 지역 중심의 걱정거리입니다."라고 후금의 성장과 장차 이를 전쟁을 내다보며 국방에 대한 유비무환의 자세를 볼 수 있다.

"본도의 남·북 두 도가 군민이 줄어든 수가 이미 십 분에 이르러서, 이른바 내버린 땅이나 마찬가지입니다. 그 형세가 걷잡을 수 없게 된 뒤에 가서 힘을 다하여 보완하는 것이, 어찌 진작에 신역을 감면해 주고 민심을 수습하여서 保障의 수단을 삼는 것만 하겠습니까?"라고 하여 북방에 대해 관심을 가지고 준비해 줄 것을 광해군에게 호소하고 있다.

장만은 또 다음과 같이 말했다.

四鎭에 판관을 설치한 것은 그 의도가 있으므로 지금 갑자기 혁파할 수는 없습니다. 지난날 사변으로 인하여 虞候 한 명을 증설하였는데, 경원·온성·종성·회령 사진에 分防을 가게 될 적마다 그를 지공하는 데 따른 폐단이 판관에게보다 더 심하다니, 다시 혁파하는 것이 합당할 듯합니다.

본도의 이른바 內地라는 곳은 이를테면 鏡城·明川·吉州의 경우는 망을 보고 방수를 하는 것이 관서 극변 지방보다도 더 긴요합니다. 그래서 작은 사건이라도 일어나면 비록 校生·品官이라 할지라도 모두 징발되어 마치 고대 사람들처럼 다 나서서 방수를 하므로, 민생의 고통이 육진과 다를 것이 없습니다. 단천 이남 각 고을의 경우는 정군은 삼수·갑산으로 방수를 들어가고 보졸은 북진을 추가하여 지키므로, 비록 공사천이라 할지라도 역시 징발을 면치 못하며, 바닷가에 사는 자는 格軍으로 지치고 내지에 사는 자는 刷馬에 시달리고 있는데, 옆 고을의 보조마저 받을 길이 없게 되자, 늘상 사람도 병들고 말도 병든다는 원망을 하며 잇따라 흩어져 도망쳐서 들판이 다 버려져 묵고 있으니, 너무도 우려스럽습니다. 이남 각 고을의 공물 중에서 제향·御供 외의 각사의 모든 공물을 지난해에 시행한 것처럼 쌀로의 대납을 허락하여 주어, 그것으로 군량을 보태어 주고 民役을 채워 주도록 하되, 불안한 소식이 조금 가라앉을 때까지만 그렇게 하기로 조항을 정할 것을, 해조로 하여금 본사와 함께 참작 상의한 다음 계품하여 시행하도록 하는 것이 좋겠습니다.

모든 차자에 개진된 각항의 조건들은 모두가 時務를 잘 파악한 논의인 만큼, 본사가 반복하여 자세히 훑어본 다음 하나하나 거행하여야 되겠으나, 다만 근년 이래 북변의 방수(防守)로 해서, 내지 각도의 군민이 행장을 꾸려서 오가는 비용과 出身 精兵들이 고생을 원망하는 모양도 우려스럽거니와, 또 推刷 문제는 더더욱 군읍의 소란이 끝없을 폐단이 되겠습니다. 관북 지방은 비록 풍패의 고장이기는 하나 비유하자면 사람의 지체이고, 하삼도와 경기도는 국가의 복심인데, 매번 복심의 고기를 긁어다 지체의 질병을 치료하게 되면, 해마다 먼 곳으로 수자리를 가는 일 역시 작은 문제가 아니니, 본 고을 역시 그 도의 백성이자 천하의 백성인 만큼, 영토를 구분하지 말고, 방수병의 보충이나 군량미의 운송쯤은 경중을 잘 헤아려 이행하는 것이 좋겠습니다. 이것 역시 중신이 국가를 위하여 변방의 일를 주획하는 원대한 계책입니다. 이러한 내용으로 본도 남북 병사 및 각도 각 병사에게 모두 행이(行移)하는 것이 어떠하겠습니까?[25]

四郡六鎭의 땅인 閭延 등 4개 고을을 백 년 동안이나 돌보지 않아 폐허가 되고 말았는데, 그 경계를 오랑캐가 침범하여 점유하고 있었다. 이에 공이 "祖宗의 강토를 내버려 두어 오랑캐에게 내주다니, 이것은 물어볼 것도 없이 변방을 지키는 신하의 책임이다. 여진 추장에게 공문을 전달해 閭延 등 오래 폐지되었던 4군이 조선의 땅임을 인식시켜 들어와 사는 여진 사람들을 철수하게 하였다.

우리 역사 가운데 최고로 말을 잘한 사람은 고려 성종 때 서희였다. 서희가 소손녕과 말로 담판을 벌려서 전쟁 하나 없이 육진을 얻었다. 이를 근거로 세종 때 김종서 등이 사군육진을 개척하였다. 이것이 다시 오랑캐가 점유한 것을 공문 한 장으로 사군을 회복한 사람은 장만이었다. 춘추전국 시대 조나라 簡子 鞅이 尹鐸이라는 사람으로 하여금 晉陽을 다스리게 하였다. 윤탁이 묻기를, "세금을 많이 거둘까요, 保障이 되게 할까요?" 하니, 簡子는 보장이 되게 하라고 답하였다. 윤탁은 진양에 부임하자 戶籍에서 戶數를 줄여 조세를 감면하고 어진 정치를 베풀었다. 나중에 간자의 뒤를 이은 無恤이 智伯의 공격을 받자 진양으로 피하였는데, 진양의 백성들은 불평하는 사람도 없고 배반하는 사람도 없이 모두 충성을 다하여 진양을 지켰다. 보장이 되게 한다는 말은 울타리처럼 만든다는 말로서, 어진 정치로 백성을 보호해서 심복하게 하여 유사시에 조정을 지키는 견고한 보루가 되게 함을 말한다. (《十九史略通攷 卷1 春秋戰國時代》《通鑑節要 卷1 周紀 威烈王》)

25) 『광해군일기』[중초본] 7권, 광해 즉위년(1608) 8월 16일 조항 참조.

장만은 버려둔 채 폐허가 되어가는 사군과 육진을 다시 개척하여 보장의 땅으로 만들고자 하였다. 이것이 어찌 무신의 능력으로만 될 것인가? 장만은 문무를 겸비한 위대한 장군이었다.

> 북방 오랑캐의 정황을 조사하고 방비하도록 함경감사 장만이 치계하였다.[26]

> 함경감사 張晩이 치계하기를, "신의 어리석은 견해로 가만히 생각해 보건대, 이 적이 南牧에 뜻을 둔 지 오래이니, 그들은 반드시 군사를 출동시킬 날이 있을 것입니다. 우리나라의 훈련되지 않은 군사와 원망하는 백성, 주먹 만한 돌로 쌓은 성과 제대로 맞지 않고 어긋나는 器械로는 아마도 이 적을 당해낼 수 없을 듯합니다. 앞서 방비하는 계책을 조정에서 미리 헤아리고 지휘해야 할 일입니다." 西邊의 방어는 북방과 비교하여 더욱 허술하니, 조정에서는 이 뜻을 알고 미리 도모하지 않아서는 안 됩니다.[27]

라고 하였다. 장만은 동북아 정세를 꿰뚫어 보며 강성해 가는 후금이 언젠가는 조선을 침범하게 될 것이라고 장담한다. 장만은 이에 대한 대비를 하면서 전투력이 현저하게 미치지 못함을 지적하며 미리 대비할 것을 주문하고 있다. 장만의 예상은 거의 다 정확하게 맞아 들어가고 있었다. 그가 미래를 내다보는 疏箚의 경세적 안목은 그대로 국가의 비책이 되고 있었다.

이런 가운데 함경 감사 張晩이 상소하여 사직하니, 답하기를, "'상소를 보고 경의 간절한 마음을 잘 알았다. 그러나 북쪽에 우환이 많은 지금, 방백의 중요한 직임을 경솔히 교체할 수 없다. 의논하여 처리해야 할 일이니 경은 사직하지 말고 마음을 다해 직무를 살피라.'는 것으로

---

26) 『광해군일기』[중초본] 20권, 광해 1년(1609) 9월 21일 조항 참조.
27) 『광해군일기』[중초본] 23권, 광해 1년(1609) 12월 19일 조항 참조.

回諭하라." 하였다.28) 장만은 광해군에게 자주 사직하는 상소를 올리
곤 했다.

    張晩이 오랑캐 땅의 산천을 그린 지도를 바치면서 아뢰기를, "신이 북쪽
    국경지대에서 4년 동안 근무하면서 호지의 산천을 직접 다니며 두루 살펴보
    지는 못했습니다만, 늘 우리나라의 언어를 알면서 老忽에 사로잡혀 간 藩胡
    에 의지하여, 일을 아는 변방의 장수로 하여금 거리의 원근과 산천의 형세
    및 부락의 이름 등을 상세히 묻게 하고, 宿將과 老卒이 귀로 듣고 눈으로
    본 것을 참고로 하여, 더러 높은 곳에 올라가 그 지점을 확인하기도 하면서
    호지에 관한 작은 지도를 만들었습니다. 그사이에 혹 잘못되고 어긋나는
    부분이 있다 하더라도 대체로 볼 때 엇비슷하게는 되었을 것이니 그 대략적인
    형세를 알기에는 또한 충분하다 할 것인데, 우리 祖宗께서 列鎭을 배치하여
    사전에 대비하신 계책 역시 명료하게 알아볼 수가 있겠기에 감히 이렇게
    바쳐 올려 조용할 때 보시도록 하는 바입니다." 하니 답하기를, "아뢴 사연을
    보고 지도를 살피면서 나라를 걱정하는 그대의 정성을 가상하게 생각하였다.
    이 지도를 옆에 놔두고 유념해 보도록 하겠다." 하였다.29)

   장만은 전쟁이 벌어지면 작전계획을 짤 때에 절실히 필요한 지도를
직접 만들었다. 지도는 많은 것을 대비하게 하는 중요한 것이다. 후일
광해군은 "경이 바친 지도를 앉으나 서나 유념하며 늘 보고 있는데 오랑
캐의 형세가 눈 안에 들어오는 것만 같다."라고 하였다.30) 장만의 이
지도는 후에 유용하게 사용되었다. 장만의 계책이 얼마나 실용적이고
절실한 것들인지를 알게 한다. 장만의 소차에 나타나는 이 오랑캐 땅의
지도는 최초의 군사지도로 우리 역사상 중요한 것이며 역사상 의의가

---

28) 『광해군일기』[중초본] 27권, 광해 2년(1610) 윤 3월 2일 조항 참조.
29) 『광해군일기』[중초본] 35권, 광해 2년(1610) 11월 8일 조항 참조.
30) 『광해군일기』[중초본] 35권, 광해 2년(1610) 11월 18일 조항 참조.

있는 것이었다.

광해군이 장만, 이덕형 등을 만나 북방의 사실에 대해 직접 묻고 답하였다. 이 자리에서 광해군의 물음에 답변하여 올리는 것에서 그의 해박한 경륜이 그대로 나타난다. 그의 우국충정이 느껴지는 탁월한 견해와 북방에 대한 국방의 계책이 그의 머릿속에 다 들어 있었다. 특히 사군육진에 대해 관심을 가지고 회복하려고 애쓴 정황이 드러난다. 성곽, 군인의 수, 지도, 그리고 오랑캐가 쳐들어올 경우 적의 예상 침투로 등을 꿰뚫고 있었으며 이에 대한 대비책도 철저하게 세우고 있었다.

> 장만이 아뢰기를, "신이 北道에 있을 때 보건대 全家入居된 죄인은 도로 풀어주기가 어려운 법인데도 上言한 데 따라 혹 풀어주기도 하였습니다. 전가입거로 한번 정해진 뒤에는 다시 변경하는 일이 없어야 할 것입니다. 종성(鍾城)에 20년 동안 전가 입거하게 된 죄인과 갑산(甲山)에 전가 입거된 죄인을 모두 상언에 따라 回啓하여 풀어주었는데, 이것이 어찌 상언에 따라 풀어줄 수 있는 일이겠습니까." 하였다.31)

全家入居는 全家徙邊이라고도 하는데 죄인과 그 죄인의 가족을 변방으로 강제 이주시키는 형벌의 하나로, 이민 정책의 한 방법으로 활용되었다. 이것은 세종의 영토 확장 정책과 관련하여 평안도, 함경도 등 국경 지역에 실시된 全家入居의 이주 정책이 전가사변률의 형률로 발전하여 시행되었다가 영조 대에 폐지되었다. 이것은 북방의 개척이나 영토의 확장과 관계가 있는 것이었다. 장만은 북방의 인구가 점점 줄고 있는 것을 걱정하면서 장래에 있을 북방의 변고에 대해 걱정하고 있는 것이다. 장만은 全家入居를 거론하는 것은 북방 방비의 원대한 계책이

---

31) 『광해군일기』[중초본] 35권, 광해 2년(1610) 11월 18일 조항 참조.

되는 것이다. 장만의 상소는 국가의 백년대계를 바라보는 원대한 계책
이었다.

광해군 3년(1611) 평안 병사 장만에게 서쪽 변방의 일을 모두 위임한
다고 하였다. 이렇듯 장만은 북방의 병권을 장악하고 있었다.

> 비변사가 아뢰기를, "도체찰사에게 물어보았더니 '유형이 한 몸으로 일
> 을 담당해 밤낮으로 마음을 다하여 벌려놓은 일이 매우 많은데, 하루아침
> 에 다른 사람의 손에 넘어가면 모두 흐지부지되고 말 것입니다. 이 일은
> 중대한 사안이 달려 있으니, 신의 어리석은 생각으로는 장만이 아니고는
> 잘 단속하기 어려울 듯합니다. 장만은 근래에 북쪽에서 돌아왔는데, 혼자
> 만 어려운 일을 도맡게 하는 것이 안 됐지만, 그러나 중대한 사안이 달려있
> 는 문제를 두고 감히 사사로운 감정을 말할 수는 없습니다. 또 북병사는
> 임기가 지난 후에 오래 머무르게 하기 어려우니, 이 점은 조정에서 유의하
> 여 처치해야 하겠습니다.' 하였습니다." 하니 알았다고 전교하였다.[32]

우의정 이항복이 출사하여 시사청에서 인견하고 제반 국정을 논의하
다 "서쪽 사람들은 들어와 농사를 짓는다고 하면서 떠돌아다니며 먹고
사는 자들이 매우 많고 토착민은 드문데 대개 그곳 풍속이 그렇습니다.
병사 장만이 감사와 함께 군영 소속의 아전과 노비를 추려 내고, 奉足을
가려내어 陞戶시켜 군대에 充定하여 윤번으로 변방을 지키며 왕래하면
서 번을 서게 하니 그다지 번거롭지 않기 때문에 백성들이 우선 편하게
여깁니다."[33]라고 하였다. 이항복은 장만을 인정하였으며 늘 장만을 중
신으로 여겨 중요 요직에 천거하곤 하였다.

---

32) 『광해군일기』[중초본] 37권, 광해 3년(1611) 1월 20일 조항 참조.
33) 『광해군일기』[중초본] 50권, 광해 4년(1612) 2월 6일 조항 참조.

경상감사 張晩이 아뢰기를, "들리는 말에 '본도 전 감사 權盼이 도내의 군병을 새로이 단속하여 이미 일정한 체제를 성취하였으나 미처 훈련을 시키지 못하였다.' 하는데, 전날의 공이 실추되게 되었으니 실로 애석합니다. 앞으로 농사철이 얼마 남지 않아 무예를 연습할 때가 닥쳤습니다. 교육과 훈련에 대해 잘 알고 있는 인원을 元軍官 외에 별도로 10여 명을 더 데리고 가고, 훈련도감의 지구관 한 명도 데리고 가는 것이 어떻겠습니까?" 하니, 따랐다.[34]

장만은 한가로울 때를 틈타 군사들을 훈련시켜 놓기를 권장하였다. 그의 유비무환의 자세는 관료로서 평생 지녀온 일상이었다.

왕이 경상감사 장만을 인견하였다. 왕이 이르기를, "남쪽 변방의 방비가 날이 갈수록 더 해이해지니, 舟師 즉 수군 등에 대한 일과 倭의 군영과 行商을 금할 일을 착실하게 申明하여 거행하라." 하니, 장만이 아뢰기를, "소신이 임인년간에 체찰 부사가 되어 부산과 동래를 잠시 돌아보았고 계묘년에는 전라 감사가 되었는데, 〈그 뒤〉 10년이 지났으나, 〈舟師 수군의 일이 점점 처음만 못해지고 있습니다.〉 대개 처음에는 조정이 수군에 온 힘을 기울여 호남의 〈전선이〉 이미 40여 척에 찼고, 기계와 노 등의 물품도 매우 정밀하고 예리하였으며, 경상도의 수군도 매우 견고하고 치밀하여, 적이 다시 온다 하더라도 충분히 대적할 만하였지 오늘날처럼 엉성하지는 않았습니다. 또한 수군은 반드시 격군과 군량을 갖추어야만 변고에 대비할 수 있는데, 근자에는 物力이 점점 전만 못하니, 이게 가장 우려됩니다." 하니, 왕이 이르기를, "어떤 이유로 전일과 현격하게 달라졌는가?" 하자, 장만이 아뢰기를, "그 당시에는 상번하는 군사가 모두 수군에 예속되었고 各司의 奴와 內奴 또한 주사 즉 수군의 격군이 되었는데, 근래에는 상번하는 군사와 각사의 노는 모두 상납하게 하였고 왜국의 사신이 올 때에도 응접하는 일이 많아 물력이 고갈되었습니다. 배 숫자가 전날보다 적어지지는 않았으

---

34) 『광해군일기』[중초본] 80권, 광해 6년(1614) 7월 2일 조항 참조.

나 군사와 물자가 이토록 엉성하니, 혹시 사변이 생길까 더욱이 걱정됩니다." 하였다. 왕이 이르기를, "도망간 여러 역적들을 체포하는 일에 온 힘을 기울이라." 하니, 장만이 아뢰기를, "그 적을 여태까지 잡지 못하고 있으니 매우 의아스럽습니다만, 우리나라는 땅이 매우 좁으니 도망간 자가 잡히지 않으려 하더라도 되지 않을 것입니다." 하였다.[35]

이것은 임진왜란 후의 경상도 정황을 볼 수 있는 자료다. 임진왜란 시절 경험한 경륜을 바탕으로 왜군들을 경계하기 위해 허술한 수군의 정황을 간파하고 보고하였다. 장만은 다시는 임진왜란과 같은 전란이 이 땅에 일어나게 하고 싶지 않았다. 장만은 해박한 군사지식으로 느슨해진 경상도 해안의 수군에 대해 긴장감을 불어넣고 있다.

왜가 수호를 요청해 회답사를 보내고 천조에 주문한 자문의 내용과 장계한 것을 조사해보니, 거기에 '경상도 관찰사 張晩이 呈文하였는데, 그 대략에 "대마도 왜인 귤지정이 배를 타고 釜山港에 도착해서 書契를 바쳤는데, 그 서계 안에 대마도 태수 평의지는 삼가 예조에 아룁니다. 이번에 귀국에서 신사를 보내주기를 요청하는 일로 귤지정을 파견하였습니다. 삼가 바라건대 속히 성사시켜 주시기 바랍니다"는 내용이 담겨 있었다.[36]

임진왜란 이후 일본과의 외교 문제를 두고 장만은 다시 사신을 파견하는 문제에 대해 긍정적으로 검토하고 있었다.

폐비 문제에 대한 상소를 의정부에서 논의할 때 "오직 廟堂(의정부)이 고사를 널리 상고하고 충분히 강구해서 잘 처리하기에 달려 있습니다." 하였다.[37] 광해군의 폭정으로 폐비 문제에 대해서는 여론이 들끓었다.

35) 『광해군일기』[중초본] 80권, 광해 6년(1614) 7월 7일 조항 참조.
36) 『광해군일기』[중초본] 115권, 광해 9년(1617) 5월 30일 조항 참조.
37) 『광해군일기』[중초본] 121권, 광해 9년(1617) 11월 25일 조항 참조.

장만은 충분히 고려할 것을 권장했다.

> 知事 張晩이 차자를 올렸는데, 그 대략에 "근일 들여오고 내가는 公事를 비밀로 하지 말아 중외로 하여금 모두 조정의 거조를 알게 함으로써 인심을 진정시키도록 하소서. 우선 큰 공사를 중단하여 백성의 소망을 따르소서. 속히 애통해 하는 조서를 내리고 인재를 선발함으로써 난국을 극복토록 하시고 징병에 관한 일을 충분히 강구하고 헤아려서 선처토록 하소서. 그리고 비국의 유사당상 직책을 체차하여 감당할 만한 사람에게 제수하소서." 하니, 답하기를, "대내에 요망한 변고가 날이 갈수록 심해지고 있으니 형세 상 그 안에 앉아 있기가 어렵다. 그리고 두 궁궐의 공사가 거의 완성 단계에 와 있으니 갑자기 중단하여 그동안의 공을 모두 버리게 할 수는 없다. 요즘 이 공사를 중단하라고 서로들 다투어 차자를 올리고 있는데, 나같이 혼미하고 병든 사람은 자세히 살필 수 없다만, 다시 서쪽 사태의 보고를 들어가면서 알아서 참작해 처리하겠다. 오늘날 조정에 있는 신하들에게 어찌 오랑캐를 방어할 계책이 없겠는가. 그런데도 오직 이렇게 진달하여 곧다는 이름만 얻으려 하면서 군상에게 악명을 돌리는 일로 일생의 사업을 삼고 있다. 그리하여 고관이 먼저 한마디 하면 대간이 화답을 하곤 하는데 경까지 이런 행태를 본받을 필요는 없다. 비국의 일 등에 대해서는 경 역시 유사당상이니 다만 하나하나 대책을 강구해 나가면서 일에 앞서 미리 대비해두어야 할 것이다. 어찌 번거롭게 논계하고 상차하는가, 비국의 당상마다 모두 진달한다면 날수가 또한 부족하게 될 것이다. 궁궐 공사를 더욱 감독해서 속히 마무리 짓도록 하라. 기타 사항은 의논해 처리하겠다. 사직하지 말고 마음을 다해 직무를 살피도록 하라."하고, 이어 전교하기를, "이 차자를, 궁궐에 대한 일은 빼고 비변사에 내려 의논해서 처리케 하라." 하였다.[38]

장만은 광해군의 폭정에 틈틈이 제동을 걸었다. 장만은 북인들의 전

---

38) 『광해군일기』[중초본] 129권, 광해 10년(1618) 6월 7일 조항 참조.

횡에 문제가 있음을 간파하고, 민심의 동요를 중요시했다. 장만은 항상 민심의 향방을 예의주시하고 있었다. 국가가 혼란한 중에 큰 공사를 자주 벌이는 것은 국력을 쇠퇴시키는 것이었다. 장만은 광해군의 폭정에서 벗어나 사직하기를 원했다.

무례한 누르하치의 서신이 도착하자 국가는 혼란에 빠졌다. 왕이 전교하였다. "張晩은 계획과 생각이 깊은 사람이다. 노추(누르하치)의 서신을 답하는 일이 다급하니 선전관을 보내 하유하여 물어 오라."39) "노추의 서신에 대한 회답은 일각이 급하니 1, 2일 내에 속히 지어 들이게 하라. 또 노추의 서신에 회답하는 말 중에 장만의 차자의 뜻을 아울러 첨입하여 지어서 들이라." 하였다.40) 광해군이 장만의 기량을 믿고 의지하는 것이 범상치 않았다. 장만이 국체를 걱정하는 것이 원대하다는 것을 다시금 밝히고 있다.

> 부체찰사 장만이 장계를 올리기를, "전사한 군사의 시신이 식기도 전에 의복과 물건을 훔쳐서 자신을 이롭게 하는 자본으로 삼는 것은 흉악한 도적도 하지 않는 짓입니다. 그런데 삭주 부사 이을(李玏)은 수령의 몸으로 차마 이러한 일을 하였으니, 진실로 천하 만고에 없는 큰 도적입니다. 금부로 하여금 급히 잡아다가 엄중하게 국문하여 처치하게 하소서. 그리고 새로운 부사를 잘 가려 차출하여 수삼일 내로 역마를 주어 내려보내는 것이 마땅합니다." 하니, 따랐다.41)

장만의 현실대응 논리는 항상 정의롭고 정정당당하며 합리적이었다. 장만의 상소에는 항상 강직한 지조를 지닌 선비정신이 함의되어 있었다.

---

39) 『광해군일기』[중초본] 139권, 광해 11년(1619) 4월 5일 조항 참조.
40) 『광해군일기』[중초본] 139권, 광해 11년(1619) 4월 13일 조항 참조.
41) 『광해군일기』[중초본] 140권, 광해 11년(1619) 5월 7일 조항 참조.

체찰부사 장만이 한번 본도에 들어와 참혹한 정상을 목격하고 민역
을 면제해 주어 고아와 과부의 원통함을 위로하며 나라의 은혜를 입고
적개심을 분발하게 하고자 앞뒤에 누누이 말씀드린 것이 진실로 이미
격절하였습니다만, 조정에서 지금까지 거행한다는 말을 못 들었습니
다.[42] 장만은 상소는 백성을 사랑하는 애민의식이 넘쳐난다. 그가 누차
에 걸쳐 올린 상소가 거행되지 않음을 확인하여 다시금 민생을 구제하
는 것에서 장만은 관료로서 정도의 길을 가고 있었다. 그가 거쳐 간 지
방 관아에 송덕비가 많이 남아 있는 것은 이것을 증명해 주고 있다. 체
찰부사 장만이 치계하기를, "포로가 되었다가 도망쳐 돌아온 사람이 각
도를 모두 합하면 1천 4백여 명인데 지금까지 끊이지 않고 있습니다."
하였다. 이에 앞서 강홍립을 따라 압록강을 건너간 정예 병사가 1만 3천
여 명이었는데, 투항한 후 將士는 거의 모두 죽음을 당하고 군졸은 모두
농민에게 무더기로 나누어 주었으므로 계속 도망쳐 돌아왔다.[43] 이것
은 심하전투에서 패배한 강홍립의 군사들에 대한 동태를 파악하여 임금
께 보고하는 것으로 당시 심하전투의 피해가 크고 심각함을 알리고 있
다. 심하전투 때 장만이 지었다는 〈己未以副體察使出 鎭西塞作〉에

> 심하에서 패한 군사들 대부분 상중인데
> 통곡 소리만 들리고 노랫소리 들리지 않네
> 서쪽에서 털끝만큼 도움도 없는 것이 부끄럽고
> 어려움을 말하려니 눈물만 하염없이 흐른다
> 師衄深河喪衆多, 惟聞人哭不聞歌
> 西來乏媿絲毫補, 欲設時難兩眼波

---

42) 『광해군일기』[중초본] 142권, 광해 11년(1619) 7월 7일 조항 참조.
43) 『광해군일기』[중초본] 142권, 광해 11년(1619) 7월 8일 조항 참조.

어두운 산길로 접어드니 산이 강성을 누르고
날 저문 서풍에 전장에서 패한 말들이 울부짖네
수만 진 중에 강개한 군사 한 명도 없으니
지하에서 전횡장군 볼 면목이 없구나
陰山路接鎭江城, 日暮西風敗馬鳴
數萬陣中無一士, 何曾地下面田橫

라고 읊었다. 장만은 심하전투의 참상을 목격하고 비탄에 잠겼다. 그의
邊塞 시에서는 비장미가 느껴진다. 여기서 끝구에 나오는 전횡은 누구
인가? 한고조의 장수 韓信이 제나라를 격파하고 제왕을 사로잡아 가자
田橫이 自立하여 제왕이 되었다. 유방이 제위에 오르자 전횡은 부하
500여 명을 데리고 바닷속으로 들어가 섬에서 버티고 살았다. 제위에
오른 유방은 사람을 보내 백방으로 전횡을 설득하여 그를 불러들였다.
전횡은 그를 설득하러 온 사람과 함께 길을 떠나 낙양 30리를 남겨 두
고, 자기가 처음에는 유방과 같이 남면하여 孤를 청했었는데, 이제 북
면하여 그를 섬긴다는 것은 견디기 어려운 일이라고 하여 자결하였다.
이 소식을 들은, 섬에 남아 있던 500여 명의 부하들도 다 자결하였다.
그 섬을 전횡도라고 부르게 되었다. 여기서는 군신 간의 충성과 의리를
회상하고 전장에서 몰살할 바에 자결의 길을 택한 강개한 군사가 한명
도 없는 것을 한탄하고 있다.

체찰부사 장만이 아뢰기를, "신은 누르하치 군대 속에 있는 신하 강
홍립과 소시에 한 마을에 살았던 친분이 있습니다. 그런데 그가 자기
몸이 이미 절교하여야 할 입장에 빠져 있는 것을 헤아리지 않고 이번에
梁諫 등이 나올 때 통사 金彦春 편을 통해 한 통의 서찰을 보내 왔는데,
사리로 헤아려 보면 신이 사사로이 받아보아야 할 도리가 없으니 비변
사로 하여금 보게 하소서."44) 하였다. 장만은 강홍립과 잘 아는 사이로

사사로이 강홍립의 편지를 처리할 수가 없어서 공사 구분을 분명히 하였다.

후금의 누르하치에게 항복한 강홍립은 1619년 4월 2일 명나라의 사대주의에 물든 신하들의 압력으로 관직을 삭제당하였다. 또한 그들은 강홍립, 김경서, 정응정, 등의 가족까지 구금을 요청했지만, 광해군은 끝까지 그들을 감쌌다. 1620년 이들은 강홍립이 귀국을 하면 옥에 가두고 명나라로 보낼 것을 주장하기도 했다. 그리고 강홍립은 항복 후 청나라에 자신들의 상황을 설명하였다. 이 패배로 명나라는 국가의 존망을 다투는 위기 속으로 빠져들어 갔다.

1620년 명나라 만력제가 사망하였다. 뒤를 이어 태창제(광종)가 즉위했으나 29일 만에 신하에게 독살당하고 천계제(희종)가 즉위하였다. 1621년 3월에는 후금군이 명군을 만주에서 완전히 몰아냈고, 그해 5월에는 선양을 점령하고 그곳을 수도로 삼았다. 광해군이 1619년 파병을 한 지 4년 후 국내에서도 신하들과의 광해군의 갈등은 점점 더 깊어졌다. 장만도 광해군과는 거리를 두고 있었다. 광해군은 국력이 쇠퇴해 가는 명나라와 새로운 강자로 세력을 넓히던 후금 사이에서 실리적인 중립 외교 정책을 구사했다. 이는 명나라를 사대하는 서인파가 반정을 일으키는 빌미가 되기도 했다.

1621년 장만은 병조판서에 임명되었다. 이때는 광해군의 폭정이 심하였고 북인들이 미쳐 날뛰고 있을 때였다. 공은 세도를 이미 고칠 수 없음을 알고 영구히 벼슬에서 떠나버렸다. 장만이 병 때문에 사직상소를 여러 번 올렸는데, 이때에 이르러 비로소 체직이 허락되었다.[45] 전교하기를, "장만이 병이 중하다고 하니, 내의를 보내어 달려가서 구제

---

44) 『광해군일기』[중초본] 142권, 광해 11년(1619) 7월 17일 조항 참조.
45) 『광해군일기』[중초본] 180권, 광해 14년(1622) 8월 12일 조항 참조.

하도록 하라." 하였다. 이때 장만은 체찰 부사로 명을 받고 외지에 있었
다.46) 장만은 휴식하면서 만언소를 올렸다. 당시의 정사를 신랄하게 비
판하였는데 특히 토목공사의 폐해에 대해 간절히 충고하였는데 광해군
이 그 글을 보고 매우 노여워하였다. 이에 평산에서 통진으로 돌아와
굳게 칩거하면서 몸을 일으키지 않았다.47)

3) 인조반정 이후의 상소 분석

1623년 인조반정을 통해 중립정책을 펼치던 광해군이 폐위되고, 친
명 정책을 펴는 인조가 즉위하였다. 조선 인조는 권력의 변화가 일어나
는 국제정세를 제대로 파악하지 못하고 친명정책으로 전환하였다. 인
조반정에 성공한 서인 정권은 친명배금정책을 내세웠다. 인목대비는
반정 직후인 1623년 3월 14일 교서를 내려 중립정책을 폈던 광해군을
비난하였다.

"중국 조정을 섬긴 것이 200여 년이라, 의리로는 군신이며 은혜로는
부자와 같다. 광해군은 배은망덕하여 속으로 다른 뜻을 품고 오랑캐에
게 성의를 베풀었으며, 전군이 오랑캐에게 투항해 추한 소문이 사해에
펼쳐지게 했다. 예의의 나라로 하여금 오랑캐와 금수가 됨을 면치 못하
게 했다.48)

졸지에 광해군이 추진하던 후금에 대한 외교정책은 끊어지고, 후금
은 조선을 제거의 대상으로 삼게 된다. 인조시대는 명나라를 받들면서
후금은 오랑캐로 대우했다.

후금의 요동 지역을 회복하기 위해 압록강 입구인 평안도 철산 앞바

---

46) 『광해군일기』[중초본] 182권, 광해 14년(1622) 10월 23일 조항 참조.
47) 『낙서집』 권5, 행장(최명길).
48) 『인조실록』 1권, 인조 1년(1623) 3월 14일, 조항 참조.

다의 가도에 주둔하고 있던 명나라 장수 모문룡에 대해서도 지원을 아끼지 않았다.

인조는 즉위하자마자 장만을 팔도도원수로 삼아서 관서지방으로 나아가 진무하도록 하였다. 인조는 직접 수레를 밀어주면서 전송하였고 친히 차고 있던 상방검을 풀어서 장만에게 주었다. 인조는 성대한 예로 극진히 대우했다. 이때의 성대한 행사를 묘사한 시들이 많이 남아 있다.

택당 이식은 "성상이 反正한 초기에 이르러 내부의 걱정거리가 아직 해소되지 않은 상태에서 외부의 도적이 또 바야흐로 으르렁거리자, 즉시 공을 일으켜 元帥로 삼고는 서쪽 변방으로 出鎭하게 하였다. 그런데 장만이 추천 하였던 이괄이 혼란을 틈타 반란을 일으키니, 당시는 그야말로 국가가 보전되느냐 망하느냐 하는 지극히 위급한 처지에 놓여 있었다고 해야 할 것이다. 하지만 공은 자기의 휘하 병력이 수천 명에도 차지 않는 상황에서 흩어져 무너진 군사들을 끌어모아 이십 일이 채 지나기도 전에 극악무도한 역괴 이괄의 머리를 베어 버림으로써 中外가 다시 안정을 찾게끔 하였다. 이 振武의 공이야말로 靖社의 그것과 함께 서로 앞서거니 뒤서거니 하는 것으로서, 단을 쌓고 다 같이 맹세를 하며 나라와 더불어 모두 복을 받기에 합당한 것이었으니, 중흥의 업적이 이에 이르러 크게 되었다고 해야 할 것이다. 비록 시대 상황이 어려웠던 까닭에 成敗利鈍이 없지는 않았다 하더라도, 선조께서 정치를 개혁하신 이래로 광해군 말년에 이르기까지 名臣과 노련한 장군들이 거의 모두 세상을 떠난 상태에서, 유독 공만이 우뚝 서서 나라의 간성으로 朝野의 막중한 기대를 한 몸에 지닌 채 처음부터 끝까지 哀榮의 은혜를 듬뿍 받게 되었다. 따라서 書史에서 일컫고 있는바 '옛날에 큰 공훈을 세우고 덕을 온전히 보전한 신하들'이라 할지라도, 이보다 다시 더 잘할 수는 없으리라는 생각이 드니, 나 같은 사람이 또 어떻게 이를 글로 꾸며 낼

수가 있겠는가."라고 하였다.[49]

　계곡 장유는 그의 신도비명에서 "상이 위로하는 유시를 내린 뒤 元勳
에 책봉을 하고 碣誠奮威出氣效力振武功臣의 호를 하사하는 한편 품계
도 輔國崇祿大夫로 올리고 玉城府院君에 봉하였다. 그리고 뒤이어 의
정부 우찬성에 임명한 다음 元帥의 명호를 개정하여 八道都體察使로
하고 松都留守를 겸하게 하였다. 이에 공이 병을 핑계 대고 豊德의 별
장으로 돌아간 다음 上章하는 기회에 사직을 청하였는데, 상이 하교하
여 준절하게 책망을 하자 공이 황공한 심정으로 入朝하여 병조 판서의
직책을 제수받고 예전처럼 그대로 체찰사의 임무를 수행하였다."고 하
였다.[50]

　인조임금이 明光殿에 나아가 도원수 장만을 인견하였다. 장만이 아
뢰기를, "반드시 將才를 얻어야만 적을 막아낼 수 있을 텐데, 병법을
아는 무장은 한 사람도 없고 단지 뇌물을 주고 관직을 살줄만 아는 실정
입니다. 이런 무리들을 장차 어디에 쓰겠습니까. 그리고 적의 장기는
돌진해 오는 것인데 우리나라 병사의 기세로는 감당하기 어려울 듯합니
다."[51] 장만은 인조정권의 무장들을 날카롭게 비판하면서 후금을 감당
하기 어렵다고 판단했다.

　인조임금이 묻기를 "현재의 중원의 형세로 볼 때 군대를 출동시켜 적
을 토벌하는 것이 가능하겠는가?" 하니, 장만이 아뢰기를, "중원은 형세
가 고달플 뿐만 아니라 혼이 빠진 상태로, 우리나라가 임진년에 왜적을
두려워했던 경우와 비슷한 듯싶습니다." 하였다. "만약 중원과 협력해

49) 李植,『澤堂集』澤堂先生別集 卷之六, 墓誌,〈議政府右贊成玉城府院君張公[晩] 墓
　　誌銘 并序〉.
50)『계곡선생집』제13권, 碑銘 9首,〈竭誠奮威出氣效力振武功臣輔國崇祿大夫行議政府
　　右贊成玉城府院君張公神道碑銘 병서〉.
51)『인조실록』1권, 인조 1년(1623) 4월 2일 조항 참조.

서 적을 토벌할 경우 군사는 얼마나 필요하다고 여겨지는가?", 장만이 아뢰기를, "신의 생각으로는 10만 명이 아니고서는 불가능하다고 여겨 집니다." 하였다. 상이 이르기를, "우리나라에서 10만 명을 마련해 낸다는 것은 형세상 무척 어려운 일이다."하니, 장만이 아뢰기를, "10만 명은 쉽게 얻을 수 없다 하더라도, 5만 명이 안 되고서는 해낼 수 없습니다." 하였다. "적의 형세는 어떠한가?" 하니, 장만이 아뢰기를, "사나운 새가 잠시 날개를 접고 있는 형세라 하겠습니다." 하였다. "앞으로 우리나라를 침범할 형세가 있는가?" 하니, 장만이 아뢰기를, "적이 현재 산해관을 침범하려고 신경을 곤두세우고 있는데, 어느 겨를에 동쪽을 침입하겠습니까. 당분간은 그런 근심이 없을 듯합니다." 하였다.[52]

장만은 당시 조선의 군사적 정황을 말하고 인조의 물음에 명쾌하게 답변하고 있었다. 장만은 십만의 병사를 이야기했고 인조는 십만의 병사는 우리나라 상황에서 징발해 낼 수 없는 상황이라고 한다. 장만은 5만 양병을 주장한다. 지금의 후금의 정세를 묻자 장만은 "사나운 새가 잠시 날개를 접고 있는 형세"라고 답하는 부분에서는 지략이 넘쳐난다. 그는 명청교체기의 정황을 날카롭게 분석해 내고 있다.

도원수 장만은 인조에게 성군이 되어주길 바라면서 15개 조항의 정책을 제시했다. 이것은 장만의 상소 중에 최고의 것이었다.

"보잘것없는 신의 나이 벌써 60에 가까워져서 시골에 물러나 살면서 아침저녁으로 죽을 날만 기다리고 있었습니다. 그런데 다행히도 성상께서 등극하시는 운세를 맞이하여 천재일우의 기회를 만나보게 되었습니다. 종묘와 사직이 다시 안정되고 해와 달이 거듭 빛나게 되어 얼마 안 되는 사이에 풍채가 일변하게 되었으니, 옛적부터 있어 온 중흥의 공적

---

52) 『인조실록』 1권, 인조 1년(1623) 4월 12일 조항 참조.

도 전하의 경우보다 성대한 적은 아직 없었습니다. 며칠 사이에 몇 번이나 자리에 나아가 성상을 가까이 뵙게 되었는데, 삼가 성상께서 수작하시고 응접하시는 것을 보건대 가슴 속이 탁 틔어 조금도 막힌 곳이 없으셨습니다. 허심탄회하게 뭇 의논을 결집시키고 진심을 미루어 다른 사람의 마음에 통하게 하니, 그 본원의 맑고 밝음이야말로 마치 물건을 환히 비추는 거울과 같다 할 것입니다. 이는 진정 성군의 자질인 동시에 요순의 마음이라 할 것이니, 이를 확대 충일시켜 조금도 끊어짐이 없게만 하시면, 三代의 융성했던 치세도 이루기가 어렵지 않을 것입니다.

다만 人心과 道心은 털끝만한 차이로 갈라지고 인심은 위태롭고 도심은 미세하기 짝이 없다고 경계한 성스러운 가르침은 긴요하기 이를 데 없습니다. 그러나 독실한 실천이 뒤따르지 않으면 정밀하고 순일한 공을 이룰 길이 없고 끊임없는 노력이 없고서는 뜻을 참되게 하고 마음을 바르게 하는 효과를 거둘 수가 없는 것입니다. 역대 인군을 보건대 그 누가 즉위한 초기에는 지극한 정치를 구현해 보려고 정성 들여 노력하지 않는 자가 있었습니까. 그러나 대체로 그 본원을 바르게 하여 끝이 처음과 같도록 조심하지 못했기 때문에, 교만 사치 음란에 빠져 그 뜻을 방탕하게 하고, 나태와 퇴폐에 빠져 그 氣를 혹 허약해지게 하고 말았던 것입니다. 삼가 원하옵건대 전하께서는 크게 성취할 뜻을 분발하시어 끝이 처음과 같이 되도록 조심하소서." 하고, 이어 기강을 세울 것[立紀綱], 염치를 권장할 것[勵廉恥], 선비의 습속을 바로 잡을 것[正士習], 사치 풍조를 금할 것[禁奢侈], 엽관 운동을 억제할 것[抑奔競], 상과 벌을 명확히 할 것[明賞罰], 재용을 아낄 것[惜財用], 군율을 엄하게 할 것[嚴軍律], 간사하고 교활한 자를 징치할 것[治奸猾], 궁금을 맑게 할 것[淸宮禁], 탐관오리를 축출할 것[黜貪汚], 인재를 거두어 쓸 것[收人才], 붕당을 혁파할 것[罷朋黨], 간쟁하는 말을 받아들일 것[納諫諍] 등 15가지 일을 조목조목

논하니, 상이 답하기를, "15개 조항으로 진달한 것 중에 어느 하나도 나라를 다스리는 훌륭한 계책 아닌 것이 없다. 나도 모르는 사이에 거듭거듭 읽으면서 다만 실천할 것만을 생각하게 된다. 경은 국가의 長城이 된 지 오래이다. 지금 국가의 운명을 경 한 사람에게 의탁하고 있으니, 경은 부디 이 점을 생각하여 몸을 가벼이 하지 말라." 하였다.[53]

장만은 인조가 즉위하자 국가 원로로서 인조를 성군으로 이끌었다. 그리고 평소에 관찰해오던 국정에 대해 대안을 제시하였다. 특히 탐관오리들을 축출하고 당파 싸움을 혁파하고 조정 대신들과 소통을 위해 언로를 열어두길 권장하였다. 이것은 오랜 경륜과 풍부한 학식이 없이는 불가능한 것이었다. 장만의 상소는 인조의 반정은 환영했으나 그 후의 국정에는 문제가 많음을 간파하고 현명하게 처신할 것을 건의했다.

장만이 차자를 올렸다. 그 대략에, "이번 錄勳에 이미 軍陣에서 힘껏 싸워 난을 평정한 자를 뽑으라는 분부가 있었습니다. 그러나 신은 병을 지니고 정벌에 나가 겨우 쓰러져 죽는 것을 면하였고 鞍峴의 싸움에는 가지도 못했는데 도리어 공훈의 으뜸을 차지하였습니다. 아무리 원수라는 호칭을 띠고 있더라도 본디 기록할 만한 공로가 없는데 封爵의 영예를 앉아서 누린다면 마음에 편하겠습니까. 빨리 공훈의 명호를 삭제하여 어리석은 분수에 편하게 하소서. 또한 신은 군사를 파한 뒤로 병세가 점점 깊어지고 한쪽 눈마저 붓고 아파서 양쪽 눈이 모두 멀게 될 형편인데 원수의 직임을 아직도 몸에 지니고 있으니, 변방에 변란이 일어나면 누가 그 책임을 맡겠습니까. 조속히 처치를 내리시어 나라 일이 잘못되지 않게 하는 것만 못합니다." 하였는데, 답하기를, "차자를 보니 내가 매우 염려된다. 저번에 녹훈을 감정할 때 힘써 싸운 자를 뽑으라고

---

53) 『인조실록』 1권, 인조 1년(1623), 4월 18일 조항 참조.

분부한 것은 제장에 대한 것인데, 경은 어찌 이런 말을 하는가? 그리고 지금 원수의 직임은 경이 아니면 안되니, 경에게 병이 있더라도 내 뜻을 체인하여 조리하면서 직무를 수행하라."하였다.[54] 인조는 장만이 아니면 안 된다는 조정의 여론을 의식하며 이괄의 난을 수습하며 풍찬노숙으로 인해 한쪽 눈까지 실명한 장만이 병으로 사직하려는 것을 만류하였다.

조정 관료들이 인조에게 士의 氣는 국가의 동량이니 기절을 아름답게 여겨 권장하면 풍속이 절로 바루어질 것입니다. 하니, 상이 이르기를, "오늘날의 걱정은 바로 붕당의 논의가 그치지 않는 데에 있다. 붕당의 논의가 그치지 않으면 나라가 반드시 위태롭게 되어 망하고 말 것이니 벌을 가하지 않을 수 없다."하였다.[55]

이 당시 당파 싸움은 극도로 치닫고 있었다. 한바탕 휩쓸고 전란 속을 목숨 걸고 분주하게 뛰어다녔건만 그에게 돌아온 건 조롱과 비난이었다. 세상의 모든 백성은 그를 영웅으로 떠받들고 그를 우러러 칭송하건만 당파 싸움에 취한 반대파들은 정권야욕에 벌 때처럼 달려들어 그를 헐뜯었다. 상소는 상대방을 탄핵하는 상소와 이에 대응하는 상소가 흔히 일어난다. 장만 역시 탄핵을 받고 이에 대응하는 상소를 올렸다.

장만이 조직 등의 탄핵으로 인해 자신의 훈적을 삭제해 줄 것 등을 청하였다. 당파 싸움이 극도로 혼란하였다. 옥성부원군 장만이, 창녕현감 趙溪과 호남유생 潘錫命 등이 賊을 놓아 주고 토벌하지 않은 것과 훈공을 공정하게 감정하지 못했다고 그의 죄를 탄핵한 것에 대하여 상소하여 변명하면서 훈적을 삭제해 줄 것과 도체찰사의 소임을 체차시켜 줄 것을 청하니, 인조임금이 답하기를, "조직 등의 소장을 보건대 근거

없는 말로 무함하고 지나친 감정으로 배척하였으니, 그 사람들의 말은 따질 것이 못 된다. 경이 병든 몸을 수레에 싣고 전진에 나아가 마음을 다해 적을 토벌한 충성은 진정 조직의 무리를 제외한다면 그 누가 위대하게 여기지 아니하겠는가. 경은 안심하고 사직하지 말라. 그리고 끝까지 노력하라." 하였다.[56]

진무공신 정충신·변흡·유효걸 등이 장만을 위하여 원통함을 변론하니, 답하였다. "장수를 위해 원통함을 쟁송하는 것은 분의에 있어 당연한 것이고, 무함을 받고서 이를 해명하려 하는 것은 인정에 있어 그만둘 수 없는 것이다."[57] 이로 보면 당파 싸움이 극도로 치닫고 있는 것을 볼 수 있다. 장만이 상소를 통해 현실에 대응하는 논리들을 엿볼 수 있다.

"특진관 장만이 모문룡 군영의 군량을 啓請하면서, '금년 겨울은 2만 석을 속히 지급하고, 명년부터는 劉綎 때의 규례와 같이 5천 병력이 먹을 정도의 식량을 매년 일정하게 지급하는 양으로 삼아야 한다.'고 하였는데, 이번 기회에 사유를 갖추어 자문을 보내어 분명히 약속을 정하고, 별도로 자문을 한 통 만들어 轉奏하게 하는 것이 편리하고도 유익할 듯합니다. 다만 지금의 일이 유정 때의 일과는 다르므로 그때를 근거로 해서 하기는 어려운 점이 있기도 합니다. 2만 석은 너무 적으니, 1년에 5만 석으로 한정하되 약속이 이루어진 뒤에 일시에 다 지급하지 말고 조금씩 계속해서 보급하여 원래의 수효를 채우면, 약정한 수효 이외에 더 요구하는 걱정을 면할 수 있을 것입니다. 그리고 월동한 식량은 전량을 주지 않을 수는 없지만 그렇다고 2만 석을 지급하는 것도 과중할 듯하니, 우선 1만 석을 지급하는 것이 합당하겠습니다. 두 곳에 자문을 보내는 것은 충분히 살펴서 하지 않을 수 없는 것이니, 이 의논이 결정

---

56) 『인조실록』 10권, 인조 3년(1625) 12월 15일 조항 참조.
57) 『인조실록』 11권, 인조 4년(1626) 1월 5일 조항 참조.

되기를 기다려 뒤에 다시 품의해서 처리하는 것이 어떻겠습니까?"하
니, 답하기를, "자문을 보내는 등의 일은 직접 만나 의논하여 처리해야
겠다. 월동한 식량은 우선 계사대로 시행하라."[58]

사르후 전투는 명나라와 후금이 국운을 걸고 싸운 대전쟁이었다. 이
전투에서 대패한 명나라는 쇠퇴의 길로 가고 있었다. 모문룡이 우리나
라에 그 잔당들을 끌고 들어와 청나라와의 전쟁을 연명하면서 우리나라
에게 많은 피해를 주고 있었다.

드디어 정묘호란이 터지자, 당황한 인조임금은 신료들과 대책을 논
의하였다. 인조임금이 영중추부사 李元翼, 판중추부사 鄭昌衍· 申欽,
좌의정 尹昉, 우의정 吳允謙, 비국 당상 金瑬·李貴·李廷龜·張晚·金尙
容·李曙·徐渻·申景禛·金藎國·具宏·李弘胄·沈器遠·崔鳴吉·李顯英
·張維, 대사헌 朴東善, 대사간 李粲을 소견하였는데, 승지 李如璜·金尙
등이 입시하였다. 상이 이르기를, "적이 만일 거침없이 쳐들어온다면
관서 지방은 미처 구제할 수 없을 듯하다." 하였다. 장만이 아뢰기를,
"하삼도는 속히 징병토록 하고, 황주·평산은 급히 별장을 보내도록 하
소서." 하니, 상이 모두 따랐다. 이어서 묻기를, "이들이 모문룡을 잡아
가려고 온 것인가, 아니면 전적으로 우리나라를 침략하기 위하여 온 것
인가?" 하니, 장만이 아뢰기를, "들건대 洪泰時(홍타이지)란 자가 매번
우리나라를 침략하고자 했다는데 이 자가 만일 일을 맡게 되면 반드시
그 계획을 성취시킬 것입니다." 상이 이르기를, "얼마를 징발해야 하겠
는가?" 하였다. 장만이 아뢰기를, "신의 생각에는 2만~3만 명 정도면
대항할 수 있을 듯합니다." 하였다. 인조는 장만에게 일일이 물어 정묘
호란에 대비코자 하였다.[59]

---

58) 『인조실록』 14권, 인조 4년(1626) 10월 11일 조항 참조.
59) 『인조실록』 15권, 인조 5년(1627) 1월 17일 조항 참조.

누르하치 사망 이후 후금의 2대 황제로 즉위한 태종(홍타이지)은 왕자 시절부터 조선에 대한 강경책을 주장하였으며, 인조의 이 같은 외교 노선에 상당한 자극을 받고 있었다. 후금은 또 명나라와 대치하는 상황에서 배후인 조선으로부터도 위협을 받게 됐고, 게다가 조선과의 경제 교류까지 막히자 물자 부족을 타개할 방안이 절실했다.

그러던 차에 이괄의 난 당시 후금으로 달아난 한윤이 인조 즉위의 부당성을 설파하자, 후금은 '억울하게 폐위된 광해군을 위해 복수하겠다'라는 명분을 내세운다. 광해군 당시 후금에 투항한 강홍립 역시 조선에 있던 자신의 가족들이 핍박을 받고 있다는 소식을 듣고 태종의 조선 침공을 부추겼다. 당시 조선에서는 이괄이 평안도에서 반란을 일으킨 여파로 변방 수비가 허술해 져 있었다. 때문에 인조도 대신들과 방어 태세를 점검하면서 "관서지방은 미처 구제할 수 없을 듯하다."라고 했다.

그러자 조선 대신들은 화친에 찬성하는 주화론자와 이에 반대하는 척화론자로 나뉘어 논쟁을 벌였다. 고금의 역사를 보면 전쟁이 일어나면 무장은 전쟁을 주장하고 문관은 화친을 주장하는 것이 상례이지만 무장은 화친을 주장하고 문관이 전쟁을 주장하는 특이한 현상은 청나라를 두고 벌어지는 정묘호란과 병자호란을 치르면서 조선에만 있는 특이한 일이었다. 이런 것에는 역시 특이한 상황이 있었으니 존명배청사상이 사림에 팽배한 것 때문이다. 실재 정황으로 보면 약소국의 적은 군사로서 몇 배가 넘는 강대국의 군사와 전쟁을 벌이는 것은 무모한 짓이며 국가와 백성을 도탄에 빠트리는 짓이다. 그러나 명분을 좋아하고 의리를 운운하며 공을 차지하려는 자들은 주로 문신들이며 자기들의 정파의 이익을 위해 온갖 계책을 바탕에 깔고 장군들의 공적을 따져 조사하니 전장을 누비며 공을 세운 장군들이 대군을 만나 중과부적으로 희생하며 어쩌다가 후퇴하면 임금에게 충성을 하지 않았다는 이유로 관직을 삭탈하고 유배를 보내는 사실이 허다하게 일어났다. 중과부적으로 국가와 백성이 유린 될 것을 걱정하여 화친을 주장한 일파는 역적이 되고 힘이 되지 않는데도 무모하게 전쟁을 하여 의리명분을 찾고 국가의 체면을 잃는 모욕은 참을 수 없는 것이라고 하여 전장에는 나가보지도 않으면서 전쟁을 주장하는 척화파는 충신이 된다. 과연 진짜 충신은 누구이고 진짜 간신은 누구인가?

결국 인조는 현실적으로 후금과 싸울 힘이 없다는 결론을 내리고 화의 교섭에 응하였다. 교섭 과정에서 후금은 조선에게 명나라와의 관계를 끊고, 후금이 형이 되고 조선이 아우가 되는 '형제의 맹약'을 맺자고 제의했다. 나아가 명나라 연호인 天啓를 더 이상 사용하지 말 것, 조선 왕자를 인질로 보낼 것 등을 추가 조건으로 제시했다.

이에 조선은 "차라리 나라와 함께 죽을지언정 명나라 연호를 사용하지 말라는 요구는 결단코 따를 수 없다."라고 못 박고, 종친인 元昌令 李玖를 王弟라고 하여 후금 진영에 보냈다. 조선은 이와 함께 후금군이 평산을 넘지 않을 것, 맹약 후 즉시 철군할 것, 철군 이후 다시 압록강을 넘어서지 말 것, 양국은 형제국으로 칭할 것, 조선이 명나라에 적대하지 않는 것을 후금은 인정할 것 등을 요구했다. 이는 한마디로 명나라와의 사대관계는 계속 유지하되, 명나라와 후금 사이에서 중립을 지킬 테니 더 이상 침범하지 말라는 것이었다.

후금은 이 같은 요구를 받아들이고 평산에서 철군하였다. 이를 정묘약조라고 부른다. 서로가 확전에 부담을 안고 조약을 맺은 만큼, 양국 모두 그 내용에 만족하지 못했다. 숭명배금의 명분을 중요시하는 조선에게는 후금과 형제 관계를 맺는다는 것 자체가 패전국으로서의 치욕이었고, 후금은 눈엣가시 같은 모문룡 세력을 완전히 제거하지 못한 채 군사를 되돌려야 했다. 인조는 결국 숭명배금의 전세를 잘못 판단하고 후금을 홀대하다가 후일 병자호란으로 치욕을 당하게 된다.

1626년 누르하치는 영원성 전투에서 원숭환의 공격으로 전사하게 된다. 누르하치의 여덟째 아들 홍타이지가 후금 황제로 즉위하였다. 이듬해 1627년 천계제가 죽고 숭정제가 즉위하였는데, 1629년 6월 누르하치를 죽인 원숭환이 모문룡을 처형하자, 1630년 8월 숭정제가 원숭환을 처형하였다. 1644년 숭정제가 신임하던 환관 장군들이 그를 배신했으며, 반란군 이자성이 수도 베이징을 점령했다. 이자성의 군대가 수도에 접근했을 때 조회를 알리는 종을 두드렸지만 재상들은 한 사람도 오지 않았다. 결국 숭정제는 왕궁 옆에 있는 메이산에 올라가 목매어 자살했다. 이 명나라의 무능한 숭정의 연호를 무엇이 좋다고 조선 선비들은 다투어 숭정처사라고 하는지 당시의 국제정세를 제대로 간파하며 후금과 화친을 주장했던 사람은 장만 뿐 이었던가. 그의 사위 최명길도 화친을 주장하는 주화파였다.

"집안이 가난하면 어진 아내를 생각하고, 나라가 어지러우면 어진 재상을 생각한다.[家貧思賢妻, 國亂思良相]《通鑑節要 卷1 周紀》"고 했다. 장만은 국가가 누란의 위기에 처할 때마다 제일 먼저 손꼽혔고, 임금과 조정의 대신들이 한결같이 장만이 아니면 안 된다고 하였다.

4. 결론

이상으로 충정공 낙서 장만의 상소문들을 살펴보았다. 장만의 상소는 사직상소를 제외하면 거의가 우국충정에서 나온 것으로 주로 북방의 국방에 대한 것이 대부분이었다.

그의 상소는 크게 세 부분으로 나누어진다. 첫째는 선조시대의 상소

로 임진왜란 시절에 올린 상소이다. 둘째는 광해군 집정시기에 올린 상
소로서 명청교체기 후금의 공격에 대비하여 올린 북방의 방비에 대한
상소이다. 셋째는 인조반정 이후 인조에게 올린 상소로 이괄의 난과 정
묘호란 중에 올린 상소로 국체의 안정과 후금과 모문룡에 대한 문제를
포함한 국방 전반의 병권에 대한 상소이다.

임진왜란 시절 내노를 전장에 투입하자는 논리와 전후복구 사업에
유풍을 진작하고 흥학에 뜻을 기울여 교육정책을 우선시한 것 등은 탁
월한 정책이었다. 그를 평가함에 위대한 장군으로 무신의 차원에서만
평가할 것이 아니라 뛰어난 학식과 문재를 지닌 훌륭한 문신임을 잊지
말아야 한다. 그의 주장들은 문신의 훌륭한 자질과 학문적인 바탕이 없
이는 이루어지기가 어려운 것이었다.

장만은 임진왜란을 몸소 겪으며 쌓았던 경력을 후대에 유감없이 발휘
하였다. 장만은 임진왜란 이래로 광해군 말년에 이르기까지 임진왜란
때 눈부시게 활약했던 名臣과 노련한 장군들이 거의 모두 세상을 떠난
상태에서, 유독 공만이 우뚝 서서 나라의 간성으로 朝野의 막중한 기대
를 한 몸에 지닌 채 처음부터 끝까지 哀榮의 은혜를 듬뿍 받게 되었다.

광해군이 등장하면서 올려진 그의 상소는 전후복구에 박차를 가하고
있으며 함경도 관찰사로서 사군육진을 회복하여 국방에 대비하는 등,
명청교체기 강하게 성장하고 있는 후금을 경계하고 있었다. 심하전투
의 패배를 수습하고, 광해군의 폭정에 대해 경고하였다. 그의 상소는
현실을 직시하고 있었고 문제의 핵심을 찔렀다. 그는 국방의 선봉에 서
서 북방의 방비에 심혈을 기울였고, 19차례나 상소를 올려서 광해군의
혼정을 바로잡으려고 애쓰다가 파직까지 당하였다.

인조반정이 일어나자 팔도도원수가 되어 명청교체기 혼란에 대비하
기 위해 변방으로 나아갔으며, 이괄의 난을 슬기롭게 진압하였다. 이때

난을 진압하는 과정에서 과로로 한쪽 눈을 실명하였다. 정묘호란이 터지자 동분서주하며 신속하게 처리하여 국가의 피해를 줄이는 데 총력을 기울였다. 그의 상소는 백성들의 애환을 달래었으며 폐정을 고쳐 바로잡았으며 군대를 조련하고 어려운 시절을 만나 우리 강토를 보전하는데 분골쇄신하였다. 그의 상소문에는 국가를 안정시키려는 국체의식이 넘쳐나며 그의 충정에서 우러나온 우국애민의식은 관료의 전범이 되었다. 병든 몸으로 전장을 누빈 공로는 전란을 수습하며 조종을 영구히 보존하는 토대가 되었다. 그의 상소는 난국을 타개하고 국경의 수비가 되었다. 오직 충의의 열사만이 불의에 분노하며 정의로울 수 있다. 장만의 상소문에는 충성과 용기가 넘쳐나며 국가의 요망한 기운을 쓸어내었다. 그의 상소문에는 우뚝한 영웅의 기상이 서려 있고 당당한 장군과 재상의 자태가 함의되어 있었다. 그의 상소는 종묘사직을 안정시켰다.

李宜顯은 洛西集 序에서 다음과 같이 장만을 평했다. "내가 일찍이 우리나라의 故事를 즐겨 읽었는데, 처음에는 공의 책략에 탄복했고 중간에는 경의 지조에 탄복했고, 마지막에는 또 공께서 현저히 의리를 세움으로써 일반인들의 윤리를 바로잡도록 기여하신 데 대해 존경심을 느꼈다."라고 하였다.

그는 선조, 광해군, 인조의 세 임금을 섬기면서 극도로 혼란한 시기를 타고 관각에서 충혼으로 이름을 떨쳤을 뿐만 아니라, 정치의 일선에서 나라를 걱정하고 정치를 안정시키는 선봉장이었다.

그는 이 혼란기에 26세부터 관료로 출사하여 64세까지 약 38년 동안 관각에 있으면서, 문신으로 출발하여 무신의 임무까지 정치적 경륜가로서 이름을 떨친 현달했던 관각의 문인이자 위대한 장군이었다. 장만의 상소는 국가에 절실히 필요한 실용의 제안으로서 한마디도 허튼소리는 없었다. 그의 상소는 곧바로 채택되어 국가의 정책으로 변환되었다.

그의 상소문은 대부분 사실에 근거한 실용을 추구하는 것이라 화려한 꾸밈이 없는 순수한 문체였다. 그의 상소문에는 국가와 제도를 보전하려는 국체의식이 현저하게 드러나고 있는 것이 큰 특징이다.

그의 상소문은 충성심과 정의로움이 넘쳐나고 정치문학의 성격으로 당대 최고의 현실 인식과 치밀한 '관료 문학'의 정수를 볼 수 있는 글이었다. 앞으로 장만의 상소에 대한 지평이 넓어지기를 기대한다.

낙서 장만의 심하전투 관련 차자(箚子) 연구

· · ·

권혁래

1. 머리말

낙서(洛西) 장만(張晩, 1566~1629)은 선조·광해군·인조 3대에 걸쳐 국난 극복을 위해 활약한 문신이자 장군이다. 그는 임진왜란을 맞은 뒤 선조대에 충청도관찰사, 전라도관찰사의 직임을 맡아 왜구의 침입에 대비하였고, 1607년 함경도관찰사를 맡으면서는 광해군대에 이르기까지 4년 동안 북방 여진족의 정세를 파악하고 침입에 대한 대비책을 제시하여 북방전문가로 평가되었다.

그간 장만의 존재나 역할은 잘 알려지지 않았으나, 장석규, 신병주, 백상태 등의 연구를 통해 선조·광해군·인조 3대에 걸쳐 국방 수비에 공을 세웠고 조선 최초의 팔도도원수로 임명되었으며, 문무를 겸전한 인물이며, 광해군의 중립외교의 기틀을 세웠을 뿐 아니라, 1624년 서울 인왕산 전투의 승리를 통해 이괄의 난을 진압하였으며, 인조대 정묘호란·병자호란을 대비해 안주성 방략책 및 화친책을 제시한 전략가라는 점 등이 규명되었다.[1]

---

1) 장석규, 『팔도도원수 장만 장군』, 장만장군기념사업회, 2009; 신병주, 『문무겸전의 인물 장만, 그 시대와 활동』, 『조선시대학보』 64, 조선시대사학회 2013; 백상태, 『장만 평전: 문무겸전의 전략가』, 주류성 2018; 장석규, 『광해의 중립외교와 장만장군: 조선

낙서 장만은 적지 않은 시문을 남겼는데, 사후 102년 뒤에 간행된 문집 『낙서집』에 수록되어 전한다. 그의 문집은 1730년 족현손(族玄孫) 장보현(張普顯, 1658~1739)에 의해 3책 7권으로 간행되었고, 1800년경에 보유 1책 4권이 간행되었다.2) 권1에는 시 120편, 권2와 권3에는 소차(疏箚) 46편, 권4에는 계(啓)·의(議)·장계(狀啓)·기행·서찰 등 21편, 권5에는 최명길이 지은 행장, 명사 21인의 만사 등, 권6에는 장만을 위해 쓴 이정구의 서행증언서 등, 권7에는 이괄의 난을 진압하는 과정을 김기종이 기록한 『서정록(西征錄)』과 장보현의 발문이 수록되어 있다.

장만은 그동안 학계와 일반 대중에게 잘 알려지지 않은 문인이었기에 그가 지은 시문의 성격과 현실인식에 대해서 앞으로 다양한 관점의 연구가 시도될 것으로 기대된다. 특히 장만의 소·차·계·의 등 주의류(奏議類) 산문, 그리고 장만에 관해 문인들이 기록한 문서들에는 현실정치와 외교·국방 현안에 관한 다양한 문제의식과 주장이 발견되므로 문학·역사·지리·외교·군사 등의 방면에서 새로운 연구가 시도될 것으로 기대된다.

필자는 〈임진록〉, 〈김영철전〉, 〈최척전〉, 〈강로전〉 등 16·17세기 전란을 제재로 한 역사·전기소설에 그려진 심하전투3) 및 강홍립의 서사화, 심하전투 서사의 문학지리에 대해 연구해 왔는데4), 이와 연관하여

전쟁시대 45년 임진왜란부터 병자호란까지』, 보고사, 2019.

2) 장만, 『낙서집(洛西集)』, 민족문화추진회 편, 『영인표점 한국문집총간속』 15, 민족문화추진회, 2006; 한국고전번역원 제공 한국문집총간 DB; 장만 저, 번역위원회 역, 『낙서집 번역본』, 장만장군기념사업회, 2018.

3) 심하전투(深河戰鬪)는 1619년 2월부터 3월5일까지 강홍립 휘하 1만 3천명의 조선병사들이 유정이 이끄는 명 동로군(東路軍) 1만 명과 연합하여 중국 遼寧省 本溪市 桓仁縣 釜山村 등지에서 누르하치(努爾哈赤)가 이끄는 후금군과 치른 전투를 말한다. 전투가 벌어진 환인현에 있던 '심하(深河)'라는 강 이름을 전쟁명칭에 사용하였다. 본격적 전투는 1619년 3월 4일 부차(富車) 벌판에서 하루 동안 벌어져 조명연합군의 완패로 끝났다. 심하전역, 심하전쟁, 부차전투 등의 이름으로도 불린다.

낙서 장만의 차자(箚子)에 기술된 심하전투 전후의 현실인식 및 주장에 대해 고찰하고자 한다. 장만은 1607년 이래 함경도, 평안도의 관찰사와 병사(兵使) 및 부체찰사(副體察使)와 도원수(都元帥)를 오랫동안 역임하면서 임금에게 군사문제, 사직문제, 정책제안, 인사문제 등으로 수십 차례 상소문을 올렸다.『낙서집』권2·3에는 46편의 소차(疏箚)가 수록되어 있는데, 이중 22편은 광해군에게 올리는 것이고, 24편은 인조에게 올리는 것이다.

소차는 상소(上疏)와 차자(箚子)를 합쳐 부르는 용어로, 전근대 동아시아에서 현직 정치가나 지식인들이 당시의 현안에 대한 자신의 의견을 임금에게 건의·청원·진정 등의 방식으로 개진하는 한문문체의 한 종류로, 주의류(奏議類) 산문에 속한다. '상소'가 신하가 격식을 갖춰 임금에게 자신의 의견을 올리는 소장(疏章)이라면, '차자'는 격식에 크게 얽매이지 않고 어떤 사실을 간단히 기록하거나 자신의 의견을 개진하는 소장(疏章)이다.5)

소설이나 야담에서 장만에 대한 기록은 거의 찾아볼 수 없지만,『광해군일기』에는 장만이 올린 '차자'를 두고 비변사가 '회계(回啓)'하고 광해군이 '전교(傳敎)'하며, 부처(部處)에서 '조처'한 기록이 심심치 않게 발견된다. 장만은 심하전투를 전후해 함경도, 한양, 평안도 지역의 정세, 궁

---

4) 권혁래, 「심하전투 전쟁포로 강홍립의 두 형상-『책중일록』과 〈강로전〉의 대비를 중심으로-」, 『열상고전연구』 68, 열상고전연구회, 2019.; _____, 「심하전투 서사 『김영철전』의 전란과 인생사 서술방식」, 『서강인문논총』 50, 서강대학교 인문과학연구소, 2017.; 권혁래·신춘호·김재웅 외, 「심하전투 서사의 문학지리학적 고찰」, 『우리어문연구』 51, 우리어문학회, 2015.

5) 소·차는 서사증(徐師曾)의 『문체명변(文體明辯)』, 오증기(吳曾祺)의 『함분루고금문초(涵芬樓古今文鈔)』 등에서 주의류(奏議類) 산문으로 분류된다. '아래에서 위로 고하는 글'을 뜻하는 주의류 산문으로서의 상소, 차자의 문체적 특질에 대해서는, 황의열, 「한문 문체 분류의 재검토」(『태동고전연구』 17. 태동고전연구소, 2000, 147-179쪽), 김지웅, 「약천 남구만 소차 연구」(고려대 석사논문, 2014, 1-4쪽)을 참조하였다.

궐공사, 후금에 대한 방어책 등에 대해 여러 번 차자를 올렸고, 그때마다 광해군은 그 차자를 신중하게 읽고 비답하고 조처하도록 하였다.

이 글에서 고찰할 차자는 「論北關民瘼兼陳機務箚」(1608.8.), 「陳機務因請停繕修役箚」(1618.6.), 「副體察使往關西時陳戒箚」(1618.10), 「論胡書答送事宜仍陳所懷箚」(1619.4.) 등이다. 첫 번째 작품은 1608년 장만이 함경도관찰사로 재임 중 함경도의 병폐와 북방방어책을 광해군에게 진달한 것이며, 나머지 세 작품은 심하전투(1619년 3월) 직전과 직후에 동지의금부사, 부체찰사 등의 자리에 있으면서 후금과의 관계 및 전쟁에 대해 자신의 의견을 광해군에게 진달한 것이다.

이 작품들은 모두 상소가 아닌 차자문의 형식을 취했다. 그간 심하전투에 관련된 전란문학을 연구할 때 이에 관한 기록이 워낙 드물어 『책중일록』과 같은 진중일기나 〈김영철전〉, 〈강로전〉 등의 소설을 통해 사실의 조각들과 특정한 관점에 따른 진실의 형상화 양상을 살필 수 있었다. 장만이 작성한 이상의 차자 및 실록의 기록을 통해서는 심하전투에 관한 좀 더 직접적인 사실과 장면, 조정에서 '공론화'된 목소리를 파악할 수 있을 것으로 기대된다.

이러한 시각에서 2장에서는 1608년에 기술된 차자에 나타난 함경도 개혁방안 및 후금대비책, 그리고 이에 대한 광해군의 조처에 대해 검토할 것이고, 3장과 4장에서는 심하전투를 전후해 올린 세 편의 차자에 기술된 장만의 정세인식 및 후금대응책과 이에 대한 광해군의 반응에 대해 고찰할 것이다.

2. 임란 이후의 함경도개혁 및 후금대비책 진달 : 「論北關民瘼兼陳機務劄」

장만은 1607년(선조40) 함경도 관찰사로 부임하여, 1608년 광해군이 즉위한 뒤에도 체임하면서 1년 뒤 임금에게 함경도의 백성들의 삶과 군사문제에 대해 차자를 올렸다. "함경도 백성들이 받는 병폐를 논하고, 겸하여 중요한 업무를 보고하는 차자"라는 뜻의 「논북관민막 겸진기무차(論北關民瘼兼陳機務劄)」는 장만이 광해군 즉위년(1608) 8월 16일에 올린, 전체 분량 5,130여 자에 이르는 대장편의 '함경도 개혁' 보고서이다. 차자 제목의 '論'과 '陳'은 이 차자의 글쓰기 방향을 보여주는 것으로, '論'이란 대상의 성격을 따지고 헤아리는 것이고, '陳'이란 자신의 의견과 주장을 늘어놓는 것이다. 그러므로, 장만이 이 차자를 올린 취지는 "함경도 백성들이 겪는 병폐에 대해 따지고 헤아려 개혁책을 찾으며[論北關民瘼]", "누르하치로 인한 군사적 위험에 대해 고하고 대비책을 제시함[陳機務]"에 있음을 알 수 있다.

차자는 〈1〉 서두 - 〈2〉 북쪽 변경의 실상 보고 - 〈3〉 공납·공물제도의 개혁 주청 - 〈4〉 누르하치의 정세 보고와 후금방략 건의 - 〈5〉 병사의 선발·훈련, 전마 양성의 필요성, 〈6〉 결어, 순으로 구성되어 있다.

서두인 〈1〉은, "삼가 아룁니다. 본디 용렬한 신은 평소 적재적소에 쓰일 재주도 없으면서 지나치게 선왕의 발탁을 받고 불과 1, 2년 사이에 재상의 변열에 올라 호서와 호남을 연달아 안찰(按察)하였습니다만, 추호만큼도 보답하지 못하였습니다."의 문장으로 시작된다. '호서'는 충청도이고 '호남'은 전라도이다. 장만은 35세인 1600년에 충청도 관찰사로, 1603년에 전라도 관찰사로 나갔다. 선조는 임란 직후 장만이 충청도와 전라도 관찰사로서 백성을 잘 다스려 성공적으로 임무를 수행하자, 1607년(선조40) 함경도 관찰사의 직임을 주어 민생보호 및 변경방어책을 살피도록 하였다.

〈2〉'북쪽 변경의 실상 보고'에서는 먼저, 함흥 이북의 땅이 오랑캐에게 넘어갔으며, 김종서가 개척한 육진에 여진 오랑캐인들이 들어와 살고 있음을 보고하였다. 다음으로 1694년 기근과 역질로 죽고, 왜인, 오랑캐에 의해 죽고, 반당에 해당되어 죽고, 기근과 역질로 죽은 사람들이 몇 십만 명이고, 생존한 이들도 세금과 부역을 피해 떠돌고 있으며, 각도에 유배된 죄인들은 도망쳐 돌아가 변경이 비어 있는 현실을 보고하였다.

〈3〉'공납·공물제도의 개혁 주청'에서는 북쪽 변경에 의식주가 극히 부족해 부모·자식을 먹일 수 없는데, 물자를 징발하고 군량과 마초를 운반할 때 곤란을 겪는 형세을 보고하고, 토표피(土豹皮)의 공납의 폐단, 병사와 행영에 바치는 공물의 폐단 등이 크므로 수량을 감경해 달라고 요청하며, 시초, 마초, 대미, 미태 등도 바치는 폐단이 너무 크므로 폐단을 제거하고, 판관을 혁파해 달라고 하였다. 또한 각종 불합리한 공물, 공납의 폐단을 개혁하지 않으면 백성들이 모두 흩어져 세금 징수도, 군사업무도 수행할 수 없다고 하였다.

〈4〉'누르하치의 정세 보고와 후금방략 건의'에서는, 후금이 성곽전에 약하므로, 성벽, 해자를 수리하고, 방포기술을 익히고 활쏘기, 칼 쓰기 기술연마를 단단히 하여 성곽 방비 훈련을 단단히 할 것, 10년 치 이상의 군량을 저축하고 날카로운 병장기를 간직할 것 등을 건의하였다.

〈5〉'병사의 선발·훈련, 전마 양성의 필요성'에서는 궁전의 종까지 예외 없이 뽑아 군대를 보충 편성해야 하며, 정예병사들을 선발훈련하며, 뇌물을 금지하고, 화란(火亂)을 예방할 계책 등을 수립해 누르하치를 엄히 대비해야 한다고 하였다. 정예병사 훈련의 필요성을 주장하는 내용의 일부를 인용하면 다음과 같다.

> 삼가 바라옵건대 밝은 성상께서는 의정부로 하여금 열도(列道)의 병사
> (兵使)·수사(水使)들에게 행회(行會)하게 하시되, 각각 정예의 병사들을
> 선발하여 오랑캐 방어의 기술을 가르치는 한편, 혹 화총과 화약을 준비하
> 게 하고 혹 갑옷과 전마를 준비하게 함으로써, 훗날 사변이 생길 때 그들로
> 하여금 한쪽 방면을 담당하게 하시고, 잘 담당하지 못할 경우에는 군법을
> 시행하소서. 경중(京中: 서울)에서 상번(上番)하는 군병들과 팔도의 출신
> (出身)들에 대해서도, 본병(本兵: 병조)으로 하여금 일체로 훈련하게 하되
> 법을 만들어서 훈련병을 모집할 것이며, 전마와 갑옷을 많이 마련하여 적
> 군이 내침할 경우 우뚝하게 맞설 계책을 세움으로써, 임진왜란 당시의 전
> 철을 밟지 않도록 하신다면 매우 다행하겠습니다.[6]

위에서 장만은 의정부로 하여금 각 도의 병사와 수사에게 정예병사
를 선발하게 해 오랑캐 방어기술, 화총·화약 기술을 연마하고, 갑옷·
전마를 준비하도록 해야 함을 요청하였다. 이상의 내용은 매우 구체적
이고 엄중하며, 임금에게 진심으로 호소하는 듯하다. 이외에도 많은 내
용이 있지만, 워낙 많고 길어 일일이 인용하기가 힘들 정도다.
　〈6〉의 결어 부분은 다음과 같다.

> 삼가 바라옵건대 밝은 성상께서는 미리 싸우고 지키는 계책을 강구하실
> 것이며, 임시방편의 대책으로써 근심 없애기를 보장한다고 하지 마시고,
> 또한 눈앞에 경계할 일이 없으므로 세월을 보낼 수 있다고 여기지 마시며,
> 이 노추(누르하치)를 잊지 마시고, 추호만큼의 소홀함도 없으시기 바랍니
> 다. 하늘이 돕지 않으신 바람에 육진의 각 고을은 겨울에 굶주리고 봄에
> 역병이 일어나서 재앙이 첩첩이 찾아들었습니다. 금년 여름에는 가뭄이 들

---

6) 장만, 「論北關民瘼兼陳機務箚」, 『낙서집 번역본』, 138쪽.

어 5, 6월에 비가 내리지 않았기에, 종성과 회령은 붉은 땅에 살아남은 곡
식이 없습니다. 해를 이어 흉년이 든 나머지 생령이 죽음의 문턱에 다다랐
으니, 애달픈 변경의 우리 백성들은 살아남을 종자가 거의 없게 되었습니
다. 삼가 바라옵건대 명철한 성상께서는 이 점을 딱하게 여기소서.7)

장만은 미리 싸우고 지키는 계책을 강구할 것이며, 누르하치를 철저
히 대비할 것을 다시 한 번 호소한다. 그리고 역병과 가뭄에 거의 죽게
된 함경도 백성들을 불쌍히 여겨달라고 호소하며 이 긴 차자를 끝맺는
다. 장만의 차자에 대한 비변사(備邊司)의 회계(回啓) 및 국왕의 전교(傳
敎)는 『광해군일기』에 다음과 같이 기록되었다.

> 비변사가 함경감사 장만의 진폐차자(陳弊箚子)에 대하여 회계하기를,
> "함경도는 (중략) 차자의 사연을 하나하나 열거하여 각도에 행회(行會)하
> 여, 이를 미리 신칙하여 두어서 징납 때에 가서 후회되는 일이 없도록 하라
> 고 하소서. (중략) 해마다 먼 곳으로 수자리를 가는 일 역시 작은 문제가
> 아니니, 본 고을 역시 그 도의 백성이자 천하의 백성인 만큼, 영토를 구분
> 하지 말고, 방수병의 보충이나 군량미의 운송쯤은 경중을 잘 헤아려 이행
> 하는 것이 좋겠습니다. 이것 역시 중신이 국가를 위하여 변사(邊事)를 주
> 획하는 원대한 계책입니다. 이러한 내용으로 본도 남북 병사 및 각도 각
> 병사에게 모두 행이(行移)하는 것이 어떠하겠습니까?"하니, 전교하기를,
> "윤허한다. 피물(皮物)의 연한 연장은 10년으로 하고, 모든 민폐는 개혁을
> 하되, 착실히 거행하여 온 백성이 일분의 혜택이나마 받도록 할 것을 본도
> 감사에게 거듭 하유하라." 하였다.8)

인용문에서 보듯, 비변사에서 회계해 임금에게 올린 내용은, 장만이

---

7) 위의 책, 139-140쪽.
8) 『광해군일기』 광해군 즉위년(1608) 8월 16일조. (한국사데이터베이스, 이하 동일)

차자에 올린 공납 및 세금 등에 대한 내용을 하나하나 열거하면서 수용
한 뒤 개혁안을 각도에 행회(行會)하여 이를 신칙하게 하고, 방수병의
보충이나 군량미의 운송 등은 경중을 잘 헤아려 본도의 남북병사, 각도
의 병사들에게 이행하도록 하는 것이었다. 광해군은 비변사의 안을 윤
허하고 모든 민폐를 개혁하고 착실히 거행하여 온 백성이 혜택을 입도
록 하라고 장만에게 하유하였다. 장만이 함경도개혁 및 후금방어책을
위해 광해군에게 올린 첫 번째 차자는 이렇게 성공적으로 수용되었다.

장만은 1611년까지 총 4년간 함경도관찰사로 연임해 복무하였고, 1611
년에는 평안도병마절도사가 되어 군제를 개혁하고 1612년에는 여진족에
게 넘어갔던 4군 땅을 회복하여 청과의 전쟁에 대비하였다. 이때 회복한
4군 땅은 8년 후 심하전투 당시 국경방어에 결정적 역할을 하였다고 평가
된다.9)

3. 심하전투 직전의 정세인식과 후금방어책 진달 : 「陳機務 因請停繕修役劄」 외

건주여진의 한 부족 출신의 누르하치(努爾哈赤, 1559~1626)는 1580년
대부터 건주여진 5개 부족을 통일하고, 임진왜란 때 명이 조선에 원군
을 보내느라 간섭이 소홀해진 틈을 타 1599년부터 해서여진의 각 부족
을 정복해 나가기 시작해, 1613년에는 여진 각 부족을 통일했다. 여진족
을 통일한 누르하치는 1616년 후금을 건국한 후 1618년 명나라 조정의
일곱 가지 죄를 적은 〈칠대한(七大恨)〉이라는 격문을 발표하며 명에 선
전포고를 하고, 무순성, 청하성을 차례로 공략했다.

9) 장석규, 앞의 책(2019), 173-176쪽.

이에 명은 연합군을 구성해 후금을 공격하기로 하고, 1618년 5월 초 경략 양호를 내세워 조선에 파병을 요청한다. 조정에서는 논쟁을 거쳐 파병을 결정하고, 광해군은 6월 8일 강홍립을 도원수로, 박승종을 도체찰사로, 심돈(沈惇)을 도검찰사로 임명하고, 이어 6월 13일 장만을 부체찰사로 임명하였다.10) 세자빈의 조부이자 정승이 된 박승종은 상중(喪中)임을 핑계로 처음부터 도체찰사직을 거절하고 업무를 전혀 수행하지 않는 바람에, 장만은 실질적인 도체찰사 역할을 담당하였다.11)

장만은 심하전투를 전후해 후금과 전쟁에 관해 광해군에게 여러 번 상소를 올렸는데, 심하전투를 앞두고 올린 것으로는 「陳機務因請停繕修役箚」, 「副體察使往關西時陳戒箚」 등이 있다. 「陳機務因請停繕修役箚」는 장만이 동지의금부사로 있을 때 올린 차자로, 그 내용이 『광해군일기』(광해군 10년 6월 6일 기사 외)에 여러 번 언급되었다. "중요한 업무를 보고하고 궁전 공사의 정지를 요청하는 차자"라는 뜻의 이 차자는 〈1〉 서두 - 〈2〉 후금의 군사 움직임에 대한 판단 - 〈3〉 조정의 군사적 조치를 한양 백성들에게 공개할 것 - 〈4〉 궁궐 공사의 중지 요청 - 〈5〉 비국유사 사직요청, 순으로 구성되어 있다.

〈1〉 '서두'에서 장만은 후금과의 전쟁소식에 백성들이 피난길에 나서는 장면을 서술하고, 장차 후금이 국경을 침범한다면 얼마나 큰 위험이 닥칠지를 말하며, 군왕과 대신은 서로 도우며 국사를 처리해야 하는 관계임을 말하고 있다.

---

10) 체찰사란 고려 말부터 조선에 걸쳐 지방에 임시로 파견되던 관리로, 비상시에 군대를 지휘하거나 기타 군사업무를 맡았다. 검찰사(檢察使)는 조선시대에 국가에 중대 사변이 발생하거나, 군사상의 중대한 일을 검찰(檢察)하기 위하여 임명한 임시 관직이다.
11) 『광해군일기』 광해군 10년(1618) 6월 8일조, 6월 13일조 기사. 강홍립의 종사관으로 심하전투의 시종을 기록한 이민환의 『책중일록(柵中日錄)』에는 강홍립이 7월에 도원수로 임명되어, 8월에 임금에게 하직인사를 올리고, 9월에 평양에 도착, 10월에 창성에 머무는 것으로 기록되어 있다. 이 자료에는 장만의 이름이 나타나지 않는다.

〈2〉'후금의 군사 움직임에 대한 판단'에서 장만은 명·후금·조선 간 전란의 와중에 후금이 조선을 선공해 도성 깊숙이까지 쳐들어올까 두려워하는 사람들이 있는데, 그럴 필요가 없다고 하였다. 왜냐하면 후금이 조선 내지까지 공격해 들어오면 명과 조선으로부터 협공을 당할 것이 두려워 감히 그럴 수 없다는 것이다.

〈3〉'조정의 군사적 조치를 한양 백성들에게 공개할 것'에서는 조정에서 군사의 움직임에 관한 보고와 비변사의 조치를 한양의 백성들에게 공개해 잘못된 소문이 퍼지지 않도록 조처해야 한다고 요청하였다. 만에 하나 적[후금]들이 한양에 가까이 와서 도성을 지킬 수 없게 될 경우에는, "남도의 관(關)과 진(津)에 방도를 마련하여 백성들이 (한강 이남으로) 건너가게 함으로써 도성 안의 사녀들이 눌리고 빠지는 근심이 없도록 하신다면 매우 다행하겠습니다."라고 하여, 인심을 진정시키는 일이 무엇보다 중요한 것임을 말하였다.[12] 이는 백성들과 사녀들이 피난을 가지 못해 물에 빠져 죽고 칼에 맞아 죽으며, 적에게 능욕을 당했던 임진왜란 때의 일을 다시는 겪지 않게 하겠다는 조정의 의지를 도성 백성들에게 보여줘야 한다는 장만의 인식을 보여준다. 당시 장만이 동지의 금부사로 재임 중이었기에 〈2〉·〈3〉의 주장을 한 것으로 보인다.

〈4〉'궁궐 공사의 중지 요청'에서 장만은 임금에게 궁궐 공사를 잠시

---

12) 『낙서집 번역본』, 159쪽. 문집의 번역자는 "태왕이 빈 땅을 떠날 때 따르는 사람이 저자에 가는 것처럼 많았습니다."라는 본문에 대해 각주 444)번에서, 태왕은 주나라 문왕의 할아버지인 고공단보를 이르며, 적들이 침입했을 때 태왕이 백성들의 목숨을 상하지 않도록 하기 위해 살던 빈 땅을 내주고 양산을 넘어 기산 아래에 다시 터를 잡고 살았다고 하며, 이 내용은 장만이 광해군에게 파병을 반대하는 내용이라고 하였다. 이는 번역자, 또는 번역위원회의 누군가가 '명청 전쟁에 잘못 끼어들어서 조선 백성들을 전쟁에 동원시키지 말라'는 뜻이라고 해석을 덧붙인 것으로 보이는데, 전체 문맥을 잘못 이해한 것이 아닌가 싶다. 이는 군주는 피난할 때에도 백성들의 안위를 먼저 걱정해야 한다는 의미로 보는 것이 맞을 것이다.

중지하기를 주청하였다. 당시 광해군은 몇 해 동안이나 경덕궁과 인경
궁, 두 궁궐을 짓는 데 온 힘을 쏟고 있었는데, 그로 인해 인심이 좋지
않았다. 당시 장만은 영선도감(營繕都監)으로서 임금의 재촉을 받으며
궁궐공사의 실질적인 책임을 맡고 있었다. 그럼에도 불구하고, 그는 공
사를 몇 달 동안이나마 정지하였다가 변경에서의 군사적 위협이 조금
완만해지면 다시 공사하기를 주청하였다. 그리고 요포(料布)와 요미(料
米)로 지급하던 베와 무명, 쌀을 군수물자로 삼아 후금방비에 전력하고,
"'애통하다'는 뜻의 전교를 급히 내려 용감한 병사들의 사기를 진작"하
면 그것이 신민들의 바람을 위로해주는 것이며, 백성들도 그 조처를 숭
앙할 것이라 하였다.

〈5〉 '비국유사 사직요청'에서는 자신이 병든 몸이니 비변사의 비국유
사(備局有司)의 직임을 거두어달라고 요청하였다. 유사는 유사당상(有司
堂上)이라 하여 항상 비변사에 나와서 업무를 처리하는 당상관 벼슬이
었다. "신은 본디 허약한 사람으로서 몇 년 동안에 거듭 중병을 겪었기
에 몸은 비록 온전하지만 정신은 다 빠져 달아나서 텅 빈 껍데기가 되었
습니다. 이에 조석 간에 쓰러져 죽을 지경이라 보통의 직무도 또한 감당
할 수가 없으니…."라는 호소는 실제로 건강이 악화돼 사직을 요청하는
것일 테지만, 자신의 직을 걸고 청원을 이루려는 사직상소문의 수사와
도 상관있을 것이다.13) 이 차자는 별도의 결어는 없고, 이 사직청원의
내용으로 끝맺어진다.

이상의 분석을 통해 심하전투를 앞둔 상황에서 장만이 동지의금부사
겸 영선도감으로서 후금의 군사 움직임에 대해 명확한 판단을 하고 민
심을 수습할 대책을 강하게 진언하였음을 알 수 있다. 『광해군일기』 광

---

13) 송혁기, 「사직상소문의 문학적 연구를 위한 일고」, 『한국한문학』 48, 한국한문학회,
  2011, 147-148쪽.

해군 10년(1618) 6월 6일조에는 이에 대해 국왕이 비답한 내용이 보이는
데, "궁궐공사를 더욱 감독해서 속히 마무리 짓도록 하라. 기타 사항은
의논해 처리하겠다. 사직하지 말고 마음을 다해 직무를 살피도록 하
라."고 하여, 궁궐공사 청원은 거부하고, 나머지는 수용 가능하다는 태
도를 보였다. 6월 8일조 기사를 보면, 장만 차자의 〈2〉·〈3〉 부분이 거
의 그대로 조처되었음을 볼 수 있다.

> 전교하였다. "근래 서쪽 변방의 소식 때문에 유언비어가 일어나 법석을
> 떨면서 서울에 사는 사람들이 혹 짐짝을 나르고 다투어 피난할 계책을 꾸
> 미고 있다 한다. 무슨 놀랄 만한 급보가 있기에 이렇듯 경거망동을 한단
> 말인가. 도성의 사민들이 필시 서쪽 변방의 상태가 어떠한지를 상세히 알
> 지 못하기 때문에 그럴 것이니, 속히 방문(榜文)을 내걸고 효유하며 경거
> 망동하지 말고 편안히 있으면서 나가지 못하게 해야 할 것이다. 그리고 긴
> 급한 사태가 벌어지더라도 이제는 기필코 우리 백성을 버리지 않겠다는
> 뜻을 상세히 설명해 주어 진정시키도록 노력해야 할 것이다. 이 일을 비변
> 사로 하여금 의논하여 처리케 하라."[14]

위와 같이 광해군은 도성 사민들이 허둥거리며 피난가지 않도록 방
문(榜文)을 내걸고, 긴급한 사태가 벌어지더라도 백성을 버리지 않겠다
는 뜻을 백성들에게 설명해 민심을 진정시키라고 비변사에 전교한다.
장만이 차자한 민심진정 요청 건을 광해군이 그대로 수용해 조처한 것
이다. 6월 9일조에는 "서쪽 변방의 일로 소요스러운 도성백성들을 진정
시키라고 전교하다."라는 기사가, 12일에는 "도성을 반드시 지키겠다는
뜻을 방문에 써넣어 내걸라고 전교하다."라는 제목의 기사가 있어 임금
과 조정대신들이 심하전투를 앞두고 시끄러워진 민심을 안정시키기 위

---

14) 『광해군일기』 광해군 10년(1618) 6월 8일조.

해 거듭 조처하였음을 알 수 있다. 이 차자를 계기로 장만의 정세인식과
대처능력이 인정받아 광해군이 6월 13일조에 장만에게 부체찰사직을
제수한 것으로 여겨진다.

"부체찰사로서 평안도로 가면서 계언을 진달한 차자"라는 뜻의 「副體
察使往關西時陳戒箚」는 심하전투를 앞둔 1618년 10월경, 장만이 부체
찰사의 직임을 받고 도성을 떠나면서 올린 첫 번째 전략 상소다. 장만은
이 차자에서 심하전투를 앞두고 명 경략 양호와 조선 도원수 강홍립 군
중의 관계에 대한 인식과 외교전략을 제시하였다. 차자의 주요 내용은
〈1〉 서두 – 〈2〉 명 경략의 의심을 풀고 전력으로 후금과 싸울 것 – 〈3〉
토목공사 중지 – 〈4〉 결어, 순으로 구성되어 있다.

〈1〉 '서두'에서 장만은 성은을 입어 비변사 유사당상에 제수된 것에
감사하며, 후금으로 인해 조선에까지 전쟁의 여파가 미친 것을 걱정하
고 있다.

〈2〉 '명 경략의 의심을 풀고 전력으로 후금과 싸울 것'에서 장만은
명과의 관계는 군신의 의리와 부자의 정분이 있으니 국력이 약하다는
이유로 원병을 사양하기는 어려우며, 모든 병력을 동원하여 싸울 수밖
에 없다고 하였다. 파병이 결정되었으면 마땅히 대의를 다하기 위해서
라도 전력을 기울여 싸워야 한다고 했다. 이는 경략 양호와 도원수 강홍
립 간의 관계가 불편한 듯하고, 사자(使者)의 출입도 끊긴 일로 인해 장
만이 계언을 올린 것이다.

광해군은 5월에 홍문관 교리 이잠(李埁)을 통해 요동경략 양호에게
답하는 자문(咨文)을 보냈는데, 양 경략은 그 자문의 내용이 관망하는
듯하고 뜻도 굳고 바르지 못하다며 실망스럽다는 뜻의 자문을 회신해왔
다.15) 또 10월에는 역관 전제우(全悌祐)가 요동에 도착했는데 양 경략이
즉시 돌아가게 하였고, 이유(李愉)가 진강에 도착했는데 교 유격이 또

막아서 모두 한 마디 말도 하지 못하고 돌아왔다고 의주 부윤과 도원수 강홍립이 장계를 올린 일이 있었다.[16] 장만은 이에 대해, 조선이 파병하는 일에 명에게 "곤란하고 불쾌하다는 기색만을 여러 번 자문에 드러내었으니, 명나라가 혹 우리를 겁쟁이로 여기거나 관망만 한다고 의심하는 일은 곧 우리가 자초한 일입니다."라는 의견을 올렸다. 그리고, 모든 방법을 다 써서 경략의 마음을 위로하고 오해를 풀어야 한다고 했다.

『광해군일기』의 심하전투 전후 기록을 살펴보면, 광해군은 조선의 군병이 평소에 교련되지 않아서 전쟁에 별 도움이 되지 못할 것이라는 뜻을 미리 양 경략에게 전하려고 했고, 명의 뜻을 이기지 못해 억지로 출병하도록 하기는 했지만, 후금에는 싸울 뜻이 없다는 것을 미리 알리려 했다는 기록이 발견된다.[17] 장만은 광해군의 의도를 모르지 않았지만, 명과의 관계를 중시하는 견지에서 명에 사대의 예를 다하고 양 경략의 마음을 위로하는 외교적 방법을 진달하였다.

---

15) 『광해군일기』 광해군 10년(1618) 6월 9일, 〈양 경략이 군대를 일으켜 토역하는 일로 보낸 자문의 내용〉.

16) 『광해군일기』 광해군 10년(1618) 10월 17일, 〈비변사가 통사의 요이광 출입과 군사에 관한 일을 아뢰다〉.

17) "당초에 강홍립 등이 압록강을 건너게 된 것은, 상이 명나라 조정의 징병 독촉을 어기기 어려워 억지로 출사(出師)시킨 것이었지, 우리나라는 애초부터 그들을 원수로 적대하지 않아 실로 상대하여 싸울 뜻이 없었다. 그래서 강홍립에게 비밀리에 하유하여 노혈(虜穴)과 몰래 통하게 하였던 것인데 이 때문에 심하(深河)의 싸움에서 오랑캐의 진중에서 먼저 통사를 부르자 강홍립이 때를 맞추어 투항한 것이다.", 『광해군일기』 광해군 11년 4월 8일, 〈왕이 노추를 잘 미봉하고 명에 대한 의리로 국방의 계책을 삼다〉. 물론 이 내용도 사관들이 편향된 기록과 시각에 의해 광해군과 강홍립에게 투항의 책임을 뒤집어씌우려는 의도로 기술했다는 견해가 있다. 심하전투 및 사르후전투의 패배는 명 지휘부의 전략부재 및 소통부재에 책임이 컸으며, 조선군의 패전은 지휘부가 지형에 익숙하지 않은 상태에서 평지전투를 맞이하게 된 것이 결정적 원인이었다. 물론 그전에 군량보급을 제대로 하지 않은 평안감사 박엽 및 분호조참판 윤수겸의 책임도 컸다. 이에 대해서는, 권혁래·허경진 편, 『강홍립 장군 연구』(보고사, 2019)를 참고할 것.

〈3〉 '토목공사 중지'에서는 두 궁궐의 토목 공사를 중지하고 변경 수비에 전력하며, 탐관오리를 쫓아내 민심을 기쁘게 해야 한다고 주청하였다. 이 내용은 6월에 올린 「陳機務因請停繕修役箚」에서도 나온 것인데, 장만은 다시 한 번 길고 간곡하게 서술하였다.

삼가 바라옵건대 전하께서는 통렬히 반성하신 다음, '애통하다'는 교서를 내려서 기왕의 잘못을 개진하시고, 장사(將士)의 사기를 고무하여 충의의 마음을 가다듬도록 하소서. 신하들을 접견하여 시정의 득실을 강론하시고 인재들을 찾아내어 어려운 국사를 해결하소서. <u>토목의 공역을 정지하고 변경의 수비에 전력하시며, 탐관과 오리를 쫓아내어 민심을 기쁘게 해주소서.</u> (중략) 한 번 조처하시는 사이에 하늘의 변괴가 사라지고 인심이 복귀할 것이며, 팔방의 화기(和氣)가 금방 몰려들고 삼군(三軍)의 투지가 갑절로 오를 것입니다.[18] (밑줄은 인용자 강조 표시)

장만은 밖으로 오랑캐로 인해 군대의 출동이 임박해 있고, 안으로 흉작으로 인해 민심이 흉흉하며, 토목공사로 인해 탐관오리들의 가렴주구가 끊이지 않는다고 하며, "토목의 공역을 정지하고 변경의 수비에 전력하시며, 탐관과 오리를 쫓아내어 민심을 기쁘게 해주소서."라고 진달하였다.

〈4〉 '결어'에서는 임금의 마음을 꾸중하고 호소도 하면서 마무리한다.

만일 그리하지 아니하고 게으름을 피우고 우유부단하면서 줄곧 느슨하게 지내시다가, 사변이 곧장 이르고 위기가 일어나는 국면에 이르게 되신다면, 비록 후회하고자 하신들 소용이 없을 것입니다. 삼가 바라옵건대 전하께서는 조종조께서 물려주신 어렵고 큰 사업을 깊이 걱정하시고 위난을

18) 「副體察使往關西時陳戒箚」, 『낙서집 번역본』, 168–169쪽.

구제할 방책을 널리 생각하소서. (중략) 이것이 어찌 신을 위한 계책이겠습니까? 심정이 또한 슬프옵니다. 신의 직임이 비변사에 매여져 있어서 기밀의 사무를 들었삽기에, 이제 도성을 떠나라는 명령받고 구구한 견마(犬馬)의 정성을 감히 하나둘 진달하오니, 삼가 바라옵건대 밝으신 성상께서는 가엾이 여기시는 마음을 내려주소서.[19]

장만은 이와 같이 궁궐 토목공사를 중지해달라는 차자를 거듭 올렸으나, 광해군은 모두 받아들이지 않았다. 장만은 그런 군주에게 "게으름 피우고 우유부단"하다고 질책하고, "사변이 곧장 이르고 위기가 일어나는 국면"이 이르게 될지 모른다고 경고하며, "슬프옵니다"라는 정서적이고 간절한 마음을 표현하며 끝맺는다. 도성을 떠나며 부친 「副體察使往關西時陳戒箚」는 내용은 엄중하지만, 결어 부분에 표현된 장만과 군주에 대한 정서적 거리는 매우 가까움을 느낄 수 있다. 광해군은 이 차자에 대해 비답하지 않았다.

4. 심하전투 직후의 후금 대응과 자강책 진달 : 「論胡書答送事宜仍陳所懷箚」

종사관 이민환이 기록한 『책중일록』에 의하면, 1618년(광해10) 10월에 이미 도원수 강홍립은 창성에 가서 머물렀다. 당시 제독 유정은 창성에서 요동의 관전(寬奠)에 진을 치고 있었다. 도원수 강홍립 휘하의 1만 3천 명의 조선군은 1619년 2월 18일 창성 묘동을 출발하여 압록강을 건너기 시작한다. 2월 28일 우모령을 넘어 3월 1일 마가채에 주둔하고,

---

3월 4일 부찰(富察) 평야에서 김응하의 좌영과 김경서의 우영은 후금군의 급습을 받아 이날 하루 8천여 명의 군병이 전멸을 당한다. 산 위에 올라 있던 강홍립과 5천여 명의 중영 군사들은 3월 5일 후금군에 투항하고, 3월 6일 허투알라성에 도착, 분산·수감된다.[20]

심하전투의 패배소식은 3월 12일 평안감사 박엽이 조정에 치계하면서 전해졌다.[21] 이 갑작스런 비보에 임금과 조정의 신하들은 투항한 강홍립의 처분을 놓고 논쟁을 벌였다. 비변사에서는 투항한 강홍립·김경서 이하 장관들의 가속을 구금하고, 직명을 삭제할 것을 요청하나, 광해군은 강홍립·김경서 등을 변호한다. 3월 13일 장만은 다시 부체찰사로 임명되고, 20일 이후 임금을 뵙고 창성으로 파견되어 변방의 정세를 파악하고 후금의 침략에 대비하게 된다.

4월 2일 후금의 사신이 포로로 잡혔던 종사관 정응정 등과 함께 국경에 와서 누르하치의 서신을 전하였는데, '화친'을 도모한 뜻이 있었다. 조정의 신하들은 투항한 강홍립을 포로로 두고 화친을 요구한 누르하치의 언사를 매우 오만하게 여겨 어찌 답서를 할지 논란을 벌였다. 이에 광해군은 "장만은 계획과 생각이 깊은 사람이다. 노추의 서신을 답하는 일이 다급하니 선전관을 보내 하유하여 물어 오라."고 전교하였다.[22]

---

20) 소설 〈김영철전〉, 〈강로전〉, 〈최척전〉 등에는 3월 4일 부찰평야에서의 전투장면이 그려져 있는데, 주인공은 단연 좌영장 김응하이다. 그가 후금군을 맞아 마지막까지 화살을 날리다 비장하게 죽는 장면은 〈김영철전〉, 〈강로전〉에 잘 그려져 있다. 반면, 강홍립은 광해군의 밀지를 핑계로 전쟁을 회피하다가 누르하치에게 항복하는 무능력한 장수로 그려져 있다. 특히, 〈강로전〉은 강홍립을 출전할 때부터 포로생활을 마치고 정묘년(1627) 귀국할 때까지 일관되고 지나치게 폄훼한 양상을 보인다. 3월 6일 이후의 포로 생활은 〈김영철전〉, 〈최척전〉, 〈강로전〉에 자세히 묘사되어 있다. 권혁래·신춘호·김재웅 외, 「심하전투 서사의 문학지리학적 고찰」, 『우리어문연구』 51, 우리어문학회, 2015, 134-167쪽.
21) 『광해군일기』 광해군 11년(1619) 3월 12일, 〈평안감사가 중국군과 조선군이 심하에서 패배했다고 치계하다〉.

이에 대해 장만은 곧바로 차자를 올려 임금에게 전했고, 4월 8일자 실록에는 그 내용을 두고 비변사와 광해군이 누르하치의 서신에 대해 어찌 답서를 할지 토론을 벌이는 장면이 기술되어 있다. 여러 과정을 거쳐 실록에는 4월 21일이 되어서야 완성된 답서의 최종문안이 올라왔다. '화친'을 요청한 누르하치의 서신에 어떻게 답서를 보낼 것인지는 임금과 비변사 대신들 간에 매우 중요한 토론 주제가 되었다. 이에 장만이 올린 차자의 내용을 분석하고 이 차자가 이후 대명·대후금외교 및 대내정책에 미친 영향을 살펴보고자 한다.

"오랑캐의 서찰에 응답하여 보내는 사의(事宜)에 대해 논하고, 이어서 소회를 진달한 차자"라는 뜻의 「論胡書答送事宜仍陳所懷箚」는 심하전투에 대해 장만이 올린 세 번째 전략 상소다. 『광해군일기』 광해군 11년 (1619) 4월 5일조에 광해군이 장만에게 하문하라는 기사가 나오고, 4월 8일에 광해군이 장만의 답변을 읽고 전교하는 기사가 나오므로, 이 차자는 대략 4월 6일이나 7일에 써서 선전관이 말을 달려 가져온 것임을 알 수 있다. 차자는 그리 길지 않은 분량인데, 내용정리가 덜 된 것으로 보아 급박한 분위기에서 쓰였음을 느낄 수 있다.

차자의 주요 내용은 〈1〉 서두 – 〈2〉 강홍립 및 조선포로 처리에 대한 입장 – 〈3〉 명에 대한 의심 풀기– 〈4〉 후금에 회신할 내용 – 〈5〉 조선이 취할 자강책 – 〈6〉 결어, 순으로 구성되어 있다.

〈1〉 '서두'는 다음과 같다.

> 삼가 아룁니다. 신이 선전관 권이길(權頤吉)이 전해준 승정원의 유지서장(有旨書狀)을 받들어 보건대, "정응정(鄭應井) 등이 가지고 온 오랑캐의

---

22) 『광해군일기』 광해군 11년(1619) 4월 5일, 〈왕이 장만에게 노추에 대한 답신을 물어보게 하다〉.

서찰을 등서하여 보내니, 경은 대답할 말을 잘 생각해서 헌의(獻議)하되 급속히 치계하라."는 내용이었습니다.[23] 신은 이미 전지(戰地)의 직무 명령을 받았으니, 군대의 통솔을 신칙하고 흩어진 백성들을 모으며 무기를 수선함으로써 한편 싸우고 한편 지키는 것이 곧 신의 직분입니다. 그러나 오랑캐의 서찰에 대한 답변은 조정의 막중한 계획에 관계되니, 한낱 외방의 신하로서는 비록 얕은 견해가 있다 하더라도 어찌 감히 당돌하게 말씀드릴 수 있겠습니까?[24]

위 문장에서 임금이 말한 "정응정 등이~치계하라."의 내용은 장만에 대한 광해군의 신뢰의 정도와 장만이 올린 차자의 무게감을 느끼게 해준다. 한편으로 그의 차자를 받으러 한양에서 파발마를 달려 창성까지 천리 길을 갔을 선전관 권이길의 모습이 그려진다. 장만은 심하전투 직후 창성에서 군대를 점검하고 흩어진 백성을 모으며, 무기를 수선해 싸우고, 국경을 지키는 임무를 맡았다고 했다. 심하전투 패배 후, 변방을 수습하고 누르하치의 역공을 대비하는 중책을 맡아 고군분투하고 있는 장만의 모습이 그려지는 대목이다.

〈2〉 '강홍립 및 조선포로 처리에 대한 입장'에 대한 장만의 문장은 다음과 같다.

생각건대 저 호적(胡賊)은 이미 '우리나라가 명나라로부터 은혜를 입어 명나라를 배신할 수 없는 의리를 가지고 있다'는 점을 잘 알고 있으면서도 이 포로를 통해서 우리나라의 속셈을 시험해보려는 것입니다. 그래서 병력으로 위협하고 유언비어로써 이간하며 마치 어린아이를 손바닥 위에 올려

---

23) 『책중일록』 3월 21일 기록에 누르하치가 정응정 등을 통해 조선에 문서를 보낸 사실이 기록되어 있다. "二十一日. 奴酋以前日示文書, 令差胡小農耳, 持往我國, 而仍爲出送從事官鄭應井 及軍官許依·將官金得振·李長培·通事河瑞國等."
24) 「論胡書答送事宜仍陳所懷箚」, 『낙서집 번역본』, 171-172쪽.

놓고 희롱하듯 하오니, 심장이 떨리고 뼈마디가 끊어지는 아픔이오나 어찌 하겠습니까? 우리나라는 예로부터 예의(禮義)로써 온 세상에 알려져 있으니, 차라리 나라와 함께 죽을지언정 하나의 '의(義)'자는 끝내 저버릴 수 없는 것입니다.[25]

허투알라성에 포로로 잡힌 강홍립, 김경서 및 5,000명의 조선장병들의 포로송환 문제에 대해 누르하치는 문건을 통해 협상을 시사했다. 장만은 이에 대해 후금이 조선의 포로를 이용해 조선의 명에 대한 사대의리를 흔들려고 시험하는 것이라며, 우리나라는 '예의'를 중시하니 나라와 함께 죽을지언정 '의'를 저버릴 수 없다고 하였다. 이는 곧, 후금에 패한 강홍립·김경서 등의 장수가 적에게 투항한 것을 책망하는 한편, '포로송환' 건을 가지고 후금과 '화친' 논의를 하지 말아야 한다는 것을 말한다. 이러한 생각은 당시 대부분의 사대부들이 지닌 생각과 일치한다. 『광해군일기』 광해군 11년(1619) 4월 11일의 기록에는, 비변사의 신하들과 광해군이 장만의 이 차자 문안을 두고 상반된 시각에서 포로송환에 대해 토론을 벌이는 모습을 볼 수 있다.

〈3〉 '명에 대한 의심 풀기'에 대한 장만의 문장은 다음과 같다.

신의 어리석은 생각으로는, 지금 이 오랑캐의 서찰에 대해서는 그 원문과 함께 명나라의 조정에 털끝만큼도 숨김이 없이 아뢸 것이며, 이어서 이 오랑캐의 흉포한 악행과 우리의 손상을 통렬히 진술하여 지휘해줄 것을 요청하고, 이에 곁들여 문서의 왕복을 통해 그들을 한편으로는 회유하고 한편으로는 정탐해야 한다는 뜻을 말하는 것이 좋겠습니다.[26]

---

25) 위의 책, 172쪽.
26) 같은 책, 같은 곳.

장만의 뜻은 명료하다. 명에게 후금에 관련된 모든 정보를 공개하고 사대의 예를 다하자는 것이다. 그는 명 조정에 누르하치가 보내온 서찰을 포함해 후금과의 일을 모두 공개하고, 조선이 당한 참담한 손상을 진술하며, 명 조정의 지휘를 받거나 공조해 후금 진영을 회유·정탐하자는 것이다. 이렇게 해야 명으로부터 의심을 풀고, 명이 조선에 다시 원군을 요청하더라도 피할 방도를 찾을 수 있다고 하였다.

〈4〉 '후금에 회신할 내용'에 대한 장만의 문장은 다음과 같다.

> 오랑캐(후금)를 향해서는 회답하기를, "명나라와 우리나라의 관계는 아버지와 아들의 관계와 같다. 우리나라와 그대의 나라는 손톱만큼의 유감도 없는 사이이다. 명나라가 우리나라에게 원병을 요구하지 않는다면 그만이지만, 명이 또 요구한다면 '아버지의 명령에 자식이 감히 따르지 않을 수 있겠는가?'" 하는 등으로 말하되, 그 말을 부드럽게 하여 그들을 격노시키지 않도록 하여야 할 것입니다.[27]

위 내용은 심하전투 패전 직후 '명-조선-후금'이 처한 군사관계를 교묘한 외교적 수사로 풀어낸 문장이다. '후금-조선'의 사이를 '조금의 유감도 없는 사이'라고 한 것은 많은 함의가 있을 것이다. 이 말은 '후금-조선'은 '명-후금'처럼 역사적으로 맺힌 '한'이 없으니 '화친'을 맺지 않더라도 두 나라 사이에는 별 문제가 없을 것이며, '명-조선'은 '부자지간' 같으니 후금이 '조선'을 공격하면 후금은 명의 협공을 당하게 될 것이니 함부로 준동하지 말라는 경고의 의미가 있다. 이런 뜻을 외교적인 수사로 전달해 저들을 안심시켜야 한다고 했다. 이러한 의도는 광해군과 비변사에 정확히 전달된 것으로 보이지만, 『책중일록』을 보면 누르

---

27) 같은 책, 같은 곳.

하치는 평안감사 박엽 명의로 보낸 답서에 대해 불만스러워했다.

〈5〉'조선이 취할 자강책'에 대한 장만의 문장은 다음과 같다.

> 또 가만히 생각하건대, 우리나라는 국토가 3천리인데, 임진왜란 후 백
> 성들이 증가하여 또한 군대의 대열에 채워 넣을 수 있습니다. 다만 민심이
> 난리를 잊어버렸고 형식적인 제도가 너무 많아졌으며, 줄곧 세월만 보내면
> 서 안일에 빠진 나머지 게으름을 피우거나 쇠약해졌으니, 그 결과 이러한
> 국면을 떨쳐 일으킬 수가 없게 되었습니다. (중략) 무릇 방법은 스스로 자
> 강(自強)하는 데서 벗어나지 못하는 것일 뿐입니다.(후략)28)

후금의 서찰에 답하는 '사의(事宜)' 부분은 차자의 〈2〉·〈3〉·〈4〉까지
이다. 〈5〉는 부체찰사로 파견된 장만의 소회를 쓴 내용이다. 장만은 차
자의 반이 좀 못 되는 분량을 후금의 군대를 마주하고 있는 국경에서
군사업무를 수행하고 있는 장만 개인 소회로 채웠다. 인용문처럼, 임진
왜란 이후 민심이 난리를 잊고, 형식적 제도가 많아졌으며, 사람들은
안일에 빠졌다고 했다. 장만은 걱정스러운 현실을 많이 나열하였는데,
그중 거의 유일하게 개념어로 잡히는 것이 '자강(自強)'이다. 외적의 침
입을 물리치려면 수십만 명의 군사가 필요한데, 유독 조선은 일만 명의
군사를 채우지 못하고 있다고 했다. 일을 맡은 신하들도 속수무책이고,
무신들도 "상관에게 뇌물이나 바치고 백성들을 수탈하는 무리들뿐"이
라고 하였다. 이 근심스러운 현상 가운데, 자강책의 내용을 건진다면,
'수십만 군사를 기르고, 군량을 모으며, 인재를 길러야 한다.'는 것이다.

〈6〉'결어'에서는 "이제 성상께서는 무너진 기강을 떨쳐 일으키시고
민심을 새로 진작시키며, 재주 있는 인재를 거두어 쓰고, 시대의 어려

---

28) 같은 책, 173쪽.

움을 널리 구제하소서…"와 같이 임금에게 당부하며 차자를 끝맺는다. 심하전투를 대패하고 후금의 위협을 당하고 있는 현재, 장만은 임금에게 '재주 있는 인재'를 거두어 써 달라고 거듭 당부한다. 그것이 거의 유일한 자강책이니까.

장만의 차자가 올라간 뒤, 조정에서는 강홍립에 대한 처리, 누르하치가 보내온 서신에 대한 답서 등에 대해 토론을 벌였다. 사관은 4월 8일 광해군의 말을 다음과 같이 기록하였다.

"…이 적의 용병(用兵)하는 지혜와 계략을 실로 당해내기 어려우니 앞으로의 화환을 예측할 수 없다. ①오늘날 우리나라를 위한 계책으로는 군신 상하가 마땅히 잡다한 일은 버리고 오로지 부강에만 힘써야 할 것이다. 그리하여 군병을 양성하고 장수를 뽑고 인재를 등용하며, 백성의 폐막을 풀어주어 인심을 위로하고 기쁘게 하며 둔전(屯田)을 크게 개척하며 무기를 만들고 익히며 성지(城池)와 척후 등을 모두 정비해야만 믿을 곳이 있어서 위급할 때를 보장할 수 있을 것이다. 그렇지 않고 혹 태만하거나 소홀히 한다면 큰 화가 즉시 닥칠 것이니, 어찌 두렵지 않겠는가.

②강홍립 등의 사건에 있어서도 비록 적에게 항복하였다고 하나 이처럼 급하게 다스릴 것이 뭐가 있겠는가. 강홍립 등이 불행히 적진 중에 함몰되었으나 보고 들은 것들을 밀서로 계문하는 것이 무엇이 안 될 것이 있는가. 진실로 본사의 계문과 같이 한다면 비록 노중(虜中)에 함락되었더라도 보고 들은 것들을 기록하여 보내지 않아야 옳다는 말인가. 아, 묘당에 사려 깊은 노성(老成)한 인재는 거의 죄다 내쫓아 참여하지 못하게 하고 젊고 일에 서투른 사람이 비국에 많이 들어갔으니 국가 운영을 잘 못하는 것은 이상하게 여길 것조차도 없다.

③대국 섬기는 성의를 더욱 다하여 붙들어 잡는 계책을 조금도 해이하게 하지 말고, ④한창 기세가 왕성한 적을 잘 미봉하는 것이 바로 오늘날 국가를 보전할 수 있는 좋은 계책이다. 그런데 이것을 버려두고 생각지 않

은 채 번번이 강홍립 등의 처자를 구금하는 일만 가지고 줄곧 계문하여 번거롭히고 있으니, 나는 마음속으로 웃음이 나온다. 본사에서 누차 청하는 뜻을 나 또한 어찌 모르겠는가. 천천히 선처하여도 진실로 늦지 않다. 오직 국가의 다급한 것을 급선무로 삼아야 할 것이다. 노추의 서신이 들어온 지 이미 7일이 되었는데 아직도 처결하지 못하였다. 국가의 일이 이 지경에 이른 것은 모두 하늘의 운수이니 더욱 통탄스럽기만 하다.” 하였다.29) (밑줄은 인용자 강조 표시)

　　비변사에서는 강홍립이 적에게 항복한 것을 논죄하고 가속을 감금하도록 임금에게 요청하였는데, 이에 대해 임금은 명 지휘부의 잘못된 전략에 책임이 있음을 말하고 강홍립 및 가속에 대한 처벌 논의를 일축하였다. 그 뒤로 임금은 몇 가지 취해야 할 계책을 제시하였는데, 장만이 올린 차자의 내용을 대부분 수용하였다. 인용문의 밑줄 친 ①은 조선이 취해야 할 ‘부강책’, 또는 ‘자강책’으로, 군병양성, 장수선발, 인재등용, 민생개혁, 둔전개척, 무기제작 등을 내용으로 한다. 이는 장만이 올린 ‘자강책’의 내용과 일치한다. 광해군은 이후 장만의 자강책을 참조해 비변사에서 군사정책을 세우도록 한다.30)
　　③과 ④에서는 명은 사대책으로 붙들어 잡고, 기세가 왕성한 후금은 잘 미봉하는 것이 국가를 잘 보전하는 방책이라 하였는데, 그 내용이 장만의 차자보다 명료하며 구체화되어 있다. ②에서는 장만이나 비변

---

29) 『광해군일기』 광해군 11년(1619) 4월 8일. 〈왕이 노추를 잘 미봉하고 명에 대한 의리로 국방의 계책을 삼다〉.
30) 『광해군일기』 광해군 11년(1619) 4월 16일. 〈왕이 군사 정책을 비국으로 하여금 상의하게 하다〉. [전교하였다. “우리나라의 군사 정책이 유명무실하다. 앞으로 자강지책은 군병을 양성하고 교련하는 것보다 더 급한 것은 없다. 지난날 인견할 때 병판이 ‘군병과 농민을 나누어서 오로지 훈련하고 연습하는 것만 전념하게 하자.’고 아뢴 일을 제대로 착실하게만 시행한다면 그 효과가 반드시 있을 것이다. 장만의 차자 중에도 이 일을 진술하였으니, 비변사로 하여금 충분히 세밀하게 상의하여 속히 거행하게 하라.”]

사 신하들의 생각과는 달리, 광해군은 포로로 잡혀 있는 강홍립을 옹호
한다. 강홍립 등이 불행히 적의 포로가 되었으나, 그들이 포로로서 적
진에서 보고들은 것들을 밀서로 조정에 보고하는 것이 마땅한 일이라는
시각은 오직 임금에게서만 발견된다.

　강홍립의 처리에 대해서는 광해군과 비변사 간에 이견이 계속 생겼
다. 4월 11일 비변사에서, "노적이 이미 강홍립 등을 기화(奇貨)로 삼고
있는데 지금 만약 우리가 내보내 달라고 요구하면 저들은 반드시 조종
할 〈마음을〉 더욱 부릴 것이니, 우선 방치하여 두고 묻지 않는 것만 못
할 것입니다." 하였다. 당시 조정의 신하들은 패장은 전장에서 죽는 것
을 의롭다 하였다. 또 이제 강홍립 및 포로 장병들을 두고 송환협상을
벌인다면 이 일로 말미암아 오랑캐와 화친관계를 맺지 않을 수 없게 될
것이니, 강홍립 등을 '방치'하는 것이 옳다고 여겼다. 이러한 생각은 장
만도 마찬가지였다.

　그러자 광해군은, "강홍립 등은 우선 방치하고 거론하지 않는다고 하
더라도 수천 명의 정병이 모조리 오랑캐에게 함락되었는데 경들은 유독
측은한 마음도 없이 그들을 마침내 변발(辮髮)의 병사가 되게 하고 싶단
말인가?"하며 신하들을 질책하였다.[31] 광해군은 자국 장병들에 대한
측은지심과 적중에 방치하는 것의 불의함을 거듭 말하였지만, 이후의
어떤 문헌에서도 심하전투 포로들에 대한 송환협상 기록은 발견되지 않
는다. 결국, 5,000명에 이르는 심하전투 조선인 포로들은 철저히 방치
되었고, 그중 절반 이상은 탈출해 돌아왔으나,[32] 나머지는 탈출 도중

31) 『광해군일기』 광해군 11년(1619) 4월 11일. 〈비변사가 답신에 대한 논의를 수렴하여
　왕의 재가를 청하였다〉.
32) 체찰부사 장만은, 1619년 7월 8일, "포로 되었다가 도망쳐 돌아온 사람이 각도를 모두
　합하면 1천 4백여 명인데 지금까지 끊이지 않고 있습니다."라고 보고하였다(『광해군일
　기』 광해군 11년(1619) 7월 8일. 〈체찰 부사 장만이 포로로 도망한 자들의 수를 치계하

굶주려 죽기도 하고, 포로로 잡혀 있다가 죽은 병사도 5~6백 명에 달했다고 한다. 1,000~1,500명은 돌아오지 못하고 가노나 농노가 되어 목마(牧馬)와 농업 등의 일에 종사하다가 청인이 되었을 것이다.[33]

장만은 건의·청원·진정 내용의 차자를 통해 광해군과 의미 있는 공적 의사소통을 하는 한편, 격정적인 소회와 감정을 표현하는 방식으로 군주와 정서적 소통을 꾀하였다. 1608년 장만은 첫 번째 차자를 통해 북방지역의 민폐를 개혁하고 후금의 침략을 대비한 방어책을 청원하였다. 광해군은 장만의 청원을 대부분 수용해 민폐를 개혁하고 국방을 강화하도록 조처함으로써 개혁군주로서의 모습을 보였다.

심하전투 때 광해군은 명 경략 양호의 의심을 풀고 전력으로 후금과 싸울 것을 진달한 장만의 뜻과 달리, 후금과의 전쟁을 피하려 했다.[34] 전쟁 패배 후 방책에 대해서는 장만의 책략을 수용해 사대책·미봉책·자강책을 시행하였다. 장만은 광해군에게 궁전 토목공사를 중지하고, 변경수비에 전력하며, 탐관오리를 쫓아내 민심을 기쁘게 해야 한다고 여러 차례 진달했으나, 광해군은 이를 한 번도 수용하지 않았다. 연이은 궁궐공사로 인해 백성들의 원성은 끊이지 않았고, 이는 1623년 3월 인조반정의 중요 원인이 된 것으로 평가된다.

다〉. 『책중일록』에 의하면, 이민환이 돌아온 1620년 7월까지 탈출하여 돌아온 포로는 2,700여 명에 달했다고 했다. 이민환 일행이 떠난 뒤 강홍립, 김경서, 오신남 등 10명은 이후 6년 넘게 후금 진영에 구속되어 있다가 1627년 정월, 정묘호란 때 후금의 군대와 함께 들어올 수 있었다.

33) 심하전투 조선인 포로 송환협상이 이뤄지지 않은 것을 비판적으로 논의한 연구에 대해서는 다음의 논문을 참조할 것. 김용욱, 「한국역사에 있어 전쟁 피로자·피납자의 송환문제」, 『국제정치논총』 44-1, 2004, 130쪽; 이승수, 「심하전역의 현장 답사 연구」, 『한국학논집』 41집, 한양대 한국학연구소, 2007, 353-354쪽; 권혁래, 「최척전에 그려진 유랑의 의미」, 『국어국문학』 150, 국어국문학회, 2008, 222-223쪽.

34) 심하전투에 관련한 『광해군일기』의 기록에는 광해군이 강홍립에게 후금과의 전면 전투를 피하도록 지시한 내용으로 기술되어 있다.

5. 맺음말

낙서(洛西) 장만(張晩)은 선조·광해군·인조 3대에 걸쳐 국난극복을 위해 활약한 문신이자 장군이다. 이 글에서는 심하전투 관련 차자(箚子)를 주목하여, 작품에 기술된 현실인식 및 주장에 대해 고찰하였다. 이상에서 논의한 내용을 요약하면 다음과 같다.

2장에서 분석한 「논북관민막겸진기무차(論北關民瘼兼陳機務箚)」는 장만이 광해군 즉위년(1608) 8월 16일에 올린 '함경도 개혁' 보고서이다. 장만은 이 차자에서 북쪽 변경의 공허함이 극에 달해 있는 실상을 핍진하게 보고하고, 각종 공납·공물의 개혁을 주청하였다. 또한, 누르하치의 용병술과 규모에 대해 자세히 보고하고, 사전 방략을 세워 10년 동안 시행할 것을 건의하였다. 비변사에서는 차자의 내용을 대부분 회계해 임금에게 올렸고, 광해군은 비변사의 안을 윤허하고 모든 민폐를 개혁하고 착실히 거행하여 온 백성이 혜택을 입도록 하라고 장만에게 하유하였다.

3장에서 분석한 「陳機務因請停繕修役箚」, 「副體察使往關西時陳戒箚」는 장만이 심하전투 직전의 정세인식과 후금방어책을 담아 진달한 차자이다. 「陳機務因請停繕修役箚」에서 장만은 전란의 와중에 후금이 조선을 선공해 도성 깊숙이까지 쳐들어올 수 없다는 정세판단을 올리고, 한양의 백성들에게 군사적 움직임에 대해 공개해 민심을 안정시켜야 한다고 요청하였다. 또한 임금에게 궁궐 공사를 잠시 중지하기를 주청하였다. 광해군은 장만의 진달한 내용을 대부분 수용해 조처했지만, 궁궐 토목공사 중지의 뜻은 수용하지 않았다. 「副體察使往關西時陳戒箚」에서는 심하전투를 앞두고 군사적으로는 명 경략의 의심을 풀고 전력으로 후금과 싸울 것을 주청하고, 안으로는 궁궐 토목공사의 중지를 요청하였다. 광해군은 이 차자에 대해서는 비답을 내리지 않았다.

4장에서 분석한 「論胡書答送事宜仍陳所懷箚」는 심하전투 직후, 광해군이 누르하치가 보낸 서신에 대한 답서를 준비하라는 하문에 대해 장만이 올린 차자이다. 장만은 강홍립·김경서 등이 후금에 투항한 것을 책망하는 한편, '포로송환' 건을 가지고 후금과 '화친' 논의를 하지 말아야 함을, 명에 대해서는 사대책을 제시하고, 후금에 대해서는 미봉책을 제시했다. 이후 조선에 대해서는 수십만 군사를 기르고 군량을 모으는 등의 자강책을 주청하였다. 광해군은 장만이 올린 차자의 내용을 대부분 수용하여, 조선의 자강책, 명에 대한 사대책, 후금에 대한 미봉책을 비변사에 전교해 조처하도록 하였다.

1608년 장만이 함경도개혁안 및 후금방어책을 진달했을 때 광해군은 이를 전격 수용해 민폐를 개혁하고 국방을 강화하도록 조처함으로써 개혁군주로서의 모습을 보였다. 심하전투 때 장만은 명을 도와 전력으로 후금과 싸울 것을 진달했으나, 광해군은 후금과의 전쟁을 회피하는 전략을 취했다. 전쟁 패배 후 장만이 사대책·미봉책·자강책을 제시하자, 광해군은 이를 전면 수용하였다. 다만, 장만이 여러 차례 궁전 토목공사를 중지할 것을 요청한 건에 대해, 광해군은 한 번도 받아들이지 않았다.

차자는 공적 문서이면서도, 신하와 임금의 정서적 거리가 가까우면 사적 서신으로서의 성격도 띠게 된다. 광해군은 장만을 군사·행정 업무 면에서 매우 신뢰했던 것으로 보인다. 장만은 관찰사·동지의금부사·부체찰사 등의 직임을 맡아 엄중한 내용으로 차자를 쓰면서 내면의 표정을 감추지 않았다. 결어 부분에 나타나는 슬픔, 꾸짖음, 간절한 마음 등의 정서적 표현에서는 장만과 광해군 간에 정서적 소통이 이뤄졌음이 파악된다.

낙서 장만 시조의 해석과
수용 양상에 대한 소고(小考)

· · ·

김준

1. 머리말

국문시가의 영역에서 낙서 장만과 관련된 작품은 시조 1수와 전래 동요 1수를 꼽을 수 있다.[1] 역사적인 사건과 관련된 인물들이 국문시가를 직접 창작하거나 회상의 대상으로 형상화되는 것은 어렵지 않게 찾아볼 수 있다. 그리고 이와 같은 작가와 작품에 대한 연구도 진행되어왔다. 하지만 장만의 경우 임진왜란과 병자호란을 모두 경험한 인물이면서 국난의 현장에서 활약했음에도 그의 문학 작품은 별다른 주목을 받지 못했다.

---

[1] 장만에 대한 동요는 다음의 기사에서 구체적으로 살펴볼 수 있다. 이 동요는 4·4조 4행의 율격을 가지고 있다. 각 연마다 이괄의 난과 이를 진압과 관련된 주요 장면이 제시되어 있다.

意味깊픈 當時의 童謠 어느 따에든지 국가나 사회에 대변란이 기하랴면 먼저 민간에 이상한 동요가 유행하는 일이 만타. 근래에도 甲午東學亂이 나기전에 「새야 새야 파랑새야 全州 고부 록두새야 록두밧에 안지 마라 두류박 딱딱우여…」라는 동요가 유행하얏고 임진란전에는 士流子弟間에 **曲이 유행하얏스며, 이 李适난때에 또 이러한 동요가 유행하얏다. 李适이는 꽹괄이요 張晚은는 볼만이라. 고개- 고개- 넘지마라 안장고개 (鞍峴) 무섭더라. 수야수야 무슨 수냐 公州 건너 雙樹란다. 麗州 利川이 (李) 찰밥은 배가 불너 터진단다.(車相瓚, 「三萬大兵으로 京城을 占領한 李适元帥의 甲子反亂記 反旗를 擧한지 不過 十九日內에, 仁祖王을 쫏차내고 全國에 號令」, 『별건곤』 제5호, 1927년 3월 1일, 논설)

최근에 들어서 장만의 한시 세계와 주변 인물의 관계를 다룬 심경호의 연구가 있었다.[2] 이렇듯 장만의 문학 작품에 대해서 조금씩 연구가 시도되고 있지만 국문시가에 대해서는 구체적인 진척이 없는 상황이다. 사실 양적인 차원에서 본다면 장만이 창작한 시조는 1수이며 장만을 기억하는 전래 동요가 1수이다. 따라서 이를 통해 작가의 문학관이나 세계관 등을 도출하기에는 일정한 한계점이 있을 수밖에 없다. 또한 시조와 전래 동요의 내용적인 측면을 보아도 작품의 해석에 있어서 특별히 논쟁적인 부분을 찾기가 어려운 실정이다. 이와 같은 점으로 인해 장만의 국문시가와 관련된 연구가 미진했으리라 생각한다.

장만의 국문시가가 현대 연구가들에게 많은 주목을 받지 못한 것은 사실이다. 그러나 1920년대의 대중들은 대부분 장만과 그의 업적에 대해 알고 있었으며, 1926년 『동광』 제4호에서 장만의 시조가 등장했다는 점은 주목할 만하다. 주지하듯이 1920~40년대는 일본에 의해 억압을 받는 시기였다. 문학에서는 통속물이 유행하기도 했지만 한편에서는 고전문학에 등장했던 영웅이나 역사적 사실에 기반한 영웅이 적극적으로 소환되었다. 이는 당면한 어려움을 타개할 영웅에 대한 대중들의 갈망이 반영된 결과라고 볼 수 있다. 여기에서 소환된 영웅들은 널리 알려진 인물이거나 정형화된 패턴을 가진 경우가 일반적이다.

이러한 흐름 속에서 장만의 시조가 대중매체 잡지에 등장한 사실은 다소 이례적이다. 본고에서는 바로 이 지점에 대해 다루어보고자 한다. 장만이 시조를 창작한 동기나 관련된 기록을 남기지는 않았다. 따라서 작품의 배경과 작가의 의도를 온전히 파악하기에는 어려운 부분이 있다. 그러나 시어의 의미와 행간의 의미를 살펴보면서 시조를 창작했을

---

2) 심경호, 「낙서와 지천 최명길의 창수(唱酬) 및 지천의 서찰에 관하여」, 『열상고전연구』 71집, 열상고전연구회, 2020.

당시에 어떠한 맥락을 가지고 창작했는지 유추해 보고자 한다. 그리고 창작 당시의 작품의 의미나 맥락이 1920년대 잡지에서는 어떻게 수용되고 있는지에 살펴보고자 한다. 본고의 이와 같은 작업은 단순히 장만 시조의 의미를 탐색하는 데 그치지 않고 근대 시기 장만을 수용하는 방식에 대한 토대를 마련한다는 데 의미가 있을 것이다.

2. 은일지사로서의 삶에 대한 지향

시조만이 아니라 작자가 존재하는 작품을 논할 때는 해당 작자와 작품이 실제로 상응하는지를 살펴보는 것이 선결되어야 할 것이다. 현전하는 시조 자료를 집대성한 『고시조대전』에 따르면 60여 권 이상의 문헌에서 장만의 시조를 찾아볼 수 있다. 그리고 작자에 대해서도 대체적으로 장만으로 보고 있음을 확인할 수 있다. 여러 문헌에서 장만을 작자로 표기했다는 사실만으로 작자를 확정하기에는 다소 어려운 점이 있다. 그러나 장만이 작자가 아니라는 명백한 근거가 등장하지 않는 이상 장만을 작자로 보는 것이 타당하다고 본다. 또한 대표적인 가집인 『청구영언』과 『해동가요』는 장만과 시간적 거리가 가장 가까운데 작자를 장만으로 보고 있다. 따라서 본고에서는 이 시조의 작자를 장만으로 보는 데 무리가 없다고 여긴다.

> 風波에 놀란 沙工 빗 푸라 물을 사니
> 九折羊腸이 물도곤 어려왜라
> 이後란 빗도 물도 말고 밧갈기만 ᄒ리라(김천택 편 『청구영언』 163번)

위에 인용한 시조는 장만의 작품이다. 이 시조에 대해서 기존의 해석은 "사공과 마부를 문·무 관직에 비유하여 심한 당파 싸움 때문에 직책 완수가 힘드니, 벼슬을 버리고 차라리 초야에 묻혀 살리라 하는 숨은 뜻이 있는 것 같다.3)"라는 의견과 "이 작품은 벼슬살이의 어려움을 풍자한 것으로 볼 수 있다. 따라서 문무를 겸비한 작가이기에 사공은 문관 시절 마부는 무관시절을 비유한 것으로 볼 수 있겠으며 결국 농부로 살아가는 것이 제일 속 편하겠다는, 벼슬살이에 부대낀 자신의 속내를 내비친 것이다.4)"라는 견해가 있다. 이 두 가지 견해는 공통적으로 벼슬살이의 어려움과 이에 대한 장만의 현실적인 선택을 보여주는 것으로 파악하고 있다.

하지만 기존의 이러한 해석에 대해 의문을 제기하면서 새로운 관점을 제시한 견해도 있다. 장석규는 "장만은 광해의 폭정을 풍파 심한 물길로 또 인조의 무능한 정치를 물길보다 더 험한 산길로 비유하여 두 시대에서 고통받는 백성들의 아픔을 노래하였다. 그리고 후세의 군주들에게 광해와 인조처럼 하지 말기를 부탁하는 메시지를 담은 시다. 이 시는 해방 후에 교과서에도 여러 번 실렸지만 그 뜻이 전혀 다르게 전달되니 애석한 일이다.5)"라는 해석을 제시하였다. 장석규의 이와 같은 견해는 장만의 전체적인 활동 양상을 살펴보았을 때 개인의 벼슬살이의 부침에 대해 풀어냈다기보다는 거시적인 차원의 메시지를 담아낸 것이라고 본 것이다. 다시 말해서 국가를 통치하고 백성을 다스리는 것에 대한 일정한 메시지를 담아낸 것으로 파악한 것이다.

본고에서는 기존의 해석에 동의하는 입장이다. 장만의 시조 해석이

---

3) 김종오 편저, 『옛시조 감상』, 정신세계사, 1990, 331-332쪽.
4) 유권재, 『옛시조 인물 요람』, 한국학술정보(주), 2008, 209-210쪽.
5) 장석규, 『낙서집(洛西集)』(번역본), 장만장군기념사업회, 2018, 640쪽.

획일화된 점에 대해 새로운 관점을 제시한 장석규의 의견도 분명 의미가 있다. 그러나 본고에서 논의를 진행함에 있어서 유기적인 관계망을 형성할 수 있는 구체적인 관련 기록을 찾아보기 어렵기에 기존 해석을 취하기로 한다. 다만 단순히 기존 해석을 취하는 데 그치지는 않는다. 되새겨볼 만한 시어나 내용이 등장하는 다른 작자의 시조와 장만의 한시를 아울러 살펴봄으로써 기존 해석을 택한 논지를 강화하고자 한다.

風波에 일니든 비 어드러로 가닷 말고
구룸이 머흘거든 처엄에 날 줄 엇지
허술흔 비 가진 分닉는 모다 조심 흐시소(김천택 편 『청구영언』 87번)

위에 인용한 시조는 송강 정철의 시조이다. 장만의 시조와 더불어 풍파(風波)라는 시어를 사용한 유이한 시조이다. 정철 시조의 맥락을 요약하면 다음과 같다. 초장에서는 풍파를 만난 배가 일렁이다가 어디로 향할지 가늠할 수가 없다는 것을 보여주고 있다. 중장에서는 풍파를 일으킬 구름이 험할 줄 알았으면 배를 가지고 나왔겠느냐는 말을 한다. 종장에서는 허술한 배를 가진 사람들은 조심해야 함을 촉구하고 있다.

이와 같은 맥락을 고려할 때, 풍파는 어떠한 상황이나 시류를 의미한다고 할 수 있다. 정철 또한 정치적인 입지와 위상에서 여러 가지 일들을 경험했던 인물이다. 이러한 상황과 배경을 풍파에 비유하고 자신의 처지를 풍파의 영향을 받을 수밖에 없는 배로 인식했다. 그리고 관료로서 출처(出處)의 처신이 이렇게 험할 줄 알았으면 가벼이 움직이지 않았을 것이라는 생각을 한 것이다. 이어서 굳은 마음가짐이나 신념을 가지지 않은 사람에게는 처신을 가벼이 하지 말라는 메시지를 전하고 있는 것이다.

장만의 시조에서도 풍파는 사공을 놀라게 하고, 사공에게 있어서는
매우 소중한 배를 팔게 하는 매개체로 등장한다. 그렇다면 풍파가 의미
하는 것은 시련이나 어려운 상황을 의미할 수 있으며, 사공은 자연스럽
게 장만 스스로를 지칭한다고 할 수 있다. 또한 사공은 결과적으로 배와
말을 모두 정리하고 농사를 짓겠다는 마음을 보여주고 있다. 농사를 짓
겠다는 마음은 벼슬살이에서 오는 피로감에서 기인한다.

장만의 한시에서도 농사를 짓고 싶은 마음을 드러낸 경우는 벼슬살
이에 대한 반작용 때문이라는 것을 살펴볼 수 있다. 다음에 제시된 두
시는 최기남의 시에 차운한 것으로 『낙서집』에 수록되어 있다.[6]

> 산이랑 계곡도 분수 있어야 가지니,
> 떠나거나 사는 것도 원래부터 정해졌네.
> 가을 서리가 반랑(潘郎)의 귀밑털에 앉았지만,
> 봄 기운이 사씨(謝氏)의 지당(池塘)에서 생겨나네.
> 전야에서 사는 일은 재미가 아주 있는데,
> 벼슬아치 가는 길은 기로(岐路)도 참 많다네.
> 이호(梨湖)에 물 불을 때 딱 맞추어서,
> 조각배 올라타고 낚시 줄을 고르리라.
> 溪山豈無分, 去住本前期
> 秋入潘郎鬢, 春生謝子池
> 野居偏有味, 官路苦多歧
> 會趁梨湖漲, 扁舟理釣絲
>
> 우리 비록 늘그막에 이르렀다 할지언정,
> 산림으로 돌아갈 날 틀림없이 있으리라.
> 시를 지음에는 나 자신 동무가 될 수 있고,

---

6) 張晩, 「次崔興叔起南 見寄」, 「其二」, 『洛西集』, 卷之一, 五言律詩.

마시는 술은 못물(池水)만큼이나 많으리라.
늙고 병든 몸은 세 가지 낙[三樂]을 저버렸지만,
농사의 풍년은 한 줄기에 두 이삭[兩歧] 열리기 비네.
탄식스럽구나, 묵씨(墨氏)의 아들은
무슨 일로 괜히 염색실 보고 슬퍼했던가.
吾輩雖遲暮, 歸山會有期
自能詩作伴, 可是酒爲池
老病違三樂, 年豐祝兩歧
堪吁籲墨氏子, 何事浪悲絲

　　젊은 시절에 최흥숙(崔興叔: 崔起南)과 산수 간에 노닐기를 약속하였는데, 보내온 시에서 그 약속이 이루어지지 않았음을 탄식하였다. 그러므로 나의 시 두 수에서 모두 그러한 뜻을 표현하였다. [少時, 與崔興叔有溪山之約, 而來詩歎其不成, 故兩詩幷及其意云.][7]

　　위에 제시된 두 시는 장만의 사위인 최명길의 부친 최기남과 주고받은 작품이다. 이 작품이 정확하게 창작된 시기는 특정할 수는 없다. 그러나 '가을 서리가 반랑의 귀밑털에 앉았다.', '우리 비록 늘그막에 이르렀다 할지언정', '늙고 병든 몸은 세 가지 낙을 저버렸지만' 등의 시구와 젊은 시절의 약속을 지키지 못했다는 내용을 담은 부기(附記)를 참고할 때, 노년에 이르렀을 때 지은 것으로 볼 수 있다. 장만이 노년에서 바랐던 삶은 전야(田野)에서 농사를 짓거나 낚시를 하며 평온하게 시간을 보내는 것이었다. 벼슬살이를 할 때는 끊임없이 갈등을 하고 선택을 해야만 하는 부담을 떨쳐낸 것이다. 이는 첫 번째 시에서 살펴볼 수 있다. 두 번째 시 또한 속세와는 거리를 두고 유유자적하며 농사를 지으며 살기를 바라

---

7) 두 작품과 부기(附記)에 대한 번역은 장석규의 자료를 따랐음을 밝힌다.(장석규, 『낙서집(洛西集)』(번역본), 장만장군기념사업회, 2018, 53-55쪽)

는 마음을 드러내고 있다. 이를 통해서 볼 때 장만이 시골에 은거하고자 하는 동기는 벼슬살이와 속세에서 비롯되었음을 알 수 있다.

3. 여성 영웅 출현의 기대감과 장만 시조

2장의 논의를 통해서 장만의 시조는 문관과 무관으로서의 관직 생활을 마무리하고 고향이나 한적한 곳에 머무르기를 희망하는 내용을 담아내고 있음을 확인하였다. 이러한 내용을 갖고 있는 장만 시조는 대략 300년이 지난 1926년에 대중매체 잡지 『동광』을 통해 모습을 드러낸다.

> 國家多事한 때에 英雄답은 一女性
> 지금으로붙어 한 삼백년전 仁祖 시절은 國步艱難이 심한 때다. 임진왜란이 끝난 지 스물 다섯 해 뒤요 병자호란이 시작되기 열두해 진이다. 포학하기 짝이 없는 光海主 시절에 정치가 문란하여 왼 천지가 싸늘하게 된 바로 다음이다. 이때 平安兵使 李适이 叛旗를 들어 黃平兩西가 모도 병화의 굴엉에 들었고 순식간에 한양성이 함락되매 仁祖임검께서 남녁 땅으로 파천까지 한 이때는 정말 국가의 위급존망의 추라 이를 것이다. 사세 이러하니 朝野를 물론하고 國難에 赴하는 허다한 愛國志士와 勤王家들이 일어나았었겠지마는 萬綠叢中一點紅으로 史冊에도 이름을 숨긴 국가를 위하여 일생을 마친 한 女性이 있었으니 그는 夫娘이라 이름하는 一少女이었다. 夫娘은 어떤 사람 그 天禀은 어떤가 夫娘은 어떠한 사람인가. 그는 왕고 우리 력사상에 武勇이 赫赫한 大帝國으로 이름이 높던 夫餘系의 후손이다. 대대로 夫餘의 옛터에 살다가 建州衛로붙어 들어오아 살기는 바루 李朝初의 일이다. 평안도 慈城골에 살아서 牧畜과 狩獵으로써 세업을 삼아오았다. 직업이 그런 까닭으로 하여서 그는 말타고 활쏘기에 특별히 한숙하였다. … (중략) … 李适의 군사가 發程한지 몇날이 못되어 조수 밀듯 몰아오매 關西列邑이 다 거긔 응하여 인심이 극히 흉흉하였다. 夫娘이 忠信

에게 권고하되『이제 賊이 만일 間道로서 서울로 肉薄하는 때는 今上께서
반듯이 남녁으로 파천하시리니 인제는 安州를 수비할 까닭이 없고 다만
죽기를 한하고 賊과 싸움하는 수 밖에 없을 터인즉 원컨대 先鋒되시기를
自當하여 賊을 몰아치면 곳 성공하실 것이외다. 丈夫의 敵愾樹功이 정히
이때가 아닙니까』『옳다. 자내 말이 옳다. 내 이때에 긔회를 놓지 않겠다』
하고 곳 元帥府에 들어가아 스스로 先鋒이 되어 出戰하기를 청하니 元帥가
기쁘어 하여 허락하고 이에 충신으로 先鋒將을 삼고 南以興으로 繼援을
삼아 군사 一隊를 주어 빨리 가기를 독촉하였다. 忠信이 夫娘을 參謀로 삼
고 일천명의 군사를 거느리고 戰線으로 나아가았다.(繼續)

　　鄭忠信
　　소금ㅅ 수레 메었으니 千里馬ㄴ줄 제 뉘 알며
　　돌ㅅ속에 버리었으니 天下寶ㄴ줄 제 뉘 알리.
　　두어라 알이 알찌니 恨할 줄이 있으랴.

　　張晩
　　風浪에 놀란 사공 배 팔아 말을 사니
　　九折 羊腸이 물도곤 어렵어라.
　　이 후란 배도 말도 말고 밭 갈기만 하리라.[8]

　제시된 인용문은 1926년 8월 1일『동광』제4호에 수록된〈女傑夫娘,
李适亂中 鄭忠信 幕佐의 唯一人〉이다. 이 작품은 같은 해 9월 1일에 후
속작 1편이 더 연재된다. 작자는 일본에 항거하기 위해 한글의 역사와
우수성 그리고 호국의 영웅을 호출한 글을 다수 창작한 이윤재(李允宰)
이다. 이 글의 중심 내용은 부랑(夫娘)이라는 여성 영웅이 국난을 타개
하는 모습을 보여주고 있다. 이 과정에서 정충신에게 비책을 알려주거
나 그와 인연을 맺기도 하는데 작자의 상상력이 가미된 것이다. 작자의

---

8) 李允宰,「女傑夫娘, 李适亂中 鄭忠信 幕佐의 唯一人」,『동광』제4호, 1926년 08월
　01일, 문예기타.

이러한 상상력을 통해서 남성 영웅과 여성 영웅이 힘을 합쳐서 국난을 극복했다는 점을 강조하고자 했을 것이다. 그리고 궁극적으로는 일본의 억압과 핍박을 받는 상황에서 여성도 중요한 역할을 할 수 있다는 메시지를 전달한다.

중심 내용이 이렇게 구성되어 있는데 장만 시조를 어떻게 수용하고 있는가에 대한 의문이 생긴다. 남성과 여성이 힘을 합치거나 여성의 역할을 강조하는 메시지를 담아내고자 했다면 굳이 장만 시조를 부기(附記)할 필요성은 없기 때문이다. 이 글에서 장만 시조의 수용 양상을 살펴보기 위해서는 함께 제시된 정충신의 시조와 아울러서 보아야 한다.9) 정충신의 시조의 초장과 중장에서는 각각 소금 수레를 끄는 천리마와 돌 속에 버려진 천하의 보배가 등장한다. 천리마와 천하의 보배를 알아보지 못하고 적재적소에 사용하지 못하는 상황을 보여주고 있다. 그러나 이러한 상황을 부정적으로만 인식하지 않는다. 알아주는 이는 분명히 알아볼 것이라는 희망으로 시상을 마무리한다.

장만의 시조와 아울러 보기 위해서 1920년대 당시 장만에 대한 인식은 어떠했는가를 살펴보는 것이 필요하다. 이는 1929년 1월 1일에 간행된 『별건곤』 18호에 수록된 권덕규의 글에서 구체적으로 살펴볼 수 있다. 권덕규는 "인조조 李适亂 때에 『불만이 張晩이라』던 동요의 주인공인 도원수 張晩이라 하면 지금까지 별로 모를 사람이 업슬 것이다. …… 과연 문무 양방에 다 이름을 날리엇다. 인조 계해에 도원수를 배하매 상이 친히 尙方劍을 賜하고 玉山府院君을 봉하엿더니 갑자활란에 鞍峴에서 또 대공을 세워 其 난을 平함으로 振武功臣으로 勳을 봉하얏다."10)라고

---

9) 정충신의 시조의 경우 현전하는 가집을 참고할 때 작자를 달리 볼 수 있는 여지가 있다. 그러나 본고에서는 해당 시조의 작자 문제 다루는 것이 핵심적인 사항이 아니며, 일단은 『동광』에서는 정충신으로 보았기에 그를 작자로 보고자 한다.

했다. 이렇듯 대중들에게 장만은 널리 알려졌으며 문무를 겸비하고 국난을 극복한 탁월한 인물로 회자되고 있다.

이러한 점을 참고해서 장만의 시조, 정충신의 시조, 서사의 관계를 해석해 보면 다음과 같다. 탁월한 능력을 지니고 있는 장만이지만 은일하는 삶을 살게 된다. 이러한 상황은 천리마와 천하의 보배가 적재적소에 쓰이지 못하는 것과 같다고 볼 수 있다. 그러나 인재를 알아보는 이는 분명히 있을 것이다. 이는 서사에서 정충신이 부낭(夫娘)을 알아보는 관계와 상응한다. 종합적으로 정리하면 서사의 핵심은 여성의 역할을 강조하고 여성 영웅의 출현을 기대하는 데 방점을 두고 있다. 따라서 장만과 정충신의 시조를 부기(附記)한 이유는 재능이 있는 여성들이 드러나지 않은 상태와 이들을 적극적으로 발굴해서 국난 극복에 힘을 보태야 하는 것을 말하고자 했던 것이다. 따라서 1920년대 장만 시조는 국난 극복에 힘을 보탤 수 있는 능력 있는 여성들이 드러나지 않은 상태를 보여주는 것으로 수용되었다.

---

10) 眇目將軍 張晩 都元帥 인조조 李适亂 때에 『불만이 張晩이라』던 동요의 주인공인 도원수 張晩이라 하면 지금까지 별로 모를 사람이 업슬 것이다. 그도 역시 이 기사년에 작고한 이니 (인조 7년 기사) 그는 인동 장씨로 자는 好古오 호는 洛西다. 비록 한 눈이 깨끗하나 어려서부터 용력이 절륜하고 射御를 잘하야 사람들이 眇目 장군이라 칭하얏다. 소시에 그 아버지를 따러서 옥천군에 가섯는데 몽중에 우연이 『優遊乎翰墨之場하고 馳騁乎干戈之際라』는 문구를 어덧더니 뒤에 과연 문무 양방에 다 이름을 날리엿다. 인조 계해에 도원수를 배하매 상이 친히 尙方劒을 賜하고 玉山府院君을 봉하엿더니 갑자활란에 鞍峴에서 또 대공을 세워 其 난을 平함으로 振武功臣으로 勳을 봉하얏다.(權悳奎,「己巳生과 己巳死, 歷代人物列傳」,『별건곤』18호, 1929년 1월 1일, 문예기타)

4. 맺음말

장만은 임진왜란과 병자호란을 모두 겪었음에도 그의 문학 작품에 대해서는 조명된 바가 거의 없다. 국문시가로 범위를 한정해서 본다면 현전하는 작품은 시조 1수와 전래 동요 1수가 전부이다. 표본으로 삼을 수 있는 작품의 수가 한정적이었기에 풍부한 논의를 진행하기에는 어려움이 있었다. 따라서 본고에서는 장만의 시조가 1920년대 대중매체인 잡지에도 등장하는 데 주목을 하여 논의를 진행하였다.

장만의 시조는 크게 두 가지 관점에서 해석할 수 있었다. 하나는 문관과 무관의 관직 생활을 마치고 농사를 지으며 유유자적하는 삶을 그려냈다는 것이다. 다른 하나는 광해군과 인조 시기의 정치적 혼란을 대입하여 해석한 것이다. 본고에서는 전자의 관점을 택하였다. 그러나 단순히 기존의 관점을 선택한 것이 아니라, 장만의 한시와 함께 아울러 살펴봄으로써 해당 시조에 대한 해석의 당위성을 보완하였다.

약 300년이 지난 후 1920년대에 장만에 대한 회상과 시조가 대중매체 잡지『동광』과『별건곤』에 모습을 드러내었다. 특히 장만의 시조는 국난 극복에 여성이 중요한 역할을 할 수 있는 내용을 가진 서사에 삽입되어 등장하였다. 국난 극복에 여성이 중요한 역할을 할 수 있는 메시지를 강조하고자 했다면 굳이 장만의 시조를 삽입할 이유가 없기 때문이다. 이 시조를 삽입한 이유는 기존의 해석과는 다른 맥락에서 수용했으리라 보았다. 서사의 흐름과 함께 제시된 정충신의 시조를 아울러 살펴보았을 때, 장만의 시조는 은일하고 있는 여성 영웅들이 잠재되어 있음을 역설하는 메시지를 보여주고 있었다.

참고문헌

낙서와 지천 최명길의 창수 및 지천의 서찰에 관하여 | 심경호

張晚, 『洛西集』, 民族文化推進會 編, 影印標點, 韓國文集叢刊續 15, 民族文化推進會, 2006, 한국고전번역원 제공 한국문집총간 DB.

장만장군기념사업회, 『낙서집 번역본』, 2018.

최병직·정양완·심경호 공역, 『증보역주 지천선생집』 1-4, 도서출판 선비, 2008.

李宜顯, 『陶谷集』 1-2, 民族文化推進會 編, 影印標點, 韓國文集叢刊 180-181, 민족문화추진회, 1997; 한국고전번역원 제공 한국문집총간 DB.

백상태, 『장만(張晚) 평전: 문무겸전의 전략가』, 주류성, 2018.

심경호, 「『지천유집』·『지천속집』과 별본 『지천유집』(잔본)에 수록된 최명길의 증답수창시에 대하여」, 『한국시가연구』 20, 한국시가학회, 2006, 63-103쪽.

_____, 「17세기 초반 지성사의 한 단면, – 지천 최명길과 월사·상촌·계곡·택당」, 『漢文學報』 제18집, 우리한문학회, 2008, 337-365쪽.

_____, 「지천 최명길의 문학과 사상에 관하여」, 『한국한문학연구』 제42집, 한국한문학회, 2008, 187-222쪽.

_____ 역, 『서포만필』 1-2, 문학동네, 2010.

장석규, 『장만장군』, 기창, 2009.

허태구, 『병자호란과 예, 그리고 중화』, 소명출판, 2019.

정묘호란의 동인 재고 | 계승범

1. 자료

『滿文老檔』(中國第一歷史檔案館 中國社會科學研究院歷史研究所 譯註)

『滿洲實錄』(국사편찬위원회 온라인 제공 자료)

『朝鮮王朝實錄』(국사편찬위원회 온라인 제공 자료)

『紫巖集』, 『韓國文集叢刊』 35 (민족문화추진회, 1992)

『淸入關前與朝鮮往來國書彙編 1619~1643』, 張存武·葉泉宏 편, (臺北: 國史館, 2000)

『淸實錄』(국사편찬위원회 온라인 제공 자료)

2. 논저

계승범, 「광해군대 말엽(1621~1622) 외교 노선 논쟁의 실제와 그 성격」, 『역사학보』 193, 2007.

계승범, 「계해정변(인조반정)의 명분과 그 인식의 변화」, 『남명학연구』 26, 2008.

_____, 「삼전도항복과 조선왕조의 국가정체성 문제」, 『조선시대사학보』 91, 2019.

김종원, 「丁卯胡亂時의 후금의 출병동기」, 『동양사학연구』 12·13, 1978.

_____, 『근세 동아시아관계사 연구』, 혜안, 1999.

남호현, 「조청관계의 초기 형성단계에서 '盟約'의 역할 - 정묘호란기 조선과 후금의 강화과정을 중심으로」, 『조선시대사학보』 78, 2016.

송미령, 「천총연간(1627-1636) 지배체제의 확립과정과 조선정책」, 『중국사연구』 54, 2008.

오수창, 「청과의 외교 실상과 병자호란」, 『한국사시민강좌』 36, 2005.

유재성, 『병자호란사』, 국방부전사편찬위원회, 1986.

이병도, 「광해군의 대후금 정책」, 『국사상의 제문제』 1, 국사편찬위원회, 1959.

전해종, 『한중관계사 연구』, 일조각, 1970.

정성일, 「정묘호란과 조선의 무역정책 - 1629년 일본국왕使의 상경과 관련하여」, 『사학연구』 49, 1995.

한명기, 『임진왜란과 한중관계』 역사비평사, 1999, 368쪽.

_____, 『정묘·병자호란과 동아시아』, 푸른역사, 2009,

_____, 「조중관계의 관점에서 본 인조반정의 역사적 의미 - 明의 조선에 대한 '擬制的 지배력'과 관련하여」, 『남명학』 16, 2011.

稻葉岩吉, 『光海君時代の滿鮮關係』, 大阪屋號書店, 1933.

劉家駒, 「天聰元年阿敏等伐朝鮮之役與金國朝鮮兄弟之盟」, 『食貨』 7-10, 1978.

劉小萌, 이훈·이선애·김선민 옮김, 『여진 부락에서 만주 국가로』, 푸른역사, 2013.

田川孝三, 「光海君の姜弘立に對する密旨問題に就て」, 『史學會報』 1, 京城帝大史學會, 1931.

洪熹, 「廢主 光海君論」, 『靑丘學叢』 20, 1935.

Li, Gertraude Roth, *The Rise of the Early Manchu State: A Portrait Drawn from Manchu Sources to 1936*, Doctoral Dissertation (Cambridge: Harvard University, 1975).

Wakeman, Jr., Frederic, *The Great Enterprise: The Manchu Reconstruction of Imperial Order in Seventeenth-Century China*, Vol. I (Berkeley: University of California Press, 1985).

장만장군의 북방인식과 국방전략 | 박제광

『선조실록』, 『光海君日記』, 『仁祖實錄』, 『備邊司謄錄』, 『國朝人物考』, 『淸選考』.

張晩, 『洛西集』.

張維, 『谿谷集』.

崔鳴吉, 『遲川集』.

李植, 『澤堂集』.

岡田鴻城, 「李适將軍と張晩元帥」, 『朝鮮』 175, 조선총독부, 1929.

고윤수, 「광해군대 조선의 요동정책」, 서강대 석사논문, 2001.

권내현, 「17세기 전반 긴장 고조와 방비」, 『한국사학보』 13, 고려사학회, 2002.

김종수, 『조선후기 중앙군제연구』, 혜안, 2003.

김포문화원, 『낙서 장만 초상 학술회의』, 2011.

노영구, 「17세기 전반기 조선의 대북방 방어전략과 평안도 국방체제」, 『군사연구』 135, 육군군사연구소, 2013.

노현호, 「광해군대의 대외정책에 대한 검토」, 전북대 석사논문, 2017.

박제광, 「조선후기 무기 개혁과 운용」, 『조선후기 군사개혁과 장용영』, 수원화성박물관, 2010.

_____, 「조선후기 국토방위전략과 북한산성」, 『북한산성과 호국도량 북한산 중흥사』, 불광연구원, 2012.

_____, 「임진왜란 이후 조선의 무기와 전술변화」, 『조선을 지켜낸 힘, 그 내면을 톺아보다』, 경희대학교, 2012.

_____, 「조선시대의 무기」, 『한국군사사』 13-군사통신·무기, 경인문화사, 2012.

_____, 「무기제조기술의 발달」, 『서울2천년사』 19-조선시대 서울의 과학기술과 예술, 서울시사편찬위원회, 2014.

_____, 「강화해양관방체제의 무기체제와 방어전략」, 『19세기 서구열강의 침입과 강화해양관방체제』, 인천역사문화센터, 2018.

_____, 「병자호란과 남한산성」, 『한강과 전쟁』, 하남역사박물관, 2020.

박혜진, 「강홍립의 심하전투(1619) 참가와 조정의 대응」, 충남대 석사논문, 2010.

신병주, 「1624년 '이괄의 變'의 경과와 그 성격」, 『고성 이씨 가문의 인물과 활동』, 일지사, 2010.

_____, 「문무겸전의 인물 장만, 그 시대와 활동」, 『조선시대사학보』 64, 조선시대사학회, 2013.

육군군사연구소, 『한국군사사』 7·8·14, 경인문화사, 2012.

이상환, 「17세기초반 평안도에 대한 인식과 방어정책」, 경북대학교 석사논문, 2016.

이성무, 「장만: 과도기 조선의 병권을 잡다」, 『나라를 구한 사람들, 명장 열전』, 청아출판사, 2011.

_____, 「장만 장군의 생애와 군공」, 『조선시대 인물사 연구』, 지식산업사, 2015.

이정일, 「15세기 후반 조선의 서북면 방어와 명의 진출」, 『역사와담론』 87, 호서사학회, 2018.

이철성, 「17세기 강변7읍의 방어체제」, 『한국사학보』 13, 고려사학회, 2002.

장석규, 『팔도도원수 장만장군』, 기창, 2009.

_____, 『조선 전쟁시대와 장만장군』, 장만장군기념사업회, 2015.

_____, 『광해의 중립외교와 장만장군』, 보고사, 2019.

장정수, 「선조대 대여진 방어전략의 변화 과정과 의미」, 『조선시대사학보』 67, 조선시대사학회, 2013.

전호수, 「충정공 도원수 장만」, 『한국군사인물연구(조선편Ⅱ)』, 국방부군사편찬연구소, 2013.

_____, 『왜란·호란 이후 군제 개혁과 국방체제』, 국방부군사편찬연구소, 2017.

정해은, 「17세기 장만의 대외정세 인식과 군사활동」, 『옥성부원군, 낙서 장만 재조명 학술회의 발표문』, 2010.

차문섭, 『조선시대군제연구』, 단대출판부, 1970.

한명기, 『광해군』, 역사비평사, 2000.

_____, 『정묘 병자호란과 동아시아』, 푸른역사, 2009.

허태구, 「인조대 대후금(대청) 방어책의 추진과 한계」, 『조선시대사학보』 61, 2012.

낙서 장만의 상소문 연구 |신두환

『국역 조선왕조실록』, 한국사데이터베이스.

『선조실록』.

『광해군일기』.

『인조실록』.

『정조실록』.

『弘齋全書』.

『澤堂集』.

『洛西集』.

『계곡선생집』.

『東文選』.

신두환, 「상소문의 문예미학 탐색」, 『한국한문학연구』 제33집, 한국한문학회, 2004, 235-263쪽.

신병주, 「文武兼全의 인물 張晚, 그 시대와 활동」, 『조선시대사학보』 64권, 조선시대사학회, 2013, 5-43쪽.

낙서 장만의 심하전투 관련 차자 연구 | 권혁래

『광해군일기』, 한국사데이터베이스.

이민환, 『책중일록』

장만 저, 번역위원회 역, 『낙서집 번역본』, 장만장군기념사업회, 2018.

장만, 『낙서집(洛西集)』, 민족문화추진회 편, 『영인표점 한국문집총간속』 15, 민족문화추진회, 2006; 한국고전번역원 제공 한국문집총간 DB.

권혁래, 「최척전에 그려진 유랑의 의미」, 『국어국문학』 150, 국어국문학회, 2008, 222-223쪽.

_____, 「심하전투 서사 『김영철전』의 전란과 인생사 서술방식」, 『서강인문논총』 50, 서강대학교 인문과학연구소, 2017, 134-167쪽.

_____, 「심하전투 전쟁포로 강홍립의 두 형상-『책중일록』과 〈강로전〉의 대비를 중심으로-」, 『열상고전연구』 68, 열상고전연구회, 2019.

권혁래·신춘호·김재웅 외, 「심하전투 서사의 문학지리학적 고찰」, 『우리어문연구』 51, 우리어문학회, 2015.

권혁래·허경진 편, 『강홍립 장군 연구』, 보고사, 2019.

김용욱, 「한국역사에 있어 전쟁 피로자·피납자의 송환문제」, 『국제정치논총』 44-1, 2004, 130쪽.

김지웅, 「약천 남구만 소차 연구」, 고려대 석사논문, 2014, 1-4쪽.

백상태, 『장만 평전: 문무겸전의 전략가』, 주류성, 2018.

송혁기, 「사직상소문의 문학적 연구를 위한 일고」, 『한국한문학』 48, 한국한문학회, 2011, 147-148쪽.

신병주, 『문무겸전의 인물 장만, 그 시대와 활동』, 『조선시대학보』 64, 조선시대사학회 2013.

이승수, 「심하전역의 현장 답사 연구」, 『한국학논집』 41집, 한양대 한국학연구소, 2007. 353-354쪽.

장석규, 『팔도도원수 장만 장군』, 장만장군기념사업회, 2009.

장석규, 『광해의 중립외교와 장만장군: 조선 전쟁시대 45년 임진왜란부터 병자호란까
　　　지』, 보고사, 2019.
황의열, 「한문 문체 분류의 재검토」, 『태동고전연구』 17. 태동고전연구소, 2000,
　　　147-179쪽.

낙서 장만 시조의 해석과 수용 양상에 대한 소고 | 김준

張晩, 『洛西集』(영인본), 장만장군기념사업회, 2018.
장석규, 『낙서집(洛西集)』(번역본), 장만장군기념사업회, 2018, 53-55, 640쪽.
김종오 편저, 『옛시조 감상』, 정신세계사, 1990, 331-332쪽.
김천택 편, 『청구영언』, 국립한글박물관, 2017.
權悳奎, 「己巳生과 己巳死, 歷代人物列傳」, 『별건곤』 18호, 1929년 1월 1일, 문예기타.
李允宰, 「女傑夫娘, 李适亂中 鄭忠信 幕佐의 唯一人 」, 『동광』 제4호, 1926년 08월
　　　01일, 문예기타.

심경호, 「낙서와 지천 최명길의 창수(唱酬) 및 지천의 서찰에 관하여」, 『열상고전연구』
　　　71집, 열상고전연구회, 2020.
유권재, 『옛시조 인물 요람』, 한국학술정보(주), 2008, 209-210쪽.

허경진   연세대학교 연합신학대학원 객원교수
심경호   고려대학교 한문학과 교수
구지현   선문대학교 국문학과 교수
계승범   서강대학교 사학과 교수
박제광   건국대학교 박물관 학예실장
신두환   안동대학교 한문학과 교수
권혁래   용인대학교 교양교육원 교수
김 준   원광대학교 강사

낙서장만총서 2
낙서 장만 연구

2020년 12월 10일 초판 1쇄 펴냄

지은이 허경진·심경호·구지현·계승범·박제광·신두환·권혁래·김준
펴낸이 김흥국
펴낸곳 도서출판 보고사

책임편집 이경민
표지디자인 손정자

등록 1990년 12월 13일 제6-0429호
주소 경기도 파주시 회동길 337-15 보고사 2층
전화 031-955-9797(대표)
    02-922-5120~1(편집), 02-922-2246(영업)
팩스 02-922-6990
메일 kanapub3@naver.com/bogosabooks@naver.com
http://www.bogosabooks.co.kr

ISBN 979-11-6587-114-7   94910
    979-11-5516-932-2 (set)
ⓒ 허경진·심경호·구지현·계승범·박제광·신두환·권혁래·김준, 2020

정가 23,000원